Studien des Zentrum Moderner Orient
Herausgegeben von Ulrike Freitag

Zentrum Moderner Orient
Geisteswissenschaftliche Zentren Berlin e.V.

Rana von Mende-Altaylı

Die Polygamiedebatte in der Spätphase des Osmanischen Reichs

Kontroversen und Reformen

Studien 30

KLAUS SCHWARZ VERLAG • BERLIN

Bibliografische Information der Deutschen Bibliothek.
Die Deutsche Bibliothek verzeichnet diese Publikation in der Deutschen Nationalbibliografie – detaillierte bibliografische Daten sind im Internet über http://dnb.ddb.de abrufbar.

Zentrum Moderner Orient
Geisteswissenschaftliche Zentren Berlin e.V.
Studien, herausgegeben von Ulrike Freitag

Kirchweg 33
14129 Berlin
Tel. 030/80307 228
www.zmo.de

Erstauflage
1. Auflage 2013
Satz und Layout: ZMO
Einbandgestaltung: Jörg Rückmann, Berlin
Abbildung: *Resimli Ay*, 1, Nr. 7, August 1340 (1924), S. 30.
Bildunterschrift: Simdiki gencler de zevcelerini karsi karsiya oturup böyle begeniyorlar (Heutige junge Männer finden eine passende Frau, indem sie zusammensitzend einander kennenlernen)

Printed in Germany

ISBN 978-3-87997-715-4

Gedruckt mit Unterstützung des Bundesministeriums für Bildung und Forschung

Vorwort

Diese Arbeit ist aus einem DFG-Projekt am Zentrum Moderner Orient in den Jahren 2008–2010 hervorgegangen. Daher gilt mein Dank in erster Linie der Deutschen Forschungsgemeinschaft und meiner Betreuerin, Frau Professor Freitag, die überdies bereit war, meine Arbeit in der Publikationsreihe des Zentrum Moderner Orient zu veröffentlichen. Weiter möchte ich den Mitarbeitern besonders folgender Institutionen danken: in der Türkei Büyük Millet Meclisi Kütüphanesi ve Arşiv Hizmetleri Başkanlığı und Milli Kütüphane in Ankara, Başbakanlık Osmanlı Arşivi, Atatük Kütüphanesi, Beyazit Devlet Kütüphanesi, İstanbul Üniversitesi Kütüphanesi und İslam Araştırmaları Merkezi in Istanbul. In Deutschland der Staatsbibliothek zu Berlin und der Universitätsbibliothek der Freien Universität zu Berlin. In den USA der Firestone Library der Princeton University.

Redaktionelle Vorbemerkung

Da die Polygamie in den osmanischen Quellen überwiegend im Kontext der Frauenrechte behandelt wird, gibt es kaum längere zusammenhängende Texte. Zum besseren Verständnis und um zu viele Wiederholungen zu vermeiden, wurden die Texte in der Regel paraphrasiert. Dennoch lassen sich Wiederholungen nicht immer umgehen, wenn unterschiedliche Nuancen in der Argumentation aufgezeigt werden sollen.

Die Transkription der osmanischen Wörter erfolgt nach den Richtlinien der *İslam Ansiklopedisi*, die der im arabischen Kontext vorkommenden arabischen Wörter nach den

Richtlinien der Deutschen Morgenländischen Gesellschaft. Personennamen erscheinen im Text in neutürkischer Schreibweise, da dies in der türkischen Sekundärliteratur üblich ist. In den benutzten Quellen werden die Verfassernamen nach den Richtlinien der *İslam Ansiklopedisi* transkribiert, doch werden Komposita aus dem Arabischen zusammengeschrieben. Bei bereits von dritter Seite transkribierten Quellen wird die Schreibweise der Herausgeber beibehalten. Wörter, die Teil des deutschen Sprachgebrauchs sind (Koran, Scharia, Kalif, Pascha oder Sultan) werden in ihrer eingedeutschten Form wiedergegeben, sofern sie nicht Teil eines Namens oder Zitats sind. Originalsprachliche Termini werden, soweit sie der Identifizierung deutscher Übersetzungen dienen, kursiv geschrieben.

Sekundärliteratur wird in den Fußnoten mit dem Namen des Autors, dem Erscheinungsjahr und der entsprechenden Seitenzahl genannt. Dem Internet entnommene Informationen werden mit Autorennamen und Erscheinungsdatum aufgeführt. Wenn diese fehlen, wird ein Kurztitel verwendet. Der volle Titel mit Nennung von Webseiten mit Abrufdatum erscheint im Literaturverzeichnis. Nur einmal erwähnte Literatur wird mit allen bibliographischen Angaben nur in der entsprechenden Fußnote angegeben.

Osmanische Quellen werden mit Autorennamen und Erscheinungsjahr zitiert, osmanische Zeitungsartikel unter dem Autornamen angegeben, wenn dieser nicht genannt wird, unter dem Artikel mit Erscheinungsdatum. Wenn dies zur Identifizierung des Beitrags nicht genügt, werden die Angaben in den Fußnoten entsprechend erweitert.

Die archivalischen Quellen werden in den Fußnoten unter BOA (Başbakanlık Osmanlı Arşivi) vollständig genannt, die gedruckten Akten unter T.B.M.M. (Türkiye Büyük Millet Meclisi) mit Erscheinungsjahr, Band und Seitenzahl. Soweit nicht anders angegeben, stammen die Übersetzungen von der Autorin.

Inhalt

1 Einleitung

Polygamie[1] (*ta'addüd-i zevcāt*) war zahlreichen Untersuchungen von Primärquellen zufolge im Kernland des Osmanischen Reichs im 19. Jahrhundert weniger verbreitet als vermutet. Zumindest in Bezug auf die osmanischen Städte ist die Bedeutung der Polygamie überschätzt worden. Sie wurde jedoch unter dem Einfluss westlicher orientalisierender Wahrnehmung und - sogar mehr noch - als selbsterkannter Hinderungsgrund für die Modernisierung im Sinne einer Konsolidierung des maroden Reichs zum Thema in den Debatten über die Rolle der Frau in der Spätphase des Osmanischen Reichs und der frühen Republikzeit.

Die vorliegende Studie untersucht den intellektuellen osmanischen Diskurs über die Bedeutung der Polygamie im Zusammenhang der Reformen von Staat und Gesellschaft, vor allem den Frauenrechten, von der Tanzimat-Ära bis zur gesetzlichen Aufhebung der Polygamie in der frühen Republik. Anhand osmanischer Primärquellen werden verschiedene Argumentationsstränge und ihre Begründungsmuster in der Reformdebatte für eine Duldung bzw. ein Verbot der Polygamie herausgearbeitet, um auf diese Weise beispiel-

1 Form der Ehe, bei der ein Partner ständig mit mehreren Partnern des anderen Geschlechts zusammenlebt. Polygamie als Institution kommt gehäuft bei Ackerbauern und Hirten, seltener bei Jägern und Sammlern und in Hochkulturen (jedoch im Islam) vor. Die Polygamie wirkt sich ebenso im sexuellen wie im wirtschaftlichen und politischen Bereich aus. Mit einem großen, arbeitsteiligen Haushalt lässt sich leichter ein Mehrprodukt erwirtschaften (nach Brockhaus Enzyklopädie online. © 2005-2013 Bibliographisches Institut & F. A. Brockhaus AG).

haft die osmanisch-türkische Innenansicht zu verstehen. Ein solches Vorgehen ermöglicht es, die Polygamiedebatte als konstruktiven Bestandteil der Reformdebatte darzustellen, ihre Intensität und ihr Entwicklungstempo zu zeigen und die Argumente von Frauen und Männern nachzuvollziehen. Diese gehörten überwiegend der Bildungselite an, die sich während der Tanzimat-Ära veränderte und einen neuen Typus des Intellektuellen hervorbrachte, der oft auch Teil der Bürokratie war. Sie zeichneten sich besonders durch ihre Bildung aus, die es ihnen ermöglichte, Gesellschaftskritik zu üben. Diese Funktion nahmen sie bis zur Mitte des 20. Jahrhunderts wahr.[2]

Die bisherige sozialhistorische Forschung seit etwa 1960 beschäftigt sich überwiegend mit der Quantifizierung von Polygamie. Eine umfassende Untersuchung zur Polygamiedebatte als Bestandteil der Reformdebatte vom 19. Jahrhundert bis zur Republik steht noch aus. Die Polygamie wird zwar in sozialgeschichtlichen Untersuchungen und in der Genderforschung, vor allem in der Türkei, als Teil der die Frauen betreffenden Reformen angesprochen, und es wird generell betont, dass sie von Anfang an innerhalb der Reformdebatten im Kampf um die Frauenrechte eines der wichtigsten Themen gewesen sei. Wirklich belegt wird das allerdings nicht. Inwieweit ist diese Behauptung also zutreffend? Hatte die Polygamie tatsächlich den gleichen Stellenwert innerhalb des allgemeinen osmanischen Reformdiskurses wie andere, die Frauen betreffende Aspekte, z.B. Bildung, Gleichberechtigung oder Verschleierung?

Die Bedeutung der Frau im gesamten Reformdiskurs mit dem Ziel der Verbesserung ihrer Stellung[3] machte auch die Polygamie seit dem späten 19. Jahrhundert oft zum Gegenstand der Diskurse. Die Intellektuellen vertraten verschiedene Lösungsansätze, die die bisherige Forschung als

2 Mardin 2001a, S. 261-266.

3 Göle 2001, S. 49-81; Avcı, »Osmanlı devleti'nde Tanzimat döneminde ›otoriter modernleşme‹«; Kadıoğlu 1998.

westlich, islamisch oder türkisch-national kategorisiert. So hilfreich solche Zuordnungen einzelner Intellektueller auch sind - und sie werden auch hier eben deshalb gelegentlich verwendet -, so muss man sich doch bewusst sein, dass es sich hierbei um spätere Fremdbezeichnungen handelt. Hinzu kommt, dass alle Beteiligten einen sie prägenden islamischen Hintergrund hatten, von dem sie sich nur bedingt und in unterschiedlicher Weise lösen konnten. Im Zuge der Analyse wird deutlich, dass Intellektuelle unterschiedlichster ideologischer Strömungen ähnliche Argumentationen verfolgen konnten bzw. trotz ideologischer Nähe divergierende Ansätze vertraten. Wenn im Folgenden also von westlich, islamisch oder türkisch-national orientierten Intellektuellen die Rede ist, so dient dies der Kenntlichmachung, auf welcher Grundlage und mit welcher Stoßrichtung einzelne Personen hauptsächlich argumentierten.

Bei der Polygamiedebatte ging es keineswegs immer um Polygamie, da diese nicht demographisch diskutiert wurde. Vor allem ging es darum, entweder ein Familienrecht nach westlichem Vorbild zu schaffen oder das islamische Familienrecht zu behalten und eventuell zu entwickeln. Da aber die Polygamie innerhalb des intellektuellen Diskurses, wenn auch in unterschiedlicher Weise, von allen Beteiligten im islamischen Kontext diskutiert wurde, soll der Frage nachgegangen werden, ob sie tatsächlich unter dem Einfluss westlicher orientalisierender Wahrnehmung als Problem erschien und die Auseinandersetzung mit ihr dadurch einen stark apologetischen Charakter bekam, oder ob sie eher als selbsterkannter Hinderungsgrund für eine Modernisierung angesehen wurde. Modernisierung bedeutete in diesem Fall eine Transformation, die mit den Tanzimatreformen begann. Sie war kein Prozess, der aus einer inneren Dynamik hervorging, vielmehr übernahm der Staat aufgrund der Rückständigkeit gegenüber Europa die verantwortliche Rolle bei der Transformation und erweiterte die Staatsgewalt durch administrative Reformen, die das gesellschaftliche Leben beherrschen sollten.

Der in dieser Arbeit verwendete Begriff der Modernisierung basiert auf der Definition von Nilüfer Göle. Es geht um das vorherrschende kulturelle Modell einer auch die institutionellen und wirtschaftlichen Aspekte umfassenden Moderne als höhere Lebensform, der alle nacheifern sollten. Die subjektiv negativ erfahrene islamische Umwelt mit ihren strukturellen und historischen Voraussetzungen kann wahrscheinlich am besten erfasst werden, wenn man sie in Beziehung zu einer so verstandenen Moderne und deren Gleichsetzung mit dem »zivilisierten« Westen setzt. Dabei kann man unter »Zivilisation« das verstehen, was aufgrund einer Außenansicht den als Einheit erfahrenen Westen und seine spezifischen Erfahrungen von anderen Teilen der Welt unterscheidet und ihm gegenüber anderen zeitgenössischen, aber »primitiven« Gesellschaften ein Überlegenheitsgefühl vermittelt. Dazu gehören u.a. Technologie, Verhaltensregeln und Weltanschauung. Der Begriff ist also nicht wertfrei, sondern spiegelt das Selbstbild des Westens wider, der von seinen zivilisierenden Aufgaben in einer Welt der »Barbarei« überzeugt ist. Hinzu kommt das Verständnis von Zivilisation als Entwicklungsprozess mit universalem Geltungsanspruch. Ein Merkmal damaliger westlicher Vorstellungen von Zivilisation war die stetige Zunahme von Vernunft und Rationalität. So wurde ein normatives Werturteil gefällt, und die nichtwestliche Welt ließ sich vom Verlangen leiten, an der so verstandenen Zivilisation teilzuhaben.

Die Geschichte des entstehenden Nationalismus umfasste antikoloniale Bewegungen ebenso wie freiwillige Bemühungen um Modernisierung, vor allem innerhalb der einheimischen Elite, die geneigt war, die eigene Vergangenheit, Tradition und Kultur zurückzuweisen und dafür den normativen und institutionellen Rahmen der westlichen Zivilisation zu übernehmen. Die Reformer des 19. und 20. Jahrhunderts im Osmanischen Reich und andernorts setzten oft »Modernisierung«mit »Verwestlichung« gleich und leiteten freiwillig oder auf Druck der Kolonialmächte viele zivilisatorische Veränderungen ein, für die der »Westen« imitiert wurde.[4] Tatsächlich benutzten alle osmanisch-türkischen Intellektuellen unterschiedlicher Ausrichtung die Begriffe Zivilisation (*medeniyyet*), zivilisiert (*medenī*) oder zivilisiert werden (*temeddün etmeḳ*). Sie benutzten sie, um ein erstrebenswertes Ideal, den zivilisierten Fortschritt (*teraḳḳiyāt-i medeniyye*) zu benennen. Das Gegenteil beschrieben sie mit dem Wort Barbarei (*vaḥşet* oder *vaḥşī* - verwildert).

In dieser Arbeit wird der Begriff »modern« immer dann verwendet, wenn es um die Transformation der Stellung der Frau im Osmanischen Reich geht, »konservativ« wird benutzt, wenn Kritik am Feminismus geübt wird, aber traditionelle Formen nicht immer verteidigt werden, man sich vielmehr auch um eine Synthese bemüht. In diesem Sinne können die islamisch orientierten Intellektuellen als konservativ eingeordnet werden.[5]

Ein Hinweis auf den Wandel in den traditionellen gesellschaftlichen Normen war die den sozialen Status der muslimischen Frauen betreffende Debatte, die wiederum die schrittweise Modernisierung beförderte. Nach den Quellen erkannten alle an den Debatten Beteiligten, dass die Situation der Frauen durch Bildung und eine stärkere zivilrechtliche Position verbessert werden müsse. Sie betonten aber auch gleichzeitig, dass sie aus einem ursprünglich gut funktionierenden System, dem Islam, stammten. Viele erkannten, dass der Frau weitergehende Rechte zustehen müssten als dies gegenwärtig der Fall sei, bis hin zu einer nur durch besondere Merkmale der Geschlechter modifizierten Gleichberechtigung. Nicht einheitlich waren die vorgeschlagenen Lösungen, entweder die sozialen und religiösen Vorgaben des Islam wortgetreu umzusetzen, sie entsprechend den zeitgenössischen Bedingungen neu zu interpretieren und zu realisieren oder schließlich in unterschiedlichem Umfang Versatzstücke aus dem damals erfolgreichen westlichen

4 Göle, »Die sichtbare Präsenz des Islam und die Grenzen der Öffentlichkeit«.
5 Doğan 2006, S. 89, Anm. 348.

Gesellschaftssystem mit der Begründung ihrer Allgemeingültigkeit zu übernehmen.

Wie einige Forscher behaupten, kann in der islamischen Welt der zeitgenössische Diskurs im Kontext einer entgegen den gehegten Hoffnungen allzu langsamen Modernisierung verstanden werden. Dieser Diskurs wurde allerdings bezüglich Erscheinungen, die als essentiell Eigenes angesehen wurden, und auch hinsichtlich der Polygamie oft normativ-religiös und juristisch geführt.[6] Aber es soll auch der generellen Frage nachgegangen werden, wie weit die Reformmaßnahmen im Rahmen der Modernisierung als im Einklang mit der eigenen so genannten kulturellen Identität empfunden wurden. Unter welchen Voraussetzungen gelangte man zu dem Ergebnis, entweder gerechtfertigte, mit dem Islam kompatible Reformen zu vertreten oder diese als unzulässige Neuerungen abzulehnen? Anhand der Polygamiedebatte muss folglich auch das Verständnis der Konzepte von Moderne und Tradition im spätosmanischen Kontext untersucht und geklärt werden, um eben diese Argumentationsstränge nachverfolgen zu können.

Aus der Forschung geht oft nicht hervor, worum es in der Diskussion um die realiter selten praktizierte Polygamie eigentlich ging. Offensichtlich wurde die Diskussion unabhängig von ihrer tatsächlichen Verbreitung geführt, d.h. entweder ging man von falschen Voraussetzungen aus oder verteidigte den Islam bzw. die eigene Kultur gegenüber der besonders auf die Polygamie bezogenen islamkritischen Haltung des Westens. War der Modernisierungsdruck und der Einfluss westlicher Ansichten über die Situation osmanisch-muslimischer Frauen so stark, dass die Polygamie unter den Muslimen selbst zum Problem wurde? Von diesen Differenzen und Fragen ausgehend, wird zunächst die Polygamiedebatte als Teil der Reformdebatte untersucht und weiterführend ein Blick auf die Debatte in anderen islami-

6 Ahmed 1992, S. 128–129.

schen Gesellschaften, z.B. in Ägypten oder unter den Muslimen im Russischen Reich, geworfen.

Selbstverständlich gab es in der osmanischen Gesellschaft Polygamie, unklar bleibt jedoch, wie weit sie den islamischen Bedingungen gerecht wurde. Wie allgemein bekannt, ist im Islam Polygamie durch die Sure 4/3 im Koran mit Begrenzung auf bis zu vier Ehefrauen erlaubt. Daran geknüpft sind jedoch eine Anzahl von finanziellen und rechtlichen Vorraussetzungen, die der Mann gegenüber der Ehefrau zu erfüllen hat, etwa Unterhalt (*nafâka*) und Mitgift (*mehr*) sowie Gerechtigkeit und die Pflicht zur guten Behandlung.[7] In sozialhistorischen Untersuchungen wird immer wieder darauf hingewiesen, dass die vorhandenen rechtlichen und institutionellen Vorgaben nur selten zur Anwendung kamen. Die Impraktikabilität der Norm kann durchaus Anlass gewesen sein, sie zu umgehen. Gleichzeitig war nach mancher Überzeugung die Polygamie, da sie nur selten vorkam und die erforderlichen ökonomischen Voraussetzungen fehlten, kein die Familienformen beeinflussender Faktor.[8] Von solchen Untersuchungen ausgehend, wird die Praxis der Eheschließung bzw. Polygamie in spätosmanischer Zeit anhand einiger aktenkundiger Fälle erschlossen. Diese Fälle zeichnen die Beziehungen zwischen dem Leben der Frauen, den Familienstrukturen und der Öffentlichkeit nuancierter und komplexer.

Welchen familienrechtlichen Problemen (Unterhalt, Verschwinden des Mannes, Scheidungsmöglichkeiten der Frau) standen die Frauen in einer Ehe bzw. polygamen Ehe gegenüber? Gab es staatliche Maßnahmen bzw. neue Bestimmungen innerhalb des islamisch-osmanischen Familienrechts, die die Probleme bei Eheschließungen bzw. Polygamie erleichtern konnten? Konnte überdies Polygamie überhaupt die sie betreffenden islamischen Bestimmungen erfüllen, oder gab es wirtschaftliche, politische und soziale Gründe,

7 Kaya 2008, S. 85-86; Bilmen 1968, S. 112.
8 Weintritt 2002, S. 10.

die sich aus der Modernisierung und den wachsenden feministischen Tendenzen ergaben, die dem entgegenstanden? Können solche Faktoren Anlass gewesen sein, Polygamie zu umgehen, obwohl man polygam erschien? In diesem Zusammenhang werden auch die islamischen juristischen Aspekte herausgearbeitet. Es geht also nicht um die Quantifizierung der Polygamie, sondern mittels der Polygamiedebatte werden die Zusammenhänge zwischen Theorie und Praxis der Institution aufgezeigt.

Da es in dieser Studie vor allem um die Polygamiedebatten von der Tanzimat-Ära bis zur Republik geht, werden als Quellen überwiegend zeitgenössische Monographien bzw. Textkorpora der weiblichen und männlichen Intellektuellen zur Frauen- bzw. Polygamiefrage sowie die einschlägigen Periodika, Zeitschriften mit unterschiedlicher ideologischer Ausrichtung und Frauenzeitschriften herangezogen, übersetzt oder paraphrasiert und analysiert.

Für die Praxis der Polygamie und die damit verbundenen Probleme werden die einschlägigen Akten gesichtet. Für die juristischen Aspekte im Zusammenhang mit Polygamie ist die Rechtsliteratur zu islamischer Eheschließung bzw. Polygamie und zur Entwicklung eines Familiengesetzes unentbehrlich. Für die letzte Phase der Formulierung eines Familiengesetzes müssen die gedruckt vorliegenden Parlamentspapiere konsultiert werden, die die Auseinandersetzungen um ein neues Familiengesetz bzw. um ein Polygamieverbot von 1926 enthalten. Da die Polygamiedebatte ein Teil des feministischen Diskurses ist, werden die diesbezüglichen Ergebnisse der sozialhistorischen und Genderforschung genutzt.

Die bisherige sozialhistorische Forschung seit 1960 beschäftigt sich anhand von Primärquellen wie den Schariagerichtsregistern (*şerʿiyye sicilleri*), Nachlasseintragungen (*tereke defterleri*) oder Registern der Volkszählungen (*taḥrīr-i nüfūs*) überwiegend mit der Quantifizierung der Polygamie seit dem 16. Jahrhundert. Viele Forscher stellen auf der Grundlage dieser Akten fest, dass zumindest in Bezug auf die osmanischen Städte die Bedeutung der Polygamie überschätzt worden ist.[9] Nach den Quellen unterschieden sich die Polygamiezahlen im 19. und Anfang des 20. Jahrhunderts im osmanischen Kernland in den Städten kaum von denen in früherer Zeit.[10] Die Frauen in großen Städten lebten zu 2,5 % in polygamen Ehen, im Landesinneren waren es mehr als 4 %. Polygamie verschwand nie völlig, aber der Prozentsatz im 19. Jahrhundert war niedriger im Vergleich zu anderen islamischen Ländern.[11] Statistisch nicht gesichert ist die Behauptung, dass Polygamie aufgrund der ökonomischen Belastung nur in der Oberschicht verbreitet war.[12] Ähnlich schwierig ist ein Zusammenhang zwischen Religiosität und Polygamie nachzuweisen.[13] Es gibt Untersuchungen über den Zusammenhang zwischen gesellschaftlichen Veränderungen und Polygamie, da die Polygamie nicht von den allgemeinen soziokulturellen und ökonomischen Zwängen zu trennen ist. Die Häufigkeit der Polygamie ist beispielsweise abhängig von Bildung, Ort, städtischem oder ländlichem Kontext und Alter.[14] Andere Arbeiten behaupten, dass Polygamie eine multidimensionale Erscheinung ist und Argumentationen, die einzelne Erklärungsmuster aufgreifen, z.B. soziokulturell, wirtschaftlich, demographisch oder umweltbedingt, nur unvollkommen diese Eheform erklären.[15] In der neueren Forschung werden die gängigen Auffassungen von der islamischen Familie und der Rolle der Frau revidiert.[16] Eines der wichtigsten Ergebnisse der

9 Faroqhi 1995, S. 119.

10 Jennings 1975; Kurt 1998; Duben/Behar 1998; Gerber 1980; Öztürk 2002; Barkan 1966; Demirel 1991; Altan/İpçioğlu 2009; Düzbakar, »Osmanlı toplumunda çok eşlilik«; Yakut 2008; Keleş 2002; Erkan, »1509 no'lu Rize şer'iyye sicili ışığında Rize ailesi ile ilgili bazı bulgular«.

11 Duben/Behar 1998, S. 162 und 169 nach Joseph Chamie, »Polygyny among Arabs«, in: *Population Studies*, 40 (1986), S. 55-66.

12 Davis 2006, S. 104-108.

13 Duben/Behar 1998 S. 170.

14 Elmacı 1996, S. 94-95 nach Joseph Chamie, »Polygyny among Arabs«, in: *Population Studies*, 40 (1986), S. 55-66.

15 Bretschneider 1995, S. 183-185.

16 Weintritt 2002, S. 10-11.

neueren Genderforschung zeigt, dass der Islam nicht mehr als entscheidender Faktor für die angenommene Rückständigkeit der orientalischen Frauen in islamisch geprägten Gesellschaften betrachtet wurde, sondern im Gegenteil auf die soziale Realität reagierte und den Frauen private und öffentliche Freiräume sicherte.[17] Diese erwähnten Ergebnisse der Genderforschung unterstützen die Behauptung zahlreicher zeitgenössischer Intellektueller, dass für die Polygamie nicht der Islam verantwortlich war. So lassen sich die Entwicklungen des nahöstlichen und vor allem spätosmanischen feministischen Diskurses nachvollziehen.

Es gibt zahlreiche Arbeiten über die spätosmanischen Reformbewegungen, zu Säkularisierung und Modernisierung.[18] In einigen Schriften über die Bedeutung der osmanischen muslimischen Frauen im 19. und 20. Jahrhundert hinsichtlich Reform und Modernisierung wird die Polygamiefrage kurz behandelt.[19] Die historische Rolle der Frau in der nahöstlichen Gesellschaft unter Einschluss der Kerngebiete des Osmanischen Reichs ist ebenso wie die Geschichte der feministischen Bewegungen gut erforscht.[20] Es gibt gezielte Untersuchungen zur osmanischen,[21] ägyptischen[22] und muslimischen Frauenbewegung in Russland.[23] In gleicher Weise wurde auch die ägyptische Frauenpresse zwischen 1892 und 1920 untersucht.[24]

Wenn es auch über die Polygamiedebatte im Osmanischen Reich kein umfangreiches Werk gibt, wie es z.B. zur Verschlei-

17 Okkenhaug 2005.
18 Z.B. Dağı 2000; Saygın/Önal 2008.
19 Kurnaz 1992; Güzel, 1985; Durakbaşa 2000; Kartal,2008; für die Reformbewegungen in anderen islamischen Gesellschaften, in Ägypten und bei den Muslimen in Russland bezüglich der Frauen siehe Caporal, 1999.
20 Öztürkmen 2007; Çakır 2007.
21 Çakır 1996; Zihnioğlu, 2003.
22 Badran 1995.
23 Hablemitoğlu 2004.
24 Baron 1994.

erung der Fall ist,[25] so liegen doch kleinere Veröffentlichungen zu mit der Polygamiefrage verbundenen Aspekten vor.[26]

Zeitgenössische osmanische Frauenzeitungen und -zeitschriften sind unter dem Gesichtspunkt der Lage der Frau[27] ebenso untersucht worden, wie die Periodika der verschiedenen intellektuellen Strömungen.[28]

Die westliche Literatur des 19. Jahrhunderts zur Polygamie steht überwiegend in der Orientalismustradition. Ohne sich auf Primärquellen zu stützen, beschreibt sie nicht immer die Realität im Osmanischen Reich.[29] Für diese Untersuchung ist sie dennoch wichtig, weil sie ein wichtiger Auslöser für die Polygamiedebatte war und auf Art und Inhalt dieser Debatte eingewirkt hat.

Es gibt hinreichend Arbeiten zum Eherecht bzw. zur Polygamie im Islam, in denen die rechtlichen Aspekte und deren Probleme im Vordergrund stehen.[30] Diese hatten die neue Familienrechtsverordnung (*Ḥuḳūḳ-ı ʿĀʾile Ḳarārnāmesi*) von 1917 zur Folge, die die Polygamie im Osmanischen Reich zum ersten Mal beschränkte und in der Forschungsliteratur ausführlich behandelt wird.[31] Dabei spielte es eine Rolle, wie islamisch-modern orientierte osmanische Intellektuelle, bedingt durch die moderne Auslegung der betreffenden Suren im Koran in Bezug auf Eherecht bzw. Polygamie und Stellung der Frau, dafür oder dagegen argumentierten.[32] In ähnlicher Weise wurde auch die Stellung der Frauen unter

25 Aksoy 2005.
26 Kurt 1999.
27 Aşa 1973; Toska, o.J.; Çakır 1996; Keskin 2003; Çon 2007; Altınöz 2003; Kılıç 2009.
28 Gündüz 2007; Albayrak 2002.
29 Yeğenoğlu 1992; Lewis 2006; Aksulu 2004, Duben/Behar 1998 S. 161.
30 Aydın 1985; Aydın 1996a; Cin 1988 und 1976; Jäschke 1955; zur Eherechtsentwicklung im Vorderen Orient, s. Scholz 2002; speziell für Ägypten, s. Rohe 2001.
31 Ünal 1991; Fındıkoğlu 1991, S. 17–52; Aydın 1985, S. 151–240.
32 Şahinoğlu, »Babanzâde Ahmed Naim«; Eskikurt 2007; Karslı 2003, S. 181–183.

Berücksichtigung der Polygamie in Ägypten[33] und bei den Muslimen in Russland[34] diskutiert.

Das erste Kapitel benennt die Ziele der Arbeit, Fragestellung, methodische Vorgehensweise und Forschungsstand. Obwohl die Arbeit sich nicht mit der Quantifizierung der Polygamie beschäftigt, wird im zweiten Kapitel ihre Verbreitung in der Spätphase des Osmanischen Reichs anhand der verfügbaren Forschungsliteratur kurz beschrieben, um deutlich zu machen, wie sich das tatsächliche Vorkommen der Polygamie zu den Inhalten und Behauptungen in der Debatte selbst verhält. Das dritte Kapitel gibt die Anfänge der Polygamiediskussion von der Tanzimat- bis zur II. Meşrutiyet-Ära (1839–1908) wieder. Zunächst werden die historischen Hintergründe für die Aufnahme der Frauenfrage in die Reformdebatte und die eingeleiteten Reformmaßnahmen aufgezeigt. Anschließend wird die beginnende Polygamiediskussion im Osmanischen Reich und in weiteren islamischen Gemeinschaften, in Ägypten und unter den Muslimen in Russland behandelt, da zwischen diesen und dem Osmanischen Reich auch in dieser Hinsicht ein intellektueller Austausch stattfand. Auch werden europäische Vorstellungen von der muslimischen Frau in Bezug auf das Thema Polygamie und die Reaktion der muslimischen bzw. osmanischen Intellektuellen vorgestellt.

Nach einem kurzen Überblick über den frühen feministischen Diskurs im Osmanischen Reich werden die ersten osmanischen Quellen zur Polygamie ausführlich und unter verschiedenen Gesichtspunkten behandelt, Stellungnahmen zur westlichen Kritik am Islam bezüglich der Frauen bzw. der Polygamie, die Verteidigung des Islam hinsichtlich der von ihm gewährten Polygamieerlaubnis, eine moderne Interpretation der die Polygamie betreffenden Koransuren und der Protest der Pionierin des osmanischen Feminismus, Fatma

33 Marcotte 2001, S. 323–324.

34 Musa Carullah 1999, S. 69–77 (Polygamie).

Aliye, gegen Polygamie und ihre Definition von Zivilisation bzw. Moderne anhand der Polygamiefrage.

Das vierte Kapitel beginnt mit der Frauenpolitik der Jungtürken und beschreibt die Ansichten innerhalb der verschiedenen ideologischen Richtungen während der II. Meşrutiyet-Ära. Zunächst werden die Situation der Frauen und die Ansichten und Konzepte der westlich, islamisch und türkisch orientierten Intellektuellen zu den Reformen vorgestellt. Darauf folgt ein Überblick zur türkisch-osmanischen Frauenbewegung dieser Zeit.

Da während der II. Meşrutiyet-Ära von 1908–1918 thematische und argumentative Modifikationen, das veränderte intellektuelle Umfeld und die wachsende Teilhabe der Frauen an der Debatte deutlich werden, behandelt ein gesondertes Unterkapitel deren Auffassungen zur Polygamie. Zunächst werden die Ansichten der Frauen und ihre Kritik thematisiert; es folgt ein Exkurs, der die ägyptischen und zentralasiatischen Frauenstimmen zur Polygamie darstellt. Daran anschließend werden die historischen Entwürfe für die Entstehung der Polygamie und des Konkubinats, die Rechtfertigung der Polygamieerlaubnis bzw. Polygamie, die Gegner der Polygamie sowie die Rechtfertigungen und Vorschläge für ein Polygamieverbot veranschaulicht.

Das fünfte Kapitel ist der Praxis der Polygamie in dieser Zeit bzw. den Problemen bei Eheschließung und Scheidung gewidmet und wird anhand der einschlägigen Akten vorgestellt. Schließlich wird die neue Familienrechtsverordnung von 1917 besprochen, die das Ergebnis der Jahrzehnte dauernden Debatte war. Unterkapitel behandeln die neuen Bestimmungen zu Eheschließung und Scheidung sowie die Beschränkung der Polygamie. Abschließend werden die Diskussionen von 1917 bis in die frühe Republikzeit hinein verfolgt, als die Proteste und Instrumente der Frauen gegen ihre soziale Diskriminierung heftiger wurden. Es waren vor allem Auseinandersetzungen um einen Gesetzentwurf zum Familienrecht im türkischen Parlament 1926, die zur Übernahme des europäischen Zivilrechts bzw. des schweizerischen Familienrechts führten.

2 Polygamie in spätosmanischer Zeit

Seit den 60er Jahren des 20. Jahrhunderts werden die Akten der Schariagerichte als wichtige Quelle für Forschungen zur Familie und damit zu Frauen und auch zur Verbreitung der Polygamie genutzt. Es handelt sich um Akten zu Eheschließung und Scheidung sowie Nachlassregister. Auch Eintragungen frommer Stiftungen (*vaḳf*) und die auf der Basis der Haushalte zum ersten Mal 1885 und 1907 durchgeführten Volkszählungen zum Zwecke der Steuererhebung und der Militärpflicht sind wichtige Quellen, um das Ausmaß von Polygamie festzustellen. In den Volkszählungen wurden zum ersten Mal auch die Frauen erfasst, doch ist die Zuverlässigkeit für eine Quantifizierung der Polygamie begrenzt, da in den Erhebungsbögen die Spalte, wie viele Frauen ein Mann hatte, trotz gegenteiliger gesetzlicher Bestimmungen oft nicht ausgefüllt wurde. Da außerdem die Volkszählung nach Haushalten stattfand, ist es schwierig, polygame Ehen festzustellen, wenn der Mann eine zweite Frau in einem getrennten Haushalt untergebracht hatte.[35] In den Nachlassregistern werden zweimalig verheiratete Männer, auch in Fällen, in denen die erste Frau verstorben war, gelegentlich als polygam bezeichnet.[36] Unter Berücksichtigung der schwierigen Quellenlage hat die Forschung zur Verbreitung der Polygamie für die

35 Kurt 1998, S. 2-3; Doğan, 2001, S. 18; Duben/Behar, 1998, S. 161-162, Anm. 49.
36 Keleş, 2002, S. 46-47.

Kernländer des Osmanischen Reichs dennoch einigermaßen aussagekräftige Ergebnisse gebracht.

Die ersten Arbeiten auf der Basis der Schariaakten, die eine nur geringe Polygamie feststellen, haben nicht direkt demographische Daten ausgewertet. Barkan untersuchte 1966 die Nachlassregister der militärischen Erbschaftsbeamten (*ḳassām*) zwischen 1545–1659 in Edirne, indem er indirekt auch die Familienmitglieder berücksichtigte und eine geringe Verbreitung der Polygamie in Edirne feststellte.[37] Dies war auch ein Ergebnis der Arbeiten von Jennings und Gerber. Jennings machte auf die erstaunlich autonome Stellung der Frau vor den Schariatsgerichten im 17. Jahrhundert in Kayseri aufmerksam, auch in Fällen, in denen sich die erste Frau aufgrund einer zweiten bzw. einer Konkubine scheiden lassen wollte.[38] Gerber stellte fest, dass Polygamie in Bursa im 17. Jahrhundert selten, die Familien klein und die Kinderzahl überraschend gering war.[39] Ortaylı untersuchte Eheverhältnisse in Anatolien im 16. Jahrhundert und fand keine Scheidungsurkunden aus polygamen Ehen im Gegensatz zu monogamen Ehen.[40]

Vor allem für Städte gibt es inzwischen Untersuchungen auf der Basis der erwähnten Schariaakten über die Verbreitung der Polygamie, die zeigen, dass Polygamie schon vor dem 19. Jahrhundert selten war.[41] Aber es zeigt sich, dass

37 Barkan 1966, S. 13.

38 Jennings 1975, S. 65–97 und 1995, S. 368–370.

39 Gerber 1989, S. 412 und 1980, S. 241.

40 Ortaylı 1980, S. 33–40.

41 Liebe-Harkort, Klaus, *Beiträge zur sozialen und wirtschaflichen Lage Bursas am Anfang des 16. Jahrhunderts.* Hamburg, 1970; Özdeğer, Hüseyin: *1463–1640 Yılları Bursa Şehri Tereke Defterleri.* I.Ü.İ.F.Y., 1988; Barkan 1966; Demirel (1990) 1991; Demirel, Tuş und Gürbüz 1993; Mutaf 2002; Salakides 2002, S. 209–228; Rafeq 2002; Hanna 1995; Establet/Pascual 1995; Kurt 1999, S. 183–213; Kaya 2008; Düzbakar, »Osmanlı toplumunda çok eşlilik«; Altan/İpçioğlu 2009, S. 519–532; Özdemir, Rıfat, »Tokat'ta ailesinin sosyo-ekonomik yapısı (1771–1810)«, in: *Aile Yazıları 1, Temel Kavramlar Yapı ve Tarihi Süreç,* Hrsg. Beylü Dikeçligil, Ahmet Çiğdem, T.C. Başbakanlık Aile Araştırma Kurumu Başkanlığı Yayınları, Ankara 1991, S.

es auf niedrigem Niveau zeitliche, örtliche und manchmal auch sozial bedingte Unterschiede gab. Nach Kurt, der die Polygamie anhand der Schariaakten in Bursa zu verschiedenen Zeiten untersucht hat, lag die Verbreitung im 16. und 17. Jahrhundert bei etwa 1-2 %, allerdings wies die Untersuchung auf die Oberschicht im 17. Jahrhundert bezogen höhere Zahlen auf. Von 1092 Männern waren 4,4 % mit zwei Frauen, nur einer (0,1 %) war mit drei Frauen verheiratet.[42] Nach Gerber waren im 17. Jahrhundert in Bursa weniger als 5 % der Ehen polygam.[43] Eine andere Untersuchung kam jedoch zu dem Ergebnis, dass Polygamie in Bursa zwischen 1670 und 1698 in der Oberschicht nicht signifikant höher lag, was auch für andere Gegenden galt.[44] In Edirne waren es etwa zeitgleich 7,3 %[45] und in Ankara im 18. Jahrhundert etwa 12 %.[46] In Konya waren zwischen 1748 und 1749 in 157 Familien nur sechs Männer mit je zwei Frauen verheiratet, was 4 % entsprach.[47] In Tokat waren 84,26 % der Männer zwischen 1771 und 1810 monogam, in Gaziantep waren es 84 % zwischen 1700 und 1750, 91,6 % zwischen 1760 und 1777 und in Bursa 91,8 % zwischen 1670 und 1698.[48] Die Aussagen einiger westlicher Reisender vor dem 19. Jahrhundert weisen ebenfalls darauf hin, dass Polygamie nicht sehr verbreitet war.[49]

411-456; Çınar, Hüseyin, *18. Yüzyılın İlk Yarısında Ayıntâb Şehri'nin Sosyal ve Ekonomik Durumu*. İstanbul Üniversitesi Sosyal Bilimler Enstitüsü: Doktora Tezi (ungedruckt), İstanbul 2000; Özlü, Zeynel, *Kassam Defterlerine göre XVIII. Yüzyılın İkinci Yarısında Gaziantep*. Ankara Üniversitesi Sosyal Bilimler Enstitüsü: Doktora Tezi (ungedruckt), Ankara 2002.

42 Kurt 1998, S. 86.

43 Gerber 1989, S. 412.

44 Düzbakar, »Osmanlı toplumunda çok eşlilik«, S. 88-92.

45 Barkan 1966, S. 13.

46 Demirel (1990) 1991.

47 Altan/İpçioğlu 2009, S. 519-532.

48 Düzbakar, »Osmanlı toplumunda çok eşlilik«, S. 92 und 96.

49 So am Ende des 16. Jahrhunderts der protestantische Pfarrer Salomon Schweger. Ähnlich äußerte sich auch Jean Palerne (*Pérégrinations*. Lyon, 1606). Lady Montagu lernte in den Jahren 1717-1718, als ihr Mann briti-

Diese niedrigen Polygamiezahlen in den Städten zwischen dem 16. und 18. Jahrhundert bestätigen die These von Faroqhi, dass »wir in der Vergangenheit, zumindest in Bezug auf die osmanischen Städte, die Bedeutung der Polygamie weit überschätzt haben« und die monogame Familie die Normalfamilie war.[50] Einige Forscher vertreten auch die Position, dass Polygamie in der osmanischen Grundhaltung keine akzeptierte Lebensform war.[51] Dies entspricht auch den damaligen gesellschaftlichen Normen. So sagt der Gelehrte Kınalızâde Ali Çelebi im 16. Jahrhundert in seinem Werk *Aḫlāḳ-i A'lā* (Hohe Ethik) im 2. Teil »'İlm-i tedbīr-i menzil« (Hauswirtschaftslehre), Kapitel »Ehl ü 'ıyāl« (Familie), dass, obwohl die Polygamie im Islam erlaubt sei, sie eine Ausnahme darstelle. Er macht auf die ökonomischen und ethischen Nachteile aufmerksam und befürwortet die Monogamie.[52]

Nach den Akten der Schariagerichte scheint es tatsächlich Fälle gegeben zu haben, in denen junge Frauen verheiratete Männer als Ehepartner ablehnten, und sie fanden dafür Unterstützung in der Gesellschaft. Zwei Gerichtsakten aus Harput von 1631 verdeutlichen dies. Eine Fatma, die mit

scher Gesandter in Istanbul war, die osmanischen Frauen besser kennen. Nach ihrer Beobachtung waren die osmanischen Frauen frei und wohlerzogen, hatten eine eigene Meinung, und gebildete Männer machten keinen Gebrauch von der religiösen Erlaubnis zur Polygamie, s. Kurt 1999, S. 204; Türkdoğan 1992, S. 54–55. Ignatius Mouradgea d'Ohsson und Antoine Olivier, die Ende des 18. Jahrhunderts in Istanbul waren, schrieben, dass die Polygamie nicht so verbreitet sei, wie man gedacht habe. Wenige muslimische Männer hätten zwei Frauen, vereinzelt hätten reiche Männer auch vier Frauen. Der Grund dafür sei, dass man mehrere Frauen nicht gleichzeitig ernähren könne, die Harmonie in der Familie gefährdet sei und Eltern ihre Töchter nicht an bereits verheiratete Männer geben wollten. Daher verheirateten sie ihre Töchter nur unter der Bedingung, dass der Mann keine weitere Frau nehme, s. Evren/Girgin 1997, S. 133; nach D'Ohsson, M., *XVIII. Yüzyıl Türkiye'sinde Örf ve Adetler*. Übersetzt von Zerhal Yüksel, Tercüman 1001 Temel Eser; Olivier, Antonie, *18. Yüzyılda Türkiye ve İstanbul*. Übersetzt von Aloda Kaplan, Kesit Yayınevi 2007.

50 Faroqhi 1995, S. 119.

51 Ortaylı 2001, S. 90.

52 Öztürk 1991, S. 156–158.

einem Mevlud verlobt wurde, erfuhr, dass Mevlud bereits eine Frau hatte. Daraufhin lehnte sie ihren Vater als Vertreter ab und ließ sich durch einen Karabaş Mehmet vertreten, der bereit war, ihre Wünsche zu unterstützen. Im zweiten Fall wurde eine Şahiye von ihrem Vater gegen 14 Kuruş, den Preis eines Lastpferdes, mit einem Mann verlobt, der bereits verheiratet war. Als sie das erfuhr, sagte sie: »Er hat schon eine Frau, ich will nicht als zweite Frau zu diesem Mann gehen.« Sie gab die Geschenke zurück und verweigerte die Ehe. Nicht nur junge Mädchen, sondern auch ältere, bereits verheiratete, vermögende Frauen lehnten polygame Eheverhältnisse ab. In den Gerichtsakten von Kayseri verlangte 1546 eine reiche Frau namens Bağdat vor Gericht erfolgreich die Scheidung gegen Zahlung einer Summe an ihren Mann, weil er ein junges Mädchen als zweite Frau geheiratet hatte. Dies zeigt allerdings auch, dass Scheidungen im Grunde nur begüterten Frauen möglich waren.[53]

Nach den Quellen unterscheiden sich die Polygamiezahlen im 19. und Anfang des 20. Jahrhunderts kaum von denen in früherer Zeit. In Bursa und Umgebung waren es in der Tanzimat-Ära 2,2%.[54] Es scheint auch, dass Frauen in Bursa, die in polygamen Ehen lebten, sich ihrer Rechte wohl bewusst waren. Vielleicht war deshalb dort Polygamie wenig verbreitet. So verließ Şerif Zeynep aus dem Stadtteil Umur Bey 1843 ihren polygamen Mann, weil er ihr kein eigenes Haus zur Verfügung gestellt hatte. In einer weiteren Quelle wies der Dergah-i Ali Kapucubaşı Gemlikli Mustafa Bey seinen vier Ehefrauen getrennte Wohnungen zu.

Die Gerichte entschieden oft zu Gunsten der Frauen.[55] Auch reiche Frauen gingen gelegentlich vor Gericht, wenn sie erfuhren, dass ihre ebenfalls reichen Männer eine polygame Ehe führten und verlangten Unterhalt (*nafaḳa*), weil das islamische Recht unabhängig vom Reichtum der Frau

53 Kurt 1999, S. 205.
54 Kurt 2000, S. 651.
55 Kurt 1998, S. 89.

den Mann zu Unterhaltsleistungen verpflichtete. So verklagte in Bursa 1876 Şerife Emine, obwohl sie reich war, ihren Mann Mehmet Tahir vor Gericht erfolgreich auf Unterhaltszahlungen in Höhe von 200 Kuruş monatlich.[56]

Im 19. Jahrhundert blieb in Kayseri die Zahl der polygamen Ehen mit ca. 8% konstant, in Tokat stieg sie. In Istanbul waren im 18. Jahrhundert von 1242 im Militärdienst tätigen Männern 95 polygam, d.h. 7,65%. In Edirne, wo im 17. Jahrhundert von 1516 Männern 1407, d.h. 92,8% monogam waren, blieb die Zahl der monogamen Ehen konstant, während in Ankara und anderen anatolischen Städten die Polygamie zunahm,[57] aber keineswegs ausnahmslos. Göyünç untersuchte die Haushaltsgröße von 309 muslimischen, aus dem Kaukasus stammenden Familien in der zweiten Hälfte des 19. Jahrhunderts, die in Ankara und Umgebung angesiedelt wurden, und stellte fest, dass alle Männer monogam lebten.[58] In 160 Nachlassprozessen gab es in Eskişehir nach den Schariaregistern Mitte des 19. Jahrhunderts neun Männer, die polygam lebten. Acht von ihnen waren mit zwei Frauen verheiratet, einer mit drei Frauen. Nach Eintragungen des Schariagerichts hatte im 19. Jahrhundert in Mittelanatolien die Polygamie einen durchschnittlichen Anteil von ca. 5%.[59] Laut Angaben aus 215 Nachlassregistern waren Mitte des 19. Jahrhunderts in Muğla 173 Männer als monogam (80,46%), 13 als mit zwei Frauen verheiratet (6,04%), die restlichen Personen als ledig oder verwitwet registriert. Jedoch weisen diese Akten alle Männer, die zweimal geheiratet haben, als polygam aus, auch die, die nach dem Tod ihrer ersten Frau eine zweite Ehe eingingen. Das heißt, dass Polygamie in Muğla tatsächlich noch seltener praktiziert wurde, als in den Akten notiert.[60]

56 Kurt 1999, S. 205–207.
57 Öztürk 2002, S. 380.
58 Göyünç 1991, S. 132.
59 Yakut 2008, S. 247.
60 Keleş 2002, S. 46–47.

In Damaskus und Aleppo betrug die Zahl der monogamen Ehen nach den Nachlassregistern 90 %. Für 1842-1843 benennt Rafeq für Damaskus Zahlen, die bestätigen, dass die überwiegende Mehrheit der Männer monogam war.[61] In Jaffa und Haifa existierte Polygamie in allen Schichten, aber die Heirat mit einer zweiten Frau war in der Regel mit der Scheidung von der ersten Frau verbunden. Es scheint, dass eine berufliche Versetzung des Mannes in andere Städte ihn oft dazu veranlasste, einen neuen Haushalt zu gründen, um mit dem fremden Leben zurechtzukommen und gleichzeitig in die lokalen Netzwerke zu gelangen[62] – eine Erscheinung, die auch verschiedene andere zeitgenössische Quellen[63] für die zentralen osmanischen Gebiete feststellen.

Auch zu Beginn des 20. Jahrhunderts verschwand Polygamie nicht vollständig. Nach einer fünfprozentigen Stichprobe aus den Bevölkerungsregistern Istanbuls von 1885 und 1907 lebten nur 2,29 % der verheirateten Männer polygam. Statistisch gesehen war jeder dieser Männer mit 2,08 Frauen verheiratet. Nur 108 Männer hatten drei Frauen, keiner hatte vier Frauen. Auf diesem niedrigen Niveau war jedoch keine Tendenz für das Verschwinden von Polygamie erkennbar.[64] Der gleiche Prozentsatz galt auch in den osmanischen Schwarzmeerprovinzen. Nach einem einzelnen Schariaregister in Rize gab es zwischen 1911 und 1913 nur fünf Männer, die zwei Frauen hatten. Eine dieser Frauen, Havva bint Memiş, im Ort Ğorğor (Büyükköy) von Rize wandte sich am 12. Ramazan 1332/4. August 1914 mit der Klage an das Gericht, dass ihr Mann Topuzoğlu Haşim bin

61 Rafeq 1994, S. 485; Rafeq 2002, S. 267-268.

62 Agmon 2006, S. 79.

63 Fāṭıma ʿAliyye/Maḥmūd Esʿad 1316, S. 59-60.

64 Dieser Prozentsatz war im 19. Jahrhundert im Vergleich mit den Mormonen und afrikanischen Gesellschaften sehr niedrig, auch im Vergleich zur übrigen islamischen Welt, denn entsprechende Zahlen liegen 1947 für Ägypten bei 3,4 %, für Irak 1957 bei 7,5 % und für Syrien 1960 bei 4,3 %, s. Duben/Behar 1998, S. 162 nach Joseph Chamie, »Polygyny among Arabs«, in: *Population Studies*, 40 (1986), S. 55-66.

Mahmut eine zweite Frau genommen hatte und ihr keinen Unterhalt zahlte. Dieses Dokument zeigt, dass Frauen nicht mit einer Zweitehe ihres Mannes einverstanden sein mussten.[65] Frauen in großen Städten wie Istanbul, Bursa und Saloniki lebten zu 2,5% in polygamen Verhältnissen, während es im Landesinneren mehr als 4% waren.[66] Tatsächlich bevorzugten die großstädtischen Frauen in ihren Heiratsanzeigen unverheiratete Männer.[67]

Der Arzt Hüseyin Himmet Bey aus Istanbul hielt 1916 die Monogamie zu 95% für die vorherrschende Eheform. Auch der deutsche Arzt Auerbach[68] beobachtete zur gleichen Zeit nur vier Fälle von Polygamie in Haifa, einer Stadt mit insgesamt 7250 Einwohnern. Dies bestätigt die damalige Behauptung, dass die veränderten sozialen und politischen Verhältnisse sowie die Antisklavereibestrebungen in Kombination mit der wachsenden Verbreitung der Frauenbildung die Polygamie faktisch fast aufgehoben hatten.[69] Die geringe Verbreitung der Polygamie wird oft mit den sich daraus ergebenden finanziellen und psychischen Belastungen für den Mann erklärt.[70]

Statistiken allein reichen nicht aus, um Aussagen über die schichtspezifische Verbreitung von Polygamie zu treffen. Dies muss anhand von Einzelbeispielen untersucht werden. Nach Duben/Behar findet sich Polygamie in Istanbul um die Wende vom 19. zum 20. Jahrhundert eher unter den religiösen Gebildeten und höheren Beamten. Es gibt keine hinreichenden Daten, um zu klären, was der entscheidende Faktor für Polygamie war, ob Religion oder Wohlstand.[71] In den gesichte-

65 Erkan, »1509 no'lu Rize şer'iyye sicili ışığında Rize ailesi ile ilgili bazı bulgular«.

66 Duben/Behar 1998, S. 168-169.

67 Toprak 1988, S. 44/172-45/173.

68 S. http://www.uni-heidelberg.de/institute/sonst/aj/PERSONEN/AUERBACH/vorbemerkungen.htm (aufgerufen 3.4.2012).

69 Lorenz 1918, S. 108-111.

70 Düzbakar, »Osmanlı toplumunda çok eşlilik«, S. 98.

71 Duben/Behar 1998, S. 169.

ten Dokumenten aus der letzten Periode des Osmanischen Reichs werden auch die Berufe polygamer Männer genannt, z.B. Olivenölhersteller, Schmied, Fezfärber, Pferdepfleger, Wärter, Hersteller von Gewehren u.a., also in erster Linie Handwerks- und Handelsberufe. Es gab weiterhin Personen im Staatsdienst, wie Gerichtsdiener und Bezirksverwalter, aber auch Valis, Paschas u.a, jedoch geben die Dokumente keine Hinweise auf Imame oder Hodschas, die polygam lebten. Man kann aber feststellen, dass es in allen sozialen Schichten polygame Männer gab.[72] Der Unterschied bestand allenfalls darin, dass Männer aus der Führungsschicht in der Regel zumindest in finanzieller Hinsicht ihre Ehefrauen absichern konnten.

1926 wurde nach dem neuen Zivilrecht die Polygamie endgültig abgeschafft. Nach 1930 tauchte sie in den Registern nicht mehr auf. Das heißt jedoch nicht, dass sie verschwand; auch heute noch wird in Ost- und Südanatolien Polygamie praktiziert.[73] Da keine statistischen Daten dazu gesammelt werden, ist ihre heutige Verbreitung schwierig festzustellen. Deshalb kann nur aus Untersuchungen zu Familienfragen etwas erfahren werden. Forschungen zufolge betrug unter Berücksichtigung regionaler Unterschiede 1972 und 1991 der Polygamieanteil in der gesamten Türkei 2 %, in den großen Städten war er verschwindend gering, in den kleinen Städten lag er bei 1 % und in den Dörfern bei 3 %.[74]

72 Einigen Untersuchungen zufolge ist die Polygamie in der Führungsschicht häufiger zu finden, s. Yüksel 1992, S. 489, insgesamt jedoch sind die Daten hierzu wenig aussagekräftig.

73 Duben/Behar 1998, S. 165.

74 Elmacı 1996, S. 83-85; für detaillierte Zahlen in diesem Zeitraum, s. Gökçe, Birsen u.a., *Gecekondularda Aileler Arası Geleneksel Dayanışmanın Çağdaş Organizasyonlara Dönüşümü*. Başbakanlık Kadın ve Sosyal Hizmetler Müsteşarlığı Yay., Ankara 1993; Timur, Serim, *Türkiye'de Aile Yapısı*. Ankara Hacettepe Üniversitesi Yayını 1972; V. Özkaynak, *Diyarbakır İl Merkezinde Sosyo-Ekonomik Yönden Farklı İki Yerleşim Yerinde 49 Yaş Altı Ailede Akraba Evliliklerinin Araştırılması*. Dicle Üniversitesi: Doktora Tezi (ungedruckt), Diyarbakır 1988.

3 Die Frauenfrage in den Reformdebatten

Im Reformerlass von 1839 gab es zwar keine direkt auf Frauen bezogene Bestimmungen, er hatte aber sichtbaren Einfluss auf die Gesellschaft und damit auch auf die Frauen. Neben der allgemeinen Wahrnehmung einer Schwächung des Osmanischen Reichs hielten sich seit der Zeit Abdülmecits I. (1839-1861) vermehrt Diplomaten in Europa auf und brachten ihre Erfahrungen mit dem dortigen Lebensstil zurück. Reformer wie Mustafa Reşit Pascha (1800-1858), Mehmet Emin Ali Pascha (1815-1871), Keçecizâde Mehmet Fuat Pascha (1814-1868) und Ahmet Vefik Pascha (1823-1891) waren als Gesandte in den europäischen Hauptstädten gewesen, mit der europäischen Zivilisation in Berührung gekommen und hatten Anregungen für ihre Reformideen erhalten. Sie glaubten, dass mit diesen Reformen das Osmanische Reich auf eine Stufe mit den europäischen Staaten gelangen könne, dass aber nicht allein militärische Neuerungen, sondern auch soziale und kulturelle Änderungen für die Rettung des Staates nötig seien.

Seit Mitte des 19. Jahrhunderts forderten viele Intellektuelle im Zuge des Positivismus verstärkt nicht nur die Übernahme westlicher Technologie, sondern auch westlicher Werte und westlichen Denkens, und sie betrachteten das Beharren auf den eigenen Traditionen als Hindernis für den Fortschritt. Folglich schloss die Idee der Verwestlichung unvermeidlich auch die Religion mit ein, und wichtige religiöse Neuerungen wurden empfohlen.[75]

Frauen erwarben durch die Reformen zuerst eine Teilhabe an den Bildungsmaßnahmen. Andere Grundrechte bezüglich Eigentum, Erbschaft und Familienrecht wurden erst zu Beginn des 20. Jahrhunderts allmählich gesichert.[76] Ab 1842 konnten die Frauen in der medizinischen Fakultät in Istanbul eine Hebammenausbildung absolvieren, 1859 wurde dort die erste Mittelschule (*mekteb-i rüşdiyye*) eingerichtet, 1865 wurde in Rusçuk eine Berufsschule für Mädchen und 1869 die Gewerbeschule in Istanbul gegründet. 1870 öffnete das erste Lehrerinnenseminar (*dārül-muʿallimāt*). Eine Verordnung des Kultusministeriums führte 1869 die Schulpflicht für Mädchen von 6-11 Jahren ein, aber von diesen Maßnahmen konnten nur Frauen in den großen Städten wie Istanbul, Saloniki und Izmir profitieren.

In der Tanzimat-Ära gab es weitere rechtliche Reformen, die auch die Frauen betrafen. Ein erstes Bodengesetz (*arāżī ḳānūnu*) wurde 1846-47 erlassen, Erweiterungen folgten 1858 und 1876, nach denen Frauen ohne Einschränkungen Landbesitz erben und halten konnten. Ihr allgemeines Erbrecht wurde 1912 von einem Drittel auf die Hälfte des Erbes an unbeweglichen Gütern erhöht. Auch Sklaverei (*kölelik*) und Konkubinat (*istifrāş*) wurden gesetzlich aufgehoben (1856).[77] Dies trug neben der Sicherung allgemeiner Menschenrechte dazu bei, auch im engeren Bereich der Ehe das Konkubinat zu begrenzen.[78] Faktisch kam Sklaverei jedoch bis in das 20. Jahrhundert hinein vor.[79]

Die Reformer wussten, dass Teile des Familienrechts wie Eheschließung, einseitige Scheidung und Polygamie die

75 Saygın/Önal 2008, S. 26.

76 Kurt 1998, S. 8.

77 Avcı, »Osmanlı devleti'nde Tanzimat döneminde ›otoriter modernleşme‹«; Kurnaz 1992, S. 50-51.

78 Berktay 2004, S. 10.

79 Sagaster 1997, S. 18-19.

Stellung der Frau erschwerten. Im osmanischen Familienrecht, das auf islamischem Recht basierte, war der Mann als Familienoberhaupt in Bereichen wie Eheschließung, Scheidung, Erbschaft und Eigentum günstiger gestellt als die Frau. In einem System, das von islamischen Regeln bestimmt wurde, sollte die Frau nicht für den Unterhalt zuständig sein, vielmehr war ihr natürlicher Platz in der Familie. In der städtischen Gesellschaft herrschte strikte Geschlechtertrennung, und besonders bis zur Tanzimat-Ära wurden die Frauen durch verschiedene Ge- und Verbote in der Öffentlichkeit reglementiert. Diese Auffassung führte dazu, dass die Frau selbst als etwas Verbotenes (*maḥrem*) angesehen wurde, ihre Autorität wahrte sie jedoch als Ehefrau und Mutter in der Familie.[80] Um auch in diesem Bereich Änderungen herbeizuführen, wollte der Großwesir Mehmet Emin Ali Pascha sogar das französische Zivilrecht einführen, aber es ließ sich weder ein gesellschaftlicher noch ein akademischer Konsens herstellen. Stattdessen wurden einige Verordnungen bezüglich Mitgift und Hochzeitsgestaltung erlassen, um die traditionellen Eheformen zu entlasten. Außerdem versuchte der Staat Eheschließungen zu kontrollieren, um Missbrauch vorzubeugen.

Nach der Einführung des Zivilgesetzes (*mecelle*) 1876 wurde das Wirtschaftsrecht innerhalb des islamischen Rechts neu geordnet, nicht aber das Familiengesetz. Die Nichtbeachtung religiöser Regeln fiel in Handel und Wirtschaft leichter, in Bezug auf die Familie jedoch wirkten die religiösen Vorstellungen stärker, so dass man hier auf Änderungen verzichtete. Aber man versuchte doch eine Neuinterpretation auf der Basis von Koran und Sunna, um auch die Frauenfrage zu überdenken. Diese Maßnahmen zielten darauf, das Recht den sich verändernden Bedingungen der neuen Zeit anzupassen und das Rechtsleben vom religiösen Einfluss zu befreien. Einerseits war hierfür die Wirkung des Feminismus entscheidend, andererseits forderten aber

80 Berktay 2004, S. 10–12.

auch die Rechtsgelehrten die Ausweitung der Gesetzgebung auf das Eherecht (*kitāb-ün-nikāḥ*). Der Professor der juristischen Fakultät, İbrahim Hakkı (1863–1918), sprach 1902 über ein zeitgemäßes Zivilgesetz, in dem der Staat ein umfassendes Familienrecht formulieren müsse, da im Osmanischen Reich Eheschließung, Erbschaft und andere diesbezügliche Schariabestimmungen noch außerhalb der neuen Gesetze lägen.[81]

Unter Abdülhamit II. wurden Institutionen, die die Reformen allgemein unterstützten, aber speziell zur Verbesserung der professionellen Bildung beitrugen, als wichtig erachtet. In der Folge entstand neben der osmanischen Elite eine neue Mittelschicht, die am gesellschaftlichen Entscheidungsprozess teilhatte. Bis zur II. Meşrutiyet-Ära führten vor allem die Bildungseinrichtungen dazu, dass sich die Stellung der Frau in den großen Städten änderte.[82]

Auch vor der Tanzimat-Ära hatten die osmanischen Frauen bis zu einem gewissen Grad am gesellschaftlichen und wirtschaftlichen Leben partizipiert. Außerdem zeigen Gerichtsakten, dass Frauen ihre ökonomischen und sonstigen Interessen selbst vertreten konnten. Die bisherige Forschung kennt Beispiele seit dem 16. und 17. Jahrhundert für Bursa, Kayseri und andere Städte, so auch aus dem osmanischen Sancak Jerusalem.[83] Mit der beginnenden Schwäche des Osmanischen Reichs im 18. Jahrhundert gingen jedoch die gesellschaftlichen Aktivitäten der Frauen zurück, und es lässt sich ein wahrscheinlicher Zusammenhang zwischen der ökonomischen Schwächung des Osmanischen Reichs und der Stellung der Frau erkennen.[84]

Bereits in der Tanzimat-Ära gründeten Frauen aus bekannten Istanbuler Familien unter der Leitung Mithat Paschas

81 Taşkıran 1973, S. 24–29; Fındıkoğlu1991, S. 17–24.

82 Durakbaşa 2000, S. 96–99.

83 Doğan 2001, S. 70–71 und 85; Jennings 1975 und 1995; Gerber 1980 und 1989; Kurt 2000; Mutaf 2002.

84 Kurt 2000, S. 651.

(1822–1884) Hilfsorganisationen, um während des Balkankriegs 1876 den Verwundeten zu helfen. Dies führte dazu, dass Frauen zunehmend am öffentlichen Leben teilnahmen.[85] Mit wachsender Bildung wurden sie allmählich im öffentlichen Arbeitsleben präsenter, z.B. als Hebammen oder in der Kleinindustrie. In der zweiten Hälfte des 19. Jahrhunderts arbeiteten Frauen im Zuge der wachsenden Industrialisierung auch in der Tabakverarbeitung und der chemischen Industrie.[86]

In der Öffentlichkeit veränderte sich das Frauenbild mit zunehmender Verwestlichung, die im Serail und in den Häusern der großen Beamten begonnen hatte. Nach 1855 gingen Damen der muslimischen Oberschicht Istanbuls in Satinmänteln und Tüllschleiern spazieren. Auch die Verwestlichung der Nichtmuslime in den großen Städten, die mit den Europäern enger zusammenarbeiteten, wirkte auf die Frauen der Oberschicht und breitete sich später auf andere Gesellschaftsschichten aus. Zensurfreie Zeitschriften, die sich mit Mode, Aussehen und Kosmetik beschäftigten und darüber hinaus Werbung enthielten, beeinflussten das Leben der städtischen Frauen.

Da diese Änderungen im täglichen Leben von großen Teilen der muslimisch geprägten Gesellschaft als unmoralisch empfunden wurden, schränkte der Staat während und nach der Tanzimat-Ära durch Kleiderordnungen und Verhaltensregeln den Bewegungsspielraum der Frauen ein und verlangte die Beibehaltung der Geschlechtertrennung. Einerseits versuchte der Staat also, die gesellschaftliche und rechtliche Stellung der Frau zu verbessern, andererseits nahm er Rücksicht auf die angenommene traditionelle islamische Mentalität.[87]

Die von der Bürokratie eingeleiteten Reformen bedeuteten auch einen Eingriff in den kulturellen Bereich. Durch

85 Güzel 1985, S. 860–861; Şartepe 2006, S. 15–27.
86 Güzel 1985, S. 862–868.
87 Durakbaşa 2000, S.96–97.

Änderungen im Bildungsbereich nahmen die Frauen am sozialen Leben teil, entfernten sich aber gleichzeitig von der Tradition. In der reformerischen Aufbruchsphase gerieten sie in die Auseinandersetzungen um »Tradition« und »Moderne«, Vorstellungen, die im 19. Jahrhundert in der ganzen Welt in der von Entscheidungsträgern initiierten Verwestlichung ebenso wie Anfang des 20. Jahrhundert im Kampf gegen den Kolonialismus von Bedeutung waren. So vertraten britische Feministinnen die Meinung, dass die Traditionen nichteuropäischer Kulturen die Frauen unterdrückten und legitimierten damit ihren kolonialistischen Befreiungseifer. Nach ihrer Auffassung war die Verschleierung der Frau ein Symbol der Unterdrückung, und so richtete sich in Ägypten die erste Kritik der britischen Feministinnen gegen den Gesichtsschleier (*peçe*, arab. *niqāb*).[88] Die Kritik wurde von den einheimischen westlich orientierten Reformern noch verstärkt und setzte eine kulturelle Entfremdung im Namen einer Modernisierung in Gang.[89]

Reformen nach westlichen Vorbildern, glaubte man, veränderten das Leben der Frauen, da die Befreiung der Frau mit der daraus resultierenden Modernisierung zusammenfiel. Dagegen stand die Ansicht, dass die Frau die traditionellen Werte, Religion und nationale Kultur repräsentierte und diese bewahren sollte.[90] Forscher, die wie İlhan Tekeli auf Widerstände gegen die Modernisierung aufmerksam machen, weisen darauf hin, dass Modernisierung und gleichzeitige Anpassung an die Tradition nicht automatisch erfolgten. Die traditionellen Strukturen lieferten sich einer Modernisierung nicht so leicht aus. Sie bestanden parallel zu neuen Strukturen. Gesellschaften, die sich spät modernisier-

88 Dies galt selbst für eine der türkischen Gesellschaft gegenüber eher positiv eingestellten britischen Feministin wie Grace Ellison, s. McKenzie-Stearns, Precious, *On a mission: Grace Ellison's An English woman in a Turkish Harem*. Department of English. University of North Carolina at Wilmington 2003.

89 Kadıoğlu 1998, S. 89-92.

90 Aksoy 2005, S. 52-59.

ten, empfanden Unbehagen über den Zwiespalt zwischen Moderne und Tradition, und im Allgemeinen verteidigte sich das Einheimische gegen das Fremde.[91] Dies galt ebenso, aber keineswegs ausschließlich für die islamisch geprägten Gesellschaften des Nahen Ostens.

Ab 1860 wurden Bildung, sozialer Status, Kleidung und Teilnahme der Frauen am gesellschaftlichen Leben Diskussionsthemen, was Auseinandersetzungen über die traditionellen patriarchalischen Strukturen, die Beziehungen der Geschlechter im täglichen Leben und die Identität der Frau auslöste. Zum ersten Mal wurden außerdem Frauenfragen im Kontext unterschiedlicher Weltanschauungen kontrovers diskutiert.[92]

Die beginnende Polygamiediskussion

Die Frauenfrage löste im 19. und frühen 20. Jahrhundert nicht nur im Osmanischen Reich, sondern auch in anderen islamischen Ländern eine Reformdiskussion aus. Die Lage der Frau sollte neben Bildungsmaßnahmen auch durch eine Sicherung ihrer Stellung im Zivil- bzw. Familienrecht verbessert werden. Obwohl im Laufe des 19. Jahrhunderts in Teilen der islamischen Welt, z.B. im osmanischen Kernland und in Ägypten einige Rechtsbereiche wie das Handels- oder Strafrecht direkt aus dem europäischen bzw. dem französischen Recht übernommen und kodifiziert wurden,[93] geschah dies bis zum 20. Jahrhundert nicht im Familienrecht, das ganz wesentlich die Rechte der Frau bestimmte. Die Zuständigkeit der Scharia im Bereich des Familienrechts wurde nicht angetastet. Eine durchgreifende Säkularisierung

91 Aydın 2003, S. 22.

92 Göle 2001, S.49-52.

93 Zur Übernahme und Kodifizierung einiger Rechtsbereiche aus dem Französischen im Osmanischen Reich ab der Tanzimat-Ära, s. Kılıç 2008, S. 20-24; zu ähnlichen Maßnahmen in Ägypten S. 214-216.

fand nicht statt, so dass ein dem *Code civil* vergleichbares Gesetzeswerk weder im osmanischen Kernland[94] noch in anderen Teilen der islamischen Welt entstehen konnte. Die Schariagerichte, die weiterhin für alle personenrechtlichen Fragen der Muslime zuständig waren, mussten sich an der Rechtskunde (*fiqh*) orientieren, und so war eine Kodifizierung und damit Fixierung bestimmter Normen dieses Rechtsgebiets zunächst nicht realisierbar.[95] 1875 geschah dies in Ägypten zum ersten Mal. Auf der Grundlage der hanafitischen Lehre wurde ein Familienrecht entworfen, das zwar keine Gesetzeskraft erlangte, aber Maßstäbe für die Rechtsanwendung in- und außerhalb des Landes setzte.[96] Doch machten die Modernisierungstendenzen in der islamischen Welt auch Reformen im Familienrecht erforderlich. Die ungleiche Stellung der Geschlechter, auf der das traditionelle islamische Ehe- und Scheidungsrecht beruhte, war aufgrund veränderter sozialer Bedingungen und feministischer Tendenzen aus dem Westen nicht mehr mit den Frauenrechten vereinbar. Hierbei spielte Polygamie im Osmanischen Reich und in der weiteren islamischen Welt eine Rolle in der Diskussion um die Frauenrechte und als Objekt der Modernisierungsbemühungen.

Die islamischen Reformer forderten zunächst ganz allgemein, das Tor der Rechtsfindung (*ictihād*, arab. *iǧtihād*) wieder zu öffnen und die Scharia den modernen Lebensbedingungen anzupassen. Sie wollten die Verpflichtung gegenüber den überlieferten Lehrmeinungen (*taḳlīd*, arab. *taqlīd*) aufgeben und zu einer davon unabhängigen Rechtsfindung gelangen, um den Koran und die prophetische Überlieferung (*ḥadīs̱*, arab. *ḥadīṯ*) einer zeitgemäßen Neuinterpre-

94 Zur Entwicklung des islamischen Familienrechts im Osmanischen Reich, s .Ünal 1977, S. 195-231und Kılıç 2008, S. 205-212.

95 Ebert 1991, S. 201-202 und 215; die Rechtsentwicklung in islamischen Ländern generell, das Personalstatut, bzw. Familien-, Personen- und Erbrecht, S. 215-222; Scholz 2002, S. 7-15.

96 Rohe 2001, S. 8; Reformen des Familienrechts in Ägypten vom 19. Jahrhundert bis heute, S. 7-15.

tation unterziehen zu können.[97] Gerade in Ägypten und in Indien formierte sich seit der zweiten Hälfte des 19. Jahrhunderts eine islamische Bewegung,[98] die dem *ictihād* einen breiten Anwendungsbereich sicherte. So blieb eine kritische Neuinterpretation des Rechts weiter möglich. Unter westlichem, besonders britischem intellektuellen Einfluss argumentierten die indischen Reformer in der modernen Auslegung des Korans rational und defensiv, z.B. in dem Werk *Tafsīr al-Qur'ān* (1880) von Sayyid Aḥmad Ḫān (1817–1898). Der wichtigste moderne Interpret war jedoch der islamische Reformer Muḥammad 'Abduh (1849–1905)[99] in Ägypten. Er beeinflusste mit seiner neuen Auslegung nachhaltig die Entwicklungen in der islamischen Welt. Sein Schüler Rašīd Riḍā (1865–1935) schrieb zu Beginn des 20. Jahrhunderts einen neuen Korankommentar, den *Tafsīr al-Manār*, der auf 'Abduhs Vorlesungen zur Koranexegese an der al-Azhar beruht. Auch die osmanischen Interpreten, von Ägypten und Indien beeinflusst, begannen während der Tanzimat-Ära mit einer modernen Auslegung. Während der Meşrutiyet-Ära erreichte diese Entwicklung ihren Höhepunkt.Vor allem in der islamisch orientierten Zeitung Ṣırāṭ-ı Müstaḳīm/Sebīl ür-Reşād setzte man sich mit den neuen Auslegungen auseinander. Modern orientierte Religionsge-

97 Scholz 2002,S. 5; Peters 1989, S. 110–111; Özalpat 2008, S. 26.

98 Die islamische Bewegung im 19. und 20. Jahrhundert wollte den Islam als Ganzes, d.h. in Glauben, Moral und Philosophie sowie in der Politik und Wissenschaft wiederbeleben, um mit einer rationalen Methode die Muslime von westlichem Kolonialismus und autokratischer Herrschaft, von Nachahmung und Aberglauben zu befreien und das Land zu erneuern. Diese Bewegung begann in Ägypten mit Cemaleddin Afgani (1839–1897) und seinem Schüler Muḥammad 'Abduh, in Indien mit Sayyid Aḥmad Ḫān (1817–1898) und Sayyid Amīr 'Alī (1849–1928). Im Osmanischen Reich wurde sie ab 1870 unter dem Namen *ittihad-ı İslâm* (Einheit des Islam) als politischer Gedanke aufgegriffen, aber erst vierzig Jahre später zu Beginn der II. Meşrutiyet-Ära wurde sie zur einer islamisch-intellektuellen Bewegung unter Führung von Personen, die sich um die Zeitungen *Sırat-ı müstakim-Sebilürrşad, Beyanu'l hak* und *Volkan* gruppierten (s. Kara 1987, I, S. XV und XX).

99 Peters 1989, S. 121–127.

lehrte wie Bereketzâde İsmail Hakkı (1851-1918), Ahmet Hamdi Akseki (1887-1947)[100] und der Dichter Mehmet Akif Ersoy (1873-1936) übersetzten und diskutierten die Schriften von ʿAbduh und Riḍā. Bereketzâde İsmail Hakkı griff in seinem Korankommentar Envâr-i Kur'ân (1912)[101] auf das Tafsīr al-Manār zurück. Obwohl er auch klassische Auslegungen heranzog, machte er über weite Strecken Gebrauch von den Auslegungen ʿAbduhs. In diesem Kontext griffen die modern-islamisch orientierten Interpreten auch das traditionelle Rollenverständnis auf und deuteten die einschlägigen Suren im Koran neu. So wurde die Auslegung nach Überzeugung moderner Interpreten aus ihrer Stagnation befreit und ging im Vergleich zur klassischen Exegese auf die täglichen Probleme aller Gesellschaftsschichten ein. Eine weitere Gemeinsamkeit war die Überzeugung, dass die klassische Auslegung keinen wahren Nutzen mehr bringt. Mehmet Akif schrieb in der Ausgabe Nr. 183 von *Sebīl ür-Reşād*, dass man eine neue Auslegung benötige, da sonst auf der Basis des gegenwärtigen Wissens der Menschen kein besseres Verständnis des Korans möglich sei.[102] Damit sollte nicht nur gezeigt werden, dass der Islam eine vernunftbegründete, natürliche und nicht fortschrittsfeindliche, zu jeder Zeit anwendbare Religion ist, sondern auch europäische Angriffe gegen den Islam abgewehrt werden.

100 Duman, Abdullah, *Sebilürreşad Dergisi Bağlamında Osmanlının Son Dönemindeki Kelami Tartışmalar*. T.C. Marmara Üniversitesi Sosyal Bilimler Enstitüsü İlahiyet Anabilim Dalı Kelam Bilim Dalı: Yüksek Lisans Tezi, İstanbul 2007, S. 96-99 (http://www.belgeler.com/.../sebilurresad-dergisi-; aufgerufen 19.12.2011). Zu seiner Meinung über Frauenrechte und Verschleierung, s. Kara Band II, 1987, S. 194-206.
101 Coşkun, Muhammed, *Bereketzâde İsmail Hakkı'nın Envâr-i Kur'ân Tefsiri ve Diğer Tefsir Yazıları* (Bereketzâde İsmail Hakkı's Tafseer of Envâr-i Qur'an and the other tafseer articles). T.C. Sakarya Üniversitesi Sosyal Bilimler Enstitüsü: Yüksek Lisans Tezi (ungdruckt), Ağustos 2008 (http://www.belgeler.com/blg/22vv/bereketzade-smail-hakki-nin-envr-i-kur-an-tefsiri-ve-dier-tefsir-yazilari-bereketzde-ismail-hakki-s-tafseer-of-envr-i-qur-an-and-the-other-tafseer-articles; aufgerufen 5.3.2010).
102 Eskikurt 2007, S. 15-16 und 24-26; Karslı 2003, S. 181-183.

Durch die Diskussion einer Reihe von Themen, die Ziel europäischer ideologischer Angriffe waren, darunter u.a. die Stellung der Frau, Polygamie und Sklavenhaltung, wurden diese auch innerhalb der Reformdebatte aufgegriffen.[103]

Die jungosmanischen Reformer wie İbrahim Şinasi (1824-1871)[104] oder Namık Kemal (1840-1888)[105] vertraten als erste die Rechte der Frauen. Ähnlich wie die Reformer überall im Nahen Osten konzentrierten sie sich auf die Bereiche Bildung, Haussklaverei, Heiratsvermittlung, Verschleierung und Polygamie.[106] Auch Reformer wie Şemsettin Sami (1850-1904)[107] und der populäre Autor Ahmet Mithat (1844-1912)[108] übten in ihren Schriften Gesellschaftskritik in dieser Richtung. Ab Mitte des 19. Jahrhunderts begann die Polygamiediskussion auch in der osmanischen Frauenpresse. Die Schriftstellerin und Vorreiterin des osmanischen Feminismus Fatma Aliye (1862-1936)[109] veröffentlichte 1898/99 (1316) ihr Werk *Ta'addüd-i Zevcāt Ẕeyl*[110] zur Frage der Polygamie, die sie ablehnte und nur unter besonderen Bedingungen akzeptierte. Sie war die erste muslimische Frau im Osmanischen Reich, die gegen Polygamie öffentlich

103 Şen 2010, S. 112-114; Peters 1989, S. 115.

104 Berkes 2004, S. 261-265; Mardin 1985, S. 46-54.

105 Mardin 1985, S. 46-54; Berkes 2004, S. 287- 301; Sagaster 1997, S. 165-167 mit weiterer Literatur zur Biographie von Namïk Kemal.

106 Kandiyoti 1991, S. 3, 25-26; Durakbaşa 2000, S. 97.

107 »Şemseddin Sami«, in: *Tanzimat'tan Bugüne Edebiyatçılar Ansiklopedisi*, Bd. 2, İstanbul 2001, S. 762-764.

108 Uçman, Abdullah: »Ahmed Midhat Efendi«, in: *Yaşamları ve Yapıtlarıyla Osmanlılar Ansiklöpedis,*. Bd. 1, Yapı Kredi Yayınları, İstanbul 2008 (2. Aufl.), S. 134-136; Pınar de Rosay 2006, S. 36-103; Okay 1989.

109 Zu ihr Ahmet Mithat Efendi, *Fatma Aliye Hanım yahut Bir Muharrire-i Osmaniyenin Neşeti*. Transkription Lynda Goodsell Blake, Hrsg. Müge Galin, İsis Yayïmcïlïk, İstanbul 1998; Aşa 1993; Kızıltan 1993a; Kızıltan 1993b, S. 83-93; Kızıltan 1990, S. 283-322; Canbaz 2005; Kızıltan/Gençtürk Demircioğlu 1993; Findley1995; Görgün-Baran 2008; zu einem ausführlichen Lebenslauf und ihren Werken mit weiterführender Literatur, s. Fāṭma 'Aliyye/Maḥmūd Es'ad 2010, S. 30-35.

110 Fāṭïma 'Aliyye/Maḥmūd Es'ad 1316.

Stellung nahm. Sie kritisierte die Ansichten des Rechtsgelehrten Mahmut Esat (1857–1918),[111] der in der Zeitschrift *Ma'lūmāt* (1316/1898)[112] die Polygamie mit klassischen Argumenten, wie der Vermeidung von Unzucht oder der Sicherung der Nachkommenschaft, befürwortet hatte. Damit löste sie eine heftige Diskussion zu diesem Thema mit ihm aus.

Auch ägyptische Reformer behandelten in ihren Schriften die Frauenfrage. So versuchte Muḥammad 'Abduh feministische Tendenzen mit dem Islam in Übereinstimmung zu bringen, indem er die Koransuren, die Familie und Frauen betrafen, neu interpretierte. Er schrieb 1897 in der Zeitschrift al Manār, dass die Mädchen Zugang zu Bildung bekommen und die sozialen Bedingungen und Traditionen, die auf das Leben der Frauen einwirken, reformiert werden sollten.[113] Er kritisierte die Praxis der Polygamie, die nur in Ausnahmefällen toleriert werden sollte, wenn der Ehemann der Forderung nach Gleichbehandlung der Frauen nachkommen würde. Polygamie könne nur zu größerem Unheil (*ẓarar*) und zur Korruption der Gesellschaft führen.[114] Es könne sogar gezeigt werden, dass die Institutionen der Sklaverei und Polygamie nicht zu den Wesensmerkmalen des Islam gehörten.[115] Die Polygamie betreffenden Suren 4/3 und 4/129 wurden als eigentliche Forderungen nach Monogamie neu interpretiert. Eine solche Auslegung findet man auch bei den osmanischen modern orientierten Intellektuellen.[116]

111 Yaşaroğlu, Kâmil: »Mahmud Esad Seydişehir«, in: *Yaşamları ve Yapıtlarıyla Osmanlılar Ansiklöpedisi*, Bd. 2, Yapı Kredi Yayınları, İstanbul 2008, S. 68–69; Berkes 2004, S. 373–388 und 448–531; Fāṭıma 'Aliyye/Maḥmūd Es'ad 2010, S. 35–38.

112 Maḥmūd Es'ad, 20 Cemāẓīye'l-evvel 1316; 27 Cemāẓīye'l-evvel 1316; 27 Cemāẓīye'l-aḫir 1316.

113 Özalpat 2008, S. 149.

114 Marcotte 2001, S. 323.

115 Peters 1989, S. 126.

116 Karslı 2003, S. 181–183.

Sein Schüler Rašīd Riḍā dagegen befürwortete Polygamie gegenüber Mätressentum. Auch sei Polygamie eine Lösung für den Fall, dass eine Frau krank und unfruchtbar war. So könne der Mann seine Fortpflanzung (*tenāsül*) sichern.[117] Der Verteidiger der Frauenrechte Qāsim Amīn (1865-1908) schrieb 1899 sein Werk *Taḥrīr al-Mar'a* (Die Befreiung der Frauen), in dem er unter Verwendung der Regeln des Islams Verbesserungen für die Frauen forderte. Mit der Befreiung der Frau werde auch die Nation befreit, und der Status der Frau hänge mit dem Status der Nation zusammen. Es sei nicht angebracht, die Frauen in der modernen Zeit aufgrund der Vorgaben des Korans und islamischer Texte zu verschleiern und vom öffentlichen Leben fernzuhalten. Das sei nicht die Botschaft des Islam.[118] Daher empfahl er die Verschleierung, den Ausschluss der Frau aus dem öffentlichen Leben und die Praxis arrangierter Heiraten aufzuheben. Seiner Interpretation zufolge konnte bewiesen werden, dass der Islam Polygamie und Scheidung verurteilt. Beides sei nur unter besonderen Umständen und als letzte Lösung gestattet. Qāsim Amīn wurde von vielen Seiten scharf kritisiert. Seine Antwort auf die Kritik formulierte er in Form eines zweiten Buches, *Al-Mar'a al-Ǧadīda* (Die neue Frau) 1901. Während er in seinem ersten Werk für den Status der Frau religiöse Interpretationen verwendet hatte, versuchte er jetzt, die Ideen westlicher Denker, Politiker, Juristen, Philosophen und Dichter zu integrieren.[119]

Die Diskussion um die Stellung der Frau im Islam bzw. Polygamie unter Muslimen in Russland wurde zuerst ebenfalls von männlichen Reformern geführt, da es den Frauen bis zu Beginn des 20. Jahrhunderts nicht möglich war, ihre Rechte öffentlich zu vertreten und sie nicht organisiert wa-

117 Peters 1989, S. 109; Caporal 1999, S. 29-30.

118 Caporal 1999, S. 29-30; Özalpat 2008, S. 149-150.

119 Kansouh-Habib 2000, S. 73-74; zum intellektuellen Diskurs über die Frauenfrage in Ägypten im 19. und zu Beginn des 20. Jahrhunderts s. Caporal 1999, S. 34-64.

ren. İsmail Gaspıralı (1851–1914),[120] der 35 Jahre als Herausgeber der Zeitung *Tercümān* in Bahçe-Saray der Führer der Reformbewegung war, bemühte sich um eine bessere Stellung der Frau durch Bildung und Arbeit und versuchte, traditionelle Vorstellungen zu verändern. Auch er kritisierte die Polygamie und ihre Befürworter in *Tercümān*.[121] Anfang des 20. Jahrhunderts veröffentlichte Ahmet Ağaoğlu das Buch *İslamlıkta Kadın* (Die Frau im Islam), in dem er Polygamie kategorisch ablehnte.[122] Der Religionsgelehrte, Journalist und Politiker Musa Carullah Bigi (1875–1949)[123] war ebenfalls ein wichtiger Vertreter der islamischen Modernisierungsbewegung in Russland. Er versuchte, die Stellung der Frau im Islam anhand des Korans neu zu interpretieren. In seinem Werk *Ḳur'ān-ı Kerīm Āyet-i Kerīmeleriniñ Nūrlarī Ḥużūrunda Ḫātūn* (Die Frau im Lichte der Koranverse) von 1916 (in Berlin gedruckt 1352/1933) behandelte er Eheschließung bzw. Polygamie, Scheidung und Zeugenschaft der Frau. Polygamie könne in besonderen Fällen und unter besonderen Bedingungen vielleicht eine Lösung darstellen.

120 Lazzerini, Edward J.: »Ǧadidism at the Turn of the Twentieth Century: A View from within«, in: *Cahiers du Monde russe et soviétique* 16, 2 (1975), S. 245–277; ders.: »Reform und Modernismus (Djadidismus) unter den Muslimen des Russischen Reichs«, in: *Die Muslime in der Sowjetunion und in Jugoslawien. Identität – Politik – Widerstand*, Hrsg. Andreas Kappeler u.a., Markus Verlag, Köln 1989, S. 35–48; *Ismail Bey Gasprinski*, Übers. Alan W. Fisher, *The Tatars of Crima: Return to the Homeland*, hrsg. von Edward A. Allworth, pp. 127–152. Duke University Press, Durham NC 1998 (http://www.iccrimea.org/gaspirali/fahreddin.html).

121 Hablemitoğlu 2004, S. 36–37; zu seiner ausführlichen Polygamiekritik, s. Fāṭïma 'Aliyye/Maḥmūd Es'ad 1316, S. 72–84.

122 Ağaoğlu, o.J, S. 32; Zu den muslimischen Reformern in Russland, s. Caporal 1999, S. 34–64; s. auch Özdemir, Emin, »20. Yüzyılın başında Kazak aydınlanmasında ›Kadın‹ teması«, in: *Bilig*, 54. Yaz 2010, S. 211–230 (http://yayinlar.yesevi.edu.tr/files/article/409.pdf).

123 *Modernist Islam (1840–1940)*. 2002, S. 254–256; Görmez, Mehmet, *Mûsa Cârullah Bigiyef, Hayatı, Fikirleri ve Eserleri*. Türkiye Diyanet Vakfı Yayınları, Ankara 1994.

Aber auch die im Notfall gegebene Polygamieerlaubnis sollte durch das Gesetz geregelt werden.[124]

Für die Reformer in der islamischen Welt war die Polygamiedebatte sehr schwierig, weil selbst gebildete Muslime keine Kritik an der Polygamie akzeptierten, da dies ihrem Verständnis gemäß Kritik am Islam bedeutete. Insofern war die Debatte mehr eine Verteidigung des Islams gegenüber seinen westlichen Kritikern als eine Auseinandersetzung mit der Polygamie.

Das muslimische Frauenbild der Europäer

Als Missionare, Künstler und Kaufleute im Zuge des europäischen Kolonialismus begannen, in die muslimische Welt zu reisen, führten die bestehenden Vorurteile u.a. dazu, dass sie in ihren Schriften und Bildern die muslimischen Frauen als erotische Objekte beschrieben. Obwohl sich die muslimischen Frauen dank des westlichen feministischen Diskurses vieler Probleme bewusst wurden, hat dieser dennoch tendenziell dazu beigetragen, das traditionell negative Bild zu verstärken. Nach feministischer Ansicht waren der Koran und das islamische Recht für die Erniedrigung der Frauen verantwortlich.[125]

Obwohl in fast allen Kulturen Erfahrungen polygamen Zusammenlebens existieren, wurde diese allgemein männliche Fixierung nur auf den muslimischen Mann übertragen, da Polygamie im Islam nicht verboten war und man gleichzeitig mit mehr als einer Frau ehelich zusammenleben konnte. Es wurde auch angenommen, dass die muslimischen Männer zahllose Sklavinnen hatten, mit denen sie sexuell verkehrten.[126]

124 Musa Carullah 1999, S. 69-77 (Polygamie).

125 Altınöz 2003, S. 3-5, so z.B. noch Simone de Beauvoir.

126 Fidan 2006, S. 152; zur Charakterisierung der muslimischen Familie und der Polygamie, s. »Family Muslim«, in: *Encyclopedia of Religion and*

Berichte westlicher weiblicher Reisender unterschieden sich kaum von denen der Männer, vielmehr teilten sie deren negatives Orientbild unter Einschluss der Rolle der Frau. Selbst in der Darstellung des Harems[127] kopierten sie das männliche Orientbild, obwohl sie gleichzeitig ihre Texte als das wahre und richtige Wissen über den Orient präsentierten. In den Schriften der westlichen Frauen kann man erkennen, dass die weiblichen und männlichen Texte jeweils Anleihen voneinander aufnahmen. Die Dynamik dieser gegenseitigen Anleihen ist ein Aspekt des Orientalismus.

Die Briefe der Lady Mary Wortley Montagu (1689-1762) zeigen Ähnlichkeiten und Unterschiede in den Aussagen von Männern und Frauen auf. Nicht nur Lady Montagu war davon überzeugt, dass Frauen mehr sehen als Männer und damit die Wahrheit besser beschreiben können. Auch bei anderen Frauen ist dies nachzulesen. So schrieb Grace Ellison in *An English Woman in a Turkish Harem* (1915), dass sie mit diesem Werk die Fehler und Vorurteile älterer Berichte korrigieren wolle. In ihrem Buch betonte sie immer wieder, dass alles, was über die orientalische Frau bisher geschrieben wurde, falsch sei. Gleichzeitig benutzte aber auch sie immer wieder den Topos »harem«.[128]

»Harem« wurde von den Osmanen nicht mit einem Ort bloßer Sexualität assoziiert. Er ist Teil des Trennungssystems innerhalb islamischer Vorstellungen von Raum und Gesell-

Ethics, Bd. 5-6, 1994, S. 742-744; Aydın, Mehmet Akif, »Aile«, in: T.D.V.İ., Bd. 2, 1989, S. 196-200; Kevser, Kamil Ali und Salim Öğüt, »Çok Evlilik«, in: Türkiye Diyanet Vakfı İslam Ansiklopedisi (T.D.V.İ.A.), Bd. 8, 1993, S. 365-369.

127 Harem (*ḥarem*, arab. *ḥarīm*) bedeutet eigentlich »geheiligter, unverletzlicher Ort«. Im abgeleiteten Wortsinn wird es gebraucht für den Wohnbereich eines orientalischen Hauses, den kein Fremder betreten darf (türk. *haremlik* im Gegensatz zu den »Empfangsräumen«, *selamlık*). Weiter werden damit die Frauengemächer des Herrschers und die Gesamtheit aller weiblichen Angehörigen eines Haushalts bezeichnet. S. mit weiteren Literaturangaben Ursinus 2004, S. 272; Doğan 2001, S. 45-47.

128 Yeğenoğlu 1992, S. [8-12], Anm. 32.

schaft, um das Heilige (*ḥarām*) zu schützen. Als Konzept wurde es auf die Frauen übertragen und fand eine Erweiterung in der Verschleierung der Frau. Die Trennung der Bereiche von Mann und Frau diente nach islamischem Denken dem Schutz der Gemeinschaft (*umma*) vor dem Chaos der Unruhe (*fitna*), indem sonst nicht verwandte Männer und Frauen Kontakt zueinander aufnehmen konnten. Diese Vorsicht basierte auf der Vorstellung der weiblichen Sexualität als aktiv und ungehemmt. Neben den theologischen Begründungen gab es auch soziale Konventionen, die den Raum aufteilten. Für Istanbul lässt sich nachweisen, dass sich die Raumsicht durch neue architektonische Vorstellungen veränderte und die Entwicklung zur Kleinfamilie seit dem späten 19. Jahrhundert begünstigte, in deren Folge auch die getrennten Räume für Frauen (*ḥaremliḳ*) und Männer (*selāmlıḳ*) aufgehoben wurden. Die Idee des Harems weckte bei den europäischen Autoren und Lesern sehr schnell die Vorstellung von Polygamie und die Existenz eines erotisierten Raumes, wo die ungebildeten Frauen darauf warteten, die sexuellen Bedürfnisse ihres Herrn zu befriedigen.[129]

Reisende Europäerinnen im 19. Jahrhundert wie Lane Poole, die 1845 Gast bei den Hochzeitsfeierlichkeiten für die Tochter des ägyptischen Vizekönigs Mehmet (Muḥammad) Ali Pascha (1769–1849) war oder Emmeline Lott, 1865 Hauslehrerin im Dienste des damaligen ägyptischen Vizekönigs İsmail Pascha (1830–1895), verwendeten das Wort »Harem« in ihren Berichten in zweifacher Hinsicht – als für die Frauen vorgesehene abgetrennte Räumlichkeit und als eine Art Institution. Z.B. charakterisierte Julia Pardoe während ihres Aufenthaltes 1835/36 in Istanbul den Harem als Institution, indem sie die Ehefrau als Oberhaupt des Harems bezeichnet und die Zuführung von mehreren Odalisken in diesen erwähnt.[130] Die mit ihrer Familie reisende Schriftstellerin Annie Jane Harvey verwendete den Begriff

129 Peirce 1996, S. 2; *Gender, modernity and liberty*. 2006, S. 16–17.
130 *Gender, modernity and liberty*. 2006, S. 70–71 und 81–97.

Harem in ihrem 1871 verfassten Reisebericht über Istanbul ebenfalls für die Räumlichkeiten, sie verglich ihn mit dem *selāmlıḳ*, der als Reihe von Appartements für Männer definiert wird. Die Idee institutioneller Definition schwingt jedoch mit, wenn sie beschreibt, dass der Hausherr die Annehmlichkeiten seines Harems genießt.[131]

Die Prinzessin Belgiojoso[132] war 1853 in der Türkei im Exil. Ihr Bericht über die osmanischen Frauen ist ein Beispiel für die Verwunderung des Westens über die Rückständigkeit des Ostens. Ihren Schilderungen zufolge war die einzige Möglichkeit für eine schnelle Modernisierung des Osmanischen Reichs und damit die Übernahme eines westlichen Familienmusters die Aufgabe des Islams. So schlug sie vor, dass man vor allem die westliche Familienstruktur übernehmen müsse, um die Polygamie zu beenden.[133] Weitgehend reproduzierten reisende Frauen im 19. Jahrhundert etablierte Vorstellungen, die den Orient als Raum der Phantasien von *Tausendundeiner Nacht*, die orientalische Frau und den Harem als Projektionsraum sexueller Freizügigkeit betrachteten. Die Schilderung der Rolle der Haussklavinnen durch Ida von Hahn-Hahn 1843 vermittelt das gleiche Bild.[134]

Nur sehr wenige reisende Frauen waren Frauenrechtlerinnen. Viele tradierten in ihren Schriften überwiegend konservative Weiblichkeitsmuster und wurden so den fremden Frauen nicht gerecht. Aber die Reisen der Frauen waren für sie selbst ein Akt der Emanzipation, und von ihren Publikationen konnte möglicherweise eine emanzipatorische Wirkung auf die Leserinnen ausgehen.[135]

Selbst unter Europäern, die lange in der Türkei lebten, bestanden diese Vorurteile. So schrieb Kıbrıslızade Osman

131 Ebd., S. 107 und 103.
132 S. http://universal_lexikon.deacademic.com/212642/Belgiojoso (aufgerufen 5.6.2011).
133 Göle 2001, S. 44.
134 Mende-Altaylï 2011, S. 5; Aksulu. 2004, S. 188-194 und 197-200; Düzbakar 2008, S. 145-155; Lewis 2004 S. 150f.
135 Schlieker 2003, S. 53 und 64.

Bey (Frederick Millingen) das Werk *Les Femmes en Turquie* (Paris 1878), in dem er den Islam für die Rückständigkeit der Frau verantwortlich macht. Er bezeichnet die Polygamie als Gefangenschaft der Frau.[136]

Einige westliche Frauen protestierten allerdings bereits damals gegen solche Darstellungen. 1891 verneinte Lucy Garnett in *Academy* die Vorstellung vom Harem als Gefängnis. Neben eigener Anschauung stützte sie sich dabei auf die Reiseberichte Lady Cravens (1789), die die Freiheit der osmanischen Frauen hervorgehoben hatte. Emily Said-Ruete beschrieb 1888 die Polygamie positiv im Vergleich zur christlichen Doppelmoral.[137]

Die osmanischen Reformer reagierten auf die Kritik aus dem Westen. Obwohl z.B. Ahmet Rıza (1859-1930)[138] das islamische Dogma der göttlichen Offenbarung als unwichtig erachtete, verteidigte er den Islam und befand ihn für die soziale Entwicklung besser geeignet als das Christentum. In der Zeitschrift *La Revue Occidental* (1891) versuchte er, die Behauptung zu widerlegen, dass die Religion des Islams Grund für den Untergang der islamischen Zivilisationen sei.[139] Das Problem im Islam sei nicht Polygamie und Scheidung, sondern die Nichtbefolgung der Regeln.[140] Die reformerischen Intellektuellen der Tanzimat- und II. Meşrutiyet-Ära, wie Namık Kemal, Ahmet Mithat, Abdülhak

136 Demir 2006 S. 41-51.

137 Lewis 2004 S. 150-151; Emily Ruete (1844-1924) wurde als Prinzessin von Oman und Sansibar geboren und hatte in Deutschland gelebt, s. *Leben im Sultanspalast. Memoiren aus dem 19. Jahrhundert* von Emily Ruete (geb. Prinzessin Salme von Oman und Sansibar), Hrsg. Annegret Nippa, Hain Verlag, Bodenheim 1997.

138 Mardin 2001b, S.173-220 zu Ahmet Rıza und seinen politischen Ansichten.

139 Mardin 2001b, S. 183-185; diese Kritik am Westen, wie auch später von Ahmet Rıza in *Tolérance musulmane* (Paris, 1897), *La Crise de l'Orient* (Paris, 1907), *Echos de Turquie* (Paris, 1920) und *La faillite morale de la politique occidentale en Orient* (Paris 1922) dargestellt, ist als Rechtfertigung gegen die koloniale Ideologie zu verstehen, s. Demir 2006 S. 47.

140 Ahmed Rıza 1992, S. 1039-1040.

Hamit (1852–1937), Sami Paşazade (1859–1936) oder Fatma Aliye, widerlegten die Behauptung, dass die Gewährung sozialer Rechte an die Frauen nicht islamisch sei, auf der Basis islamischer Quellen.[141] Im Vergleich von islamischem und westlichem Recht kam man zu dem Ergebnis, dass die islamische Frau eigentlich mehr Rechte habe als die westliche Frau, aber durch die Tradition an ihrer Durchsetzung gehindert werde.[142]

Auch der Ägypter Qāsim Amīn fühlte sich durch die negativen Berichte von Europäern brüskiert, die den kulturellen, sozialen und religiösen Hintergrund der Staaten im Nahen Osten, insbesondere den niedrigen Status der ägyptischen Frau kritisierten. Auf das Buch *L'Egypte et les Egyptiens* von Charles-François-Madis duc d'Harcourt (1893) reagierte er mit der Verteidigung orientalischer Traditionen und kritisierte die westliche Freizügigkeit.[143]

Es gab von westlicher Seite nicht nur Kritik, sondern auch Fragen zum Islam. Anfang des 20. Jahrhunderts schrieb die anglikanische Kirche an das Amt des Scheich ül-Islam in Istanbul und fragte, was der Islam sei, welche Antworten er für das Leben und welche Lösungen er für die Probleme der Zeit habe. Die Antwort war ausführlich. Sie enthielt auch ein Kapitel zum Zivil- und Eherecht der Frauen. Zunächst wurden die Stellung der Frau bzw. ihre Rechte allgemein in der Geschichte und in allen Gesellschaften behandelt, danach die Stellung und die Rechte der Frau im Islam. Schließlich kam das Amt des Scheich ül-Islam zu dem Ergebnis, dass der Koran Männern und Frauen gleiche Rechte gewähre und garantiere. Auch Polygamie wurde angesprochen: Bis

141 Bulut 1999 S. 26; die Autoren der Tanzimat-Ära haben nie bezweifelt, dass die islamische Kultur höher stand als die westliche. Alle Neuerungen und Bewegungen zur Verwestlichung fußten in der Tanzimat-Ära auf der Basis islamischer Überlegungen. Die Familienbindungen seien nicht so schwach wie im Westen, da die Gesellschaft sich als Gemeinde empfinde. Diese Haltung solle man schützen (s. Parla 1990, S. 31–32).

142 Karslı 2003, S. 175–176.

143 Kansouh-Habib 2000, S. 72.

im vergangenen Jahrhundert in den westlichen Ländern die Polygamie als negative Erscheinung angegriffen wurde, habe das Volk diese weder als Sünde noch als Peinlichkeit empfunden. In der Geschichte verschiedener Länder und in den orientalischen Gesellschaften sei Polygamie gesetzlich und religiös akzeptiert. Jetzt aber sei in den westlichen Ländern nach Gesetz und Gewohnheit Monogamie üblich. Nach dem Gesetz haben dort eine zweite Frau und ihre unehelichen Kinder keine Rechte. Als der Islam entstand, habe es bei den Arabern und in anderen Gesellschaften junge Sklavinnen gegeben, die von den Männern benutzt und gegen Geld zur Prostitution gezwungen worden seien. Der Koran habe die Frauen befreit und diese Sitten aufgehoben. Mehr würde dazu nicht gesagt, weil man Polygamie nicht als zentrales Problem erkannte.[144]

Besonders Europa produzierte im 19. Jahrhundert ein negatives Bild vom Islam und der muslimischen Gesellschaft generell sowie im Besonderen von der Polygamieerlaubnis und der Verstoßung von Ehefrauen als Erscheinungen eines ungesunden Familienlebens und angeblicher gesellschaftlicher Schwächung, was zu einer Verteidigungshaltung auf Seiten der Muslime führte. Sie fanden zwei Arten der Erwiderung. Einerseits stimmte man den Anschuldigungen zu, behauptete aber gleichzeitig, dass die angegriffenen Einrichtungen oder Vorschriften durch Fehlauslegungen und Verdrehungen des wahren und reinen Islam entstanden seien. Andererseits verteidigte man den Islam selbstbewusst und kompromisslos, wobei die Notwendigkeit einer Reinigung des Islams nicht geleugnet wurde. Die unterschiedlichen Erwägungen zur Polygamieerlaubnis waren in diesem Zusammenhang bezeichnend.[145] So war die Polygamiediskussion im 19. Jahrhundert auch eine Reaktion auf die westliche Kritik und zeigte deshalb defensiven Charakter. Gleichzeitig weckte aber die westliche Kritik das Interesse der muslimi-

144 Şeyh Abdülâzîz Çaviş 1974, S. 162–172.
145 Peters 1989, S. 108.

schen Intellektuellen, so dass die Polygamie zum Thema innerhalb der Frauenrechte wurde und die Diskussion beeinflusste. Allerdings wurde die im 19. Jahrhundert begonnene Polygamiediskussion im Osmanischen Reich erst zu Beginn des 20. Jahrhunderts unter Muslimen intensiver. Die Argumente der Befürworter und Gegner wurden schärfer und es beteiligten sich zunehmend Frauen an den Diskussionen. Ab Anfang des 20. Jahrhunderts griffen die Reformbestrebungen auf die Familienstruktur über.[146] Die Reformer und Rechtsgelehrten in der islamischen Welt waren der Ansicht, dass diese Veränderungen auch in einem Familiengesetz ihren Niederschlag finden müssten, was kontrovers diskutiert wurde. Weitreichende Übereinstimmung herrschte bei den Zielen, die Heirat Minderjähriger einzuschränken, die Freiheit bei der Wahl des Ehepartners zu gewährleisten, die Polygamie zurückzudrängen, das einseitige Scheidungsrecht des Ehemannes zu beschneiden, Frauen das Antragsrecht auf Ehescheidung einzuräumen und ihre Stellung im Unterhaltsrecht und beim Sorgerecht für eheliche Kinder zu verbessern.[147]

Erste feministische Diskurse im 19. Jahrhundert

Mitte des 19. Jahrhunderts entwickelte sich eine überwiegend von Männern getragene Reformdiskussion zur Rolle der Frau. Erst in der zweiten Hälfte begannen auch Frauen in der entstehenden Frauenpresse[148] und in ihren Werken über ihre Rechte zu schreiben. Sowohl die männlichen als

146 Şartepe 2006, S. 15-27.
147 Rohe 2001, S. 7.
148 *Terakki-i Muhadderat* (1869-1870) wurde als Frauenbeilage von der Zeitung *Terakki* herausgegeben, *Vakit yahut Mürebbi-i Muhadderat* (1875), *Âyine* (1875 in Saloniki), *Aile* (1880), *İnsaniyet* (1883), *Hanımlar* (1882), *Şükûfezar* (1887), *Mürüvvet* (1887), *Parça Bohçası* (1889), *Hanımlara Mahsus Gazete* (1895-1908), *Hanımlara Mahsus Malumat* (1895-1896), die als Beilage für Frauen von der Zeitung *Malumat* herausgegeben wurde.

auch die weiblichen Intellektuellen, die den ersten feministischen Diskurs führten, gehörten überwiegend der Schicht der Bürokraten an. Wenn sie auch in ihren Diskussionen über Frauenrechte und andere die Erneuerung betreffenden Themen nicht weit über die staatlichen Perspektiven hinausgehen konnten, betrachteten sie ihre Gesellschaft doch unbefangener und kritischer als ihre Vorgänger. Obwohl die zeitgleichen feministischen Bewegungen in Europa auf sie wirkten, nahmen sie doch aufgrund der religiösen und kulturellen Unterschiede manches anders wahr. Trotz westlicher Bildung und französischer Sprachkenntnisse waren sie traditionell erzogen.

Man darf darüber hinaus nicht vergessen, dass die Frage der Frauenrechte im Westen eine Folge der Industrialisierung war, die zu gesellschaftlichen Veränderungen führte, während im Osmanischen Reich die Frauenrechte durch von Entscheidungsträgern initiierte Reformen gewonnen werden sollten. Im Gegensatz zu den immer weitergehenden Forderungen in Europa, wo z.B. bereits um 1840 das Wahlrecht und gleiche Berufschancen für Frauen gefordert wurden, war die Diskussion der weiblichen und männlichen Intellektuellen im Osmanischen Reich im 19. Jahrhundert weitgehend auf die Bildung der Frau, ihre Stellung in Familie und Gesellschaft, auf traditionelle Heiratssitten, Verschleierung und Polygamie beschränkt.[149]

Die ersten, die unter den Jungosmanen[150] einen Feminismusdiskurs begannen, waren Namık Kemal und İbrahim

S. dazu *İstanbul Kütüphanelerindeki Eski Harfli Türkçe Kadın Dergileri Bibliyografyası (1869-1927)* 1992; weitere Literatur Aşa 1973; Çakır 1996; Toska, o.J. u.a.

149 Avcı, »Osmanlı Devleti'nde Tanzimat döneminde ›otoriter modernleşme‹«, S. 10-12.

150 Jungosmanen sind eine politische Gruppierung, die ab 1865 für einen Verfassungsstaat im Osmanischen Reich kämpften, s. Zürcher, E. J., »Yeñi 'Othmānlīlar«, in: *Encyclopaedia of Islam*. Second Ed. Brill Online 2012; Mardin, Şerif, *The genesis of Young Ottoman thought: A study in the modernization of Turkish political ideas*. Princeton University Press, Princeton 1962.

Şinasi. Namık Kemal spielte unter den Jungosmanen eine wichtige Rolle in der Politik. Gleichzeitig war er Schriftsteller und Dichter. Er verstand unter Zivilisation das industrielle, technologische und ökonomische Wachstum, aber auch Presse und Bildung. Diese könne man, unter der Voraussetzung, die religiösen, moralischen und kulturellen Elemente einzubeziehen, vom Westen übernehmen. Nach seiner Überzeugung war der Islam nicht nur die Religion, sondern auch das gültige Gesellschaftssystem, in dem man lebte.[151] Ausgehend von diesen Annahmen schrieb er viele Artikel über die Rechte der Frauen. 1862 publizierte er einen Artikel über die Bildung der Frauen unter dem Titel »Terbiye-i nisvān ḥaḳḳında bir lāyıha« (Denkschrift über die Erziehung der Frauen) in der Zeitung *Taṣvīr-i Efkār*. Weiter äußerte er deutlich Kritik an den ungerechten Aspekten von Ehe und Familienleben sowie an der Stellung der Frau in der Gesellschaft. In der von ihm herausgegebenen Zeitung *'İbret* erschien sein Artikel »'Ā'ile« (Familie), in dem er Reformen in der Frauenbildung forderte und die Unwissenheit anprangerte, in der die osmanischen Frauen gehalten wurden. Sein Roman *İnṭibāh* (Erwachen, 1876) und sein Bühnenwerk *Zavallı Çocuk* (Armes Kind, 1873) waren ebenfalls kritische Kommentare zum gleichen Thema.[152]

Auch İbrahim Şinasi war zunächst Bürokrat, später Autor und Journalist. Er war der erste, der sich grundsätzlich kritisch äußerte, was wahrscheinlich zu seiner Entlassung führte. Am Anfang behandelte er politische, später mehr soziale und kulturelle Themen.[153] Sein satirisches Stück *Şā'ir Evlenmesi* (Die Hochzeit des Dichters), das er 1859 verfasste, war eine erste Kritik an der arrangierten Ehe.[154]

Der Reformer Şemsettin Sami betrachtete Frauenrechte und Frauenbildung als Zivilisationsprojekte. Er war der

151 Berkes 2004, S. 300 und 287–301; Mardin 1985, S. 46–54.
152 Kurnaz 1992, S. 59.
153 Mardin 1985, S. 47–48.
154 Keskin 2003, S. 47:

Meinung, dass die Bildung von Frauen Bildung für die ganze Menschheit bedeutete. Wenn die Hälfte des osmanischen Volkes ohne Bildung bliebe, könne die Gesellschaft keine Fortschritte machen. Aber wenn die Frauen ausgebildet würden, könnten sie auch ihre Kinder besser erziehen. Die Frauenbildung sei also im Interesse der Mutterrolle und aus zivilisatorischen Gründen erforderlich. In seinem Werk *Ḳādīnlar* (Frauen, 1296/1879) vertrat er die Meinung, dass die Frauen die gleiche Fähigkeit zur Ausübung eines Berufes hätten wie die Männer. Man solle aus ihren Fähigkeiten Nutzen ziehen.[155] Er diskutierte die Polygamie kritisch, griff aber gleichzeitig die Europäer bezüglich ihrer Haltung an, den Islam für die Polygamie verantwortlich zu machen.

Ahmet Mithat war einer der produktivsten und populärsten Autoren seiner Zeit und gleichzeitig Enzyklopädist. Seine Bücher schrieb er mit erzieherischer Absicht. Unter den osmanischen Literaten war er ein eigenwilliger Einzelgänger, der sich keiner Strömung seiner Zeit ohne weiteres zuordnen lässt.[156] Er thematisierte in seinen literarischen Werken oft die Situation der Frauen. Es ist nicht immer deutlich erkennbar, ob er sich auf die osmanischen oder nur muslimischen Frauen bezieht. Gelegentlich sind es jedoch die osmanischen Frauen generell. In seinem frühesten Werk *Felsefe-i Zenān* (Die Philosophie der Frauen, 1870) kritisierte er die traditionellen Heiratssitten. In seinem Bühnenstück *Eyvāh* (Ach!, 1872) ging es um die dramatischen Folgen, die Polygamie haben kann und um die Fehler der Eltern bei der Partnerwahl.[157] In seinen späteren Romanen dagegen verteidigte er die Polygamie. In *Pariste bir Türk* (Ein Türke in Paris, 1876) ließ er seine Romanfigur Nasuh die Polygamieerlaubnis im Islam verteidigen, um uneheliche Beziehungen

155 Göle 2001, S. 52-53.
156 Sagaster 1997, S. 159.
157 Pınar de Rosay 2006, S.103-104 und 106.

und daraus entstehende Kinder zu vermeiden.[158] In *Esāret* (Sklaverei, 1870) thematisierte er die Sklaverei und zeigte seine Ablehnung durch den Romanheld Zeynel Beg, der sich weigert, Sklavinnen (*cāriye*) als Konkubinen (*oṭalıḳ*) zu benutzen.[159] In *Henüz Onyedi Yaşında* (Noch siebzehn Jahre alt, 1881) machte er sogar mutig die Prostituierten zum Thema und vertrat die Meinung, dass die Gesellschaft sie nicht verurteilen sollte, weil es dafür Gründe gab. Er zeigte Frauen, die bereit waren, sich aus der Prostitution zu befreien.

Obwohl er wie seine Zeitgenossen Frauenbildung forderte, damit Frauen den Aufgaben in Ehe und Mutterschaft gerecht würden, befürwortete er unter dem Einfluss einer Europareise 1889 in *Diplomalı Ḳız* (Das Mädchen mit Diplom, 1890) die Bildung von Frauen, um einen Beruf zu erlangen. Auch in *Müşāhedāt* (Eigene Beobachtungen, 1891) ging es um eine Frau, die Französisch unterrichtete und so auf eigenen Füßen stand.[160] Die Reformer Namık Kemal, İbrahim Şinasi, Şemsettin Sami und Ahmet Mithat betrachteten die im Laufe der Tanzimat-Ära nach westlichen Vorbildern entstehende neue Literatur als eine Möglichkeit, Wissen, das der Rettung der Gesellschaft dienen sollte, zu vermitteln.[161]

Auch die Presse wurde im feministischen Diskurs eingesetzt. In der Zeitung *Teraḳḳi*[162] erschienen bereits 1868 viele Artikel, die den europäischen Frauen vergleichbare Bildungschancen für die türkischen Frauen forderten und in denen ihr Sklaventum in der Ehe und die sich daraus ergebende begrenzte Teilhabe am gesellschaftlichen Leben kritisiert wurden. Die Zeitung scheute sich auch nicht,

158 Zum Thema Polygamie in Ahmet Mithat's Romanen, s. Okay 1989, S. 202-207.

159 Zur Sklaventhematik in Ahmet Mithats Werken, s. Sagaster 1997, S. 47-75.

160 Pınar de Rosay 2006, S.103-105.

161 Sagaster 1997, S. 26.

162 *Terakki* erschien 1868, herausgegeben von Ali Raşit Bey und Filip Efendi. *Terakki* behandelte auch Frauenfragen und bot 1869 eine gesonderte Zeitung für Frauen an, *Terakki-i Muhadderat*, s. Keskin 2003, S. 36.

Leserbriefe von Frauen zu veröffentlichen. So schrieb eine Frau in Heft 83 von *Teraḳḳi*,[163] dass sie keine Einwände dagegen habe, dass Polygamie nach der Scharia erlaubt sei, aber gebe es in der Scharia nicht auch eine Bestimmung, nach der ein Mann mit einer einzigen Frau zufrieden sein sollte?[164] Unter Abdülhamit II. thematisierten die bekannten Zeitungen und Zeitschriften wie *Tercümān-ı Ḥaḳīḳat*, *İḳdām* und *Ma'lūmāt* die Frauenfrage, und Namık Kemal machte 1882 darauf aufmerksam, dass die Zahl der Leserinnen sich seit den Anfängen der Frauenpresse verdoppelt habe. In diesen Zeitungen äußerten sich auch gebildete Frauen als Autorinnen.[165]

Nach dem von den Männern geführten feministischen Diskurs sollte die Frau sich im Rahmen der Reformen zwar zeitgemäß verhalten, aber gleichzeitig auch die traditionellen Werte der Keuschheit bewahren. Namık Kemal dachte z.B. daran, einen Ausgleich zwischen Ost und West, Erneuerung und Tradition zu finden. Dies zeigt eine Besonderheit der Intellektuellen im Nahen Osten während der Zeit, als sich Nationalstaaten herauszubilden begannen.[166] Um die Widersprüche zwischen den ersten feministischen Tendenzen und dem Islam aufzuheben, sollte das Frauenproblem mithilfe einer neuen Familienstruktur gelöst werden, so dass eine gesündere und lebensfähigere Nation geschaffen werden könne.[167] Ein Hauptproblem der osmanischen männlichen Intellektuellen war, dass sie einerseits gleichberechtigte Partnerinnen in der Ehe wollten, andererseits den Mann als Beschützer der Familie betrachteten und damit patriarchalische Machtstrukturen aufrechterhielten. Weitere Probleme waren Verschleierung, Geschlechtertrennung, Haussklaverei (*cāriyeliḳ*) und Polygamie, die als soziale Stö-

163 Taşkıran 1973, S. 30.

164 Keskin 2003, S. 37; Çakır, 1996, S. 23-24.

165 Caporal,1999, S. 11-13; Canbaz, 2005, S. 18.

166 Kadıoğlu 1998, S. 91.

167 Kandiyoti 1991, S. 9.

rungen in der Gesellschaft angesehen wurden. Die meisten aufgeklärten Muslime während der Tanzimat-Ära waren jedoch der Meinung, dass diese Störungen nicht im Islam begründet waren, sondern in seiner Fehlinterpretation. Auch wenn sie selbst sich diese genannten Erscheinungen nicht immer zu eigen gemacht hatten, betrachteten sie sie doch als Elemente der eigenen Identität und Kultur. Daher hatten sie das Bedürfnis, sich gegen den Westen zu verteidigen, statt sich unmittelbar mit dem Problem auseinanderzusetzen. Diese Art der Diskussion ist besonders in der Zeit von 1860 bis 1876 deutlich spürbar.[168]

Auch Autorinnen machten sich bemerkbar. Am anerkanntesten waren Fatma Aliye und Nigâr binti Osman (1856–1918).[169] Beide gehörten durch ihre Väter zur Schicht der Bürokraten. In ihren Werken thematisierten sie die Frauenrechte. Besonders Fatma Aliye, Tochter des Staatsmannes Ahmet Cevdet Pascha (1822–1895), gilt als die erste Frau, die als Autorin am intellektuellen Leben teilnahm. Nach der Tanzimat-Ära war sie die erste Frau, deren Werke auch im Ausland bekannt wurden. Aufgrund ihrer Sprachkenntnisse betätigte sie sich auch als Übersetzerin und übertrug das Werk *Volonté* [*Les Batailles de la Vie*] (1888) von Georges Ohnet (1848–1918) ins Türkische. Eine türkisch-osmanische Frau, die einen ausländischen Roman übersetzte, war in der damaligen Gesellschaft nicht angesehen. Ahmet Mithat verteidigte sie und bot ihr eine Kolumne in seiner Zeitung an, in der sie sich Gehör verschaffen konnte. So benutzte sie, wie ihre männlichen Kollegen, die neuen Medien als Mittel zur Aufklärung. Sie schrieb viele Romane und Zeitungsartikel, die die Frau bzw. ihre Stellung in der Gesellschaft behandelten. Mit ihrem Werk *Nisvān-ı İslām* (Muslimische

168 Akdeniz, »Tanzimat dönemi edebiyatçılarının kadın problemine yaklaşım biçimleri«, S. 2.

169 Bekiroğlu, Nazan, *Şair Nigâr Hanım*. İletişim Yayınları, İstanbul 1998.

Frauen, 1309/1891/92)[170] versuchte sie, die westliche Kritik am Islam bezüglich der Frauen zu widerlegen und zu beweisen, dass Frauenrechte, die durch die angestrebten Reformen gewährleistet werden sollten, im Grunde bereits im Islam vorhanden waren. Die Legitimierung der neuen Ideen für die Befreiung der Frau im Islam suchte man in den frühen Jahren seiner Entstehung. Man nannte als Beispiel Frauen, die zu Lebzeiten Muhammads Gelehrte oder Dichterinnen gewesen waren oder in Politik und Religion Einfluss hatten. Das thematisierte Fatma Aliyes *Nāmdārān-ı Zenān-ı İslāmiyān* (Berühmte muslimische Frauen, 1901).[171]

Die Frauen begannen, sich in der Presse zu äußern und ihre Rechte einzufordern. In der ersten Frauenzeitung *Teraḳḳi-i Muḫadderāt* schrieben Frauen meistens ohne Namensnennung. Sie beklagten ihre Stellung und hielten diese für niedriger als die der europäischen Frauen.[172] *Teraḳḳi-i Muḫadderāt* verfolgte die Frauenbewegungen im Westen und veröffentlichte mehrere Artikel zum Feminismus. Es wurden konkrete Forderungen formuliert, wie das Recht der Frau auf höhere Bildung und Gleichberechtigung im öffentlichen Leben, in der Politik, am Arbeitsplatz und in der Ehe. Einige Artikel griffen auch die Institution der Polygamie und die generelle Unterdrückung der Frau an. Das Blatt war sehr erfolgreich und gab den osmanischen Frauen eine Stimme. Später hoben sie, statt die europäische Frau zu idealisieren, die frühe muslimische oder die alttürkische Frau hervor. *Şükūfezār* war 1886 die erste von einer osmanischen Frau, Arife Hanım, herausgegebene Zeitung. In der ersten Nummer schrieb sie, dass Frauen das Recht auf Arbeit beanspruchten, ohne Männer sein zu wollen. Zwischen 1895 bis 1908 erschien die erfolgreichste Frauenzeitung *Ḫānımlara*

170 Fāṭima ʿAliyye 1309; Fatma Aliye 2009; Kızıltan 1993a.

171 Fāṭima ʿAliyye/Maḥmūd Esʿad 2010, S. 30–35. Görgün-Baran 2008, S. 135–136; Avcı, »Osmanlı Devleti'nde Tanzimat döneminde'otoriter modernleşme«, S. 12–14.

172 Kurtoğlu 2000, S. 39 und generell 21-52.

Maḫṣūs Ġazete.[173] In dieser Zeitung schrieben überwiegend gebildete Frauen wie Fatma Aliye, Nigâr binti Osman, Emine Semiye (1868–1944),[174] Makbule Leman (1865–1898) u.a. Auch Leserbriefe von Frauen wurden veröffentlicht, auf die die Zeitung reagierte. Darin wurden die Männer wegen der fehlenden Bildungsmöglichkeiten für Frauen und ihrem Ausschluss vom Fortschritt angeklagt. Auch wenn Frauen wie Fatma Aliye Hanım der islamischen Ethik und damit einer scheinbar konservativen Linie folgten, kritisierten sie die unterschiedliche Behandlung von Männern und Frauen.

Mit der Sichtung der damaligen Zeitungen und Zeitschriften wird deutlich, dass die osmanischen Frauen sehr wohl über die Frauenbewegung im Westen informiert waren. Anders als die Suffragetten nahmen die osmanischen Feministinnen eine weniger militante Haltung ein. Sie forderten die Verbesserung der Bildungschancen für Frauen und kämpften für die gleichen Rechte wie die Männer, um ihren sozialen Status zu erhöhen.[175] Damit verfolgten sie aber ein Gleichberechtigungskonzept, das in den Forderungen und in der thematische Vielfalt offensichtlich fortschrittlicher war, als das der frührepublikanischen türkischen Frauen.[176] Es wurde über die Beziehung in der Ehe, das Benehmen und die Pflichten der Eheleute, die Ausbildung der Kinder und Gesundheit gesprochen, d.h. über alle Themen, die Bezug zu Haus, Frauen, Kindern und Familie hatten. Außerdem wur-

173 *Yeni Harflerle Hanımlara Mahsus Gazete 1895–1908*. Ed., Mustafa Çiçekler/M. Fâtih Andı, Kadın Eserleri Kütüphanesi ve Bilgi Merkezi Vakfı, İstanbul 2009.

174 Kaymaz, Kadriye, *İlk Türk Kadın Yazarlarından Emine Semiye Hanım, Hayatı ve Eserleri*. T.C. Marmara Üniversitesi Türkiyat araştırmaları enstitüsü Türk Dili ve Edebiyatı Anabilim Dalı: Yüksek Lisans Tezi (ungedruckt), İstanbul 2008.

175 Durakbaşa 2000, S. 104–106; Altınöz 2003, S. 9–10. Über den feministischen Diskurs der Frauen in den Frauenzeitungen, s. Çakır 1996.

176 Öztürkmen 2007, S. 173.

de den Frauen Wissen über Haushaltsführung, Literatur, Geschichte und das Erlernen von Fremdsprachen vermittelt.[177]

Setzt man sich kritisch mit den Äußerungen über Frauen in dieser ersten Phase auseinander, erkennt man, dass es nicht nur um individuelle Rechte, sondern auch um die geeignete, gut gebildete Partnerin und Mutter ging, die für die Entwicklung einer lebensfähigen Nation notwendig war.[178]

Insgesamt kann festgestellt werden, dass im frühen osmanischen feministischen Diskurs der weiblichen und männlichen Intellektuellen die Polygamie kein zentrales Thema war. Auch wenn auf Mängel bei Eheschließung, Brautschau, Heiratsalter, Polygamie und dem einseitigen Scheidungsrecht hingewiesen wurde, erhielt Polygamie nicht im gleichen Umfang Aufmerksamkeit wie z.B. Frauenbildung, weil Polygamie wahrscheinlich im Osmanischen Reich tatsächlich nicht sehr verbreitet war. Das wird in den Quellen deutlich. Es gab Polygamie und sie wurde als Problem erkannt, doch konnte man sie damals nicht quantifizieren. Dagegen waren die Defizite in der Frauenbildung offensichtlich. Trotzdem wurde Polygamie im 19. Jahrhundert zum Thema innerhalb der Reformdebatte bezüglich der Frauen.

Die ersten osmanischen Polygamiedebatten

Wie bereits erwähnt war Polygamie also kein hervorgehobenes Thema in den die Frauen betreffenden Schriften. Es gab im 19. Jahrhundert eine Reihe von Werken, die allgemein über die Bildung der Frau und ihre Stellung in Gesellschaft und Familie aufklären wollten, aber Polygamie nicht explizit behandelten.[179] Die ersten relevanten osmanischen Quellen

177 Keskin 2003, S. 36-46.

178 Toska, o.J., S.122-123.

179 Z.B. Hüseyin Remzī, *Mir'ātu'l-beyt* (Hanïmlara yadigar), 'Àlem maṭba'ası, Aḥmed İḥsān ve şürekāsï, İstanbul 1308; dazu Batislam, Dilek, »Kadın konulu tarihi kaynaklar/Historical sources on woman studies«, in:

zum Thema stammen aus der zweiten Hälfte des 19. Jahrhunderts. Sie finden sich in der Regel in Schriften, die die Stellung der Frau unter emanzipatorischen Gesichtspunkten behandelten, z.B. in *Ḳādīnlar* von Şemsettin Sâmi sowie *Nisvān-i İslām* und *Ta'addüd-i Zevcāt Ẕeyl* von Fatma Aliye, wobei Letzteres ausschließlich die Polygamie diskutierte. Auch der Religionsgelehrte Mehmet Zihni (1846–1913)[180] beschäftigte sich mit dem Thema etwas später in seinem Werk *Münākeḥāt ve Müfāreḳāt* (Eheschließung und Scheidung)[181] und leitete aus der Polygamieerlaubnis des islamischen Eherechts Monogamie ab. Einige weitere Intellektuelle setzten sich in der Presse kürzer mit dem Thema auseinander.[182] Obwohl in der Frauenzeitung *Teraḳḳi-i Muḫadderāt*[183] 1869 die erste Polygamiedebatte geführt wurde, waren die Artikel, die Mahmut Esat in der Zeitschrift *Ma'lūmāt*[184] 1898 zur Polygamie veröffentlichte, der eigentliche Auslöser für eine intensive Auseinandersetzung.

Polygamie wurde ebenfalls zum Romanstoff,[185] wenn auch selten, und verschwand fast vollständig als Thema ab An-

Kadın/Woman 2000 (http://www.accessmylibrary.com/article-1G1-114284643/kadin-konulu-tarihi-kaynaklar.html); Meḥmed Sa'īd, *Veẓā'ifu'l-İnās*. Nişān Berbeyān maṭba'ası, İstanbul 1311; Nāẓım 1318 (s. dazu »Tanzimat sonrasında aile ve kadın üzerine yazılan bellibaşlı fikir kitapları« 1992, S. 984 und 987).

180 Ermiş, Hamza, *Mehmet Zihni Efendi Hayatı, Eserleri ve Arapça Öğretimindeki Yeri*. İsam Yayınları, İstanbul 2011.

181 Meḥmed Ẕihnī 1324.

182 Kemal 2003; Aḥmed Midḥat 1312.

183 »Ta'addüd-i zevcāt«, 21 Eylūl 1285; »Levant Herald ġazetesinde Fransa imparatūriçesiniñ Dersa'ādete seyāḥatıne dā'ir görülen bir benddir«, 9 Teşrīn-i s̱ānī 1285.

184 Maḥmūd Es'ad, 20 Cemāẕīye'l-evvel 1316; 27 Cemāẕīye'l-evvel 1316; 27 Cemāẕīye'l-aḫir 1316.

185 Z.B. Aḥmed Midḥat *Pariste bir Türk* (1876) und *Mesa'il-i Muġlaka* (1898) (s. Aşa 1992, S. 659; Okay 1989, S. 202–207). *Meḥmed Murād, Turfanda mı Yoksa Turfa mı?* (1892); Hüseyin Rahmi Gürpınar, Metres (1900). Auch Fatma Aliye in ihrem Roman *Muhazarat* (1892), in dem, als ihr Mann Remzī noch einmal heiraten will, die Heldin an Selbstmord denkt und das Haus verlässt. Die Romane thematisierten auch *cariyeliḳ* (Haussklaverei).

fang des 20. Jahrhunderts. Als fiktionale Texte waren Romane für diese Studie kaum relevant und wurden nur am Rande als Quelle berücksichtigt.

Die Quellen der Tanzimat-Ära zeigen in der Polygamiediskussion keine großen methodischen und inhaltlichen Differenzen. Ihr Inhalt ist von der Kritik der Europäer am Islam bezüglich der Polygamie beeinflusst und folgt einem bestimmten Grundmuster. Die Diskussion basiert auf einigen wesentlichen Kategorien und unterscheidet sich nur geringfügig bei den modern und konservativ eingestellten Intellektuellen. Zunächst sind sie eine Stellungnahme zur Kritik der Europäer am Islam bezüglich der Stellung der Frau bzw. der Polygamie, weiterhin eine Verteidigung des Islams hinsichtlich der Polygamieerlaubnis und schließlich auch eine moderne Auslegung der Polygamie gemäß der Suren 4/3 und 4/129, in denen eigentlich Monogamie gefordert wird.[186] Gegen Ende des 19. Jahrhunderts wird die Polygamiefrage zwischen den Muslimen zu einer Frage, was Zivilisation bzw. Moderne bedeutet.

Stellungnahme zur westlichen Kritik am Islam

Osmanische Intellektuelle verfolgten, wie bereits erwähnt, die westliche Kritik. Şemsettin Sami beschrieb sie folgendermaßen in seinem Werk *Ḳādīnlar*:

In Aḥmed Midḥats *Felsefe-i Zenan* (1870) betrügt Ṣïdḳï Efendi seine Frau Zekiyye mit seiner *cāriye*. In dem Roman *Felatun Bey ile Rakim Efendi* (1876) heiratet Rakım Efendi seine *cariye* Canan. In dem Roman *Zehra* (1896) von Nabizade Nazım heiratet Subhi seine *cariye*, lässt sich aber vorher von seiner Frau Zehra scheiden. Diese Romane spiegelten meistens das Familienleben der Oberschicht in Istanbul, aber auch hier war der ideale Mann monogam. Anfang des 20. Jahrhunderts war Polygamie kein Thema mehr in den Romanen (s. Esen 1991, S. 216-217; Has-Er 2000, S.406-407; Chmielowska 1988, S. 219 224; Sagaster 1997).

186 Karslı 2003, S. 181-183.

»Die Hauptfehler, die die Europäer in Bezug auf die Frauen der Religion des Islams zuschreiben, sind Polygamie, Verschleierung, einseitige Scheidung und die behauptete Gefangenschaft der Frau. Diese vier Erscheinungen bei einigen muslimischen Völkern dem Islam anzulasten, kommt nur daher, dass sie die Gebote und Verbote des Islams nicht kennen.«[187]

Auch Fatma Aliye überraschte die Unwissenheit der Europäerinnen hinsichtlich der Stellung der Frau im Islam. In *Nisvān-ı İslām,* das in seiner Organisation wohl fiktiv ist, aber offensichtlich auf realen Erfahrungen aus ihrem Umgang mit Europäerinnen in Istanbul beruht, versuchte sie, das fehlerhafte Bild und die falschen Ansichten der westlichen weiblichen Reisenden über die Stellung der türkischen Frauen in Gesellschaft und Familie, über Verschleierung, Sklaverei und Polygamie anhand der islamischen religiösen Bestimmungen zu korrigieren.[188] Somit war das Buch vor allem eine Antwort auf die Kritik der Europäerinnen an der Lage der osmanischen Frauen.

Ahmet Mithat, der nach Europa reiste und dort in verschiedenen Gesellschaftskreisen verkehrte, erfuhr dadurch ganz unmittelbar, was die Europäer über den türkischen Harem und über die orientalischen Männer dachten. Er beschrieb dies in *Avrūpa Ādāb-ı Muʿāşereti yaḫūd Ālāfrānġa*:

»Wenn Europäer, und besonders Pariserinnen, einen Muslim mit Turban sehen, fragen sie als erstes neugierig nach dem türkischen Harem. Weil sie von der Verschleierung der Frau und der Polygamie Lügen und Legenden gehört haben, haben sie Spaß daran, über die Grausamkeit und Ungerechtigkeit der orientalischen Männer zu reden. Sie zeigen so merkwürdige Meinungen, dass man darüber nur lachen oder schimpfen kann. Es ist nicht

187 Ş[emseddīn] Sāmi 1296, S. 56.
188 Mende-Altaylı 2011, S. 121–130.

möglich, ihnen mit unseren Antworten zu erklären, was wir damit beabsichtigen.«[189]

Auch in *Teraḳḳi-i Muḫadderāt* wurde gegen die westliche Kritik protestiert. So wurde dort ein aus der französischen Zeitung *La Patrie*[190] übersetzter Artikel im *Levant Herald*[191] kritisiert, der besonders scharf gegen die Polygamie argumentierte. Der Artikel stütze sich auf die in Europa herrschenden Vorurteile. Danach habe jeder Türke vier Frauen und zahlreiche Konkubinen, und die Eunuchen im Palast behandelten die Frauen nicht als Familienangehörige, sondern als Gefangene. So eine Behauptung könne doch nicht glaubwürdig sein.[192]

Nach Ansicht der Autoren hatten Europäer keine Kenntnisse vom Islam und ihre Vorurteile bezüglich der muslimischen Frauen seien ständig wiederholte Stereotype, die selten der Realität entsprächen. Sie wiesen die Kritik der Europäer zurück, weil nach ihrer Überzeugung nicht in erster Linie der Islam für tatsächlich existierende Missstände verantwortlich war.

»Obwohl es viele dem Islam zuzuschreibende Erscheinungen in den muslimischen Nationen gibt, kommen diese Fehler nicht aus der Religion, sondern daher, dass man gegen ihre Gesetze

189 Aḥmed Midḥat 1312, S. 325-326.

190 Ein Blatt der bürgerlichen Meinungspresse mit einer Auflage von 15 000 bis 20 000 Exemplaren. Die Zeitung galt als regierungstreu, also bonapartistisch, s. *Der Französische Feuilletonroman des Second Empire* (complit.univie.ac.at/fileadmin/user_upload/abt.../VOFeurom05.Pdf; aufgerufen 24.7.2009).

191 *Levant Herald* (1856-1914) wurde in Istanbul herausgegeben und war für andere Zeitungen eine Nachrichtenquelle. Sie brachte im Allgemeinen Nachrichten aus Frankreich. Einer der Eigentümer war Edgar Vitaker, s. Kurtoğlu 2000, S. 44-45.

192 »Levant Herald ġazetesinde Fransa imparatūriçesiniñ Dersa'ādete seyāḥatıne dā'ir görülen bir benddir«, 9 Teşrīn-i s̱ānī 1285, S. 2.

und Empfehlungen handelt. Deswegen kann man die Fehler in den muslimischen Nationen nicht der Religion zuschreiben.«[193]

Außerdem lehnten sie die von den Europäern behauptete Verbreitung der Polygamie ab, da diese in der Gesellschaft tatsächlich selten vorkomme.[194] Als Grund führten sie an, dass die Frauen in der Lage seien, ihre Rechte zu verteidigen und der Polygamie nicht zustimmten. Fatma Aliye begründete es mit der Emanzipation, auch der osmanischen Frauen, dass Frauen, gleichgültig welcher Nation, Polygamie ablehnten.[195] *Teraḳḳi-i Muḫadderāt* behauptete 1869, dass die Polygamie abgenommen habe. Bei den heutigen Muslimen seien zwei Frauen sehr selten. Sogar die Angehörigen der Oberschicht und des Militärs heirateten nur eine Frau, nur wenige hätten Mätressen, wie dies in Europa der Fall sei, und die Frauen achteten allein schon aus Eifersucht auf ihre Rechte. Wenn die heutige Osmanin erfahre, dass ihr Mann eine zweite Frau genommen habe, dann wisse sie wohl, ihre Rechte zu verteidigen. Wie die europäische Frau verfüge sie im Hause über Autorität. Sie sei nicht Gefangene, sondern in jeder Hinsicht geschützt.[196] Die Äußerungen der Frauen über Polygamie zeigen auch, dass die Frauen durch die Bildungsreformen ab der Tanzimat-Ära und unter dem Einfluss europäischer feministischer Tendenzen selbstbewusster geworden waren. Sie begannen, ihre Rolle aus einer neuen Perspektive zu betrachten und betonten gegenüber Europäern und Europäerinnen ihr Wissen um die Rechte von Frauen bezüglich der Polygamie.

Ein weiterer Grund für die Behauptung der osmanischen Intellektuellen, dass Polygamie selten geworden sei, wa-

193 Ş[emseddīn] Sāmi 1296, S. 54.

194 Okay 1989, S. 203; Fāṭïma 'Aliyye 1309, S. 87–88; Fāṭïma 'Aliyye/Maḥmūd Es'ad 1316, S.71; Kurt 1998, S. 87.

195 Fāṭïma 'Aliyye 1309, S. 89.

196 »Levant Herald ġazetesinde Fransa İmparatūriçesiniñ Dersa'ādete seyāḥatıne dā'ir görülen bir benddir«, 9 Teşrīn-i s̱ānī 1285, S. 2.

ren die schwierigen, an die Polygamieerlaubnis geknüpften Bedingungen.[197] Dagegen kommt die Forschung zu dem Ergebnis, dass die Häufigkeit polygamer Beziehungen im Vergleich zu früheren Jahrhunderten konstant geblieben war. Auch die Aussage, dass die Aufhebung der Sklaverei in der Tanzimat-Ära das Verschwinden des quasi-polygamen Konkubinats begünstigte,[198] ist nicht belegbar, weil die Sklaverei sich bis in das 20. Jahrhundert hinein hielt.[199]

Die Polygamieerlaubnis im Islam

Fast alle osmanischen Intellektuellen verteidigten den Islam hinsichtlich der Polygamieerlaubnis gegenüber den Europäern mit sehr ähnlichen Begründungen. Einleitend wiesen sie darauf hin, dass der Islam Polygamie nicht erfunden, sondern vielmehr begrenzt hatte. In diesem Zusammenhang verwiesen sie oft auf die Haltung des Christentums zur Polygamie. Dann folgte die Erklärung, warum der Islam Polygamie nicht verhindern, bzw. verbieten konnte. Auch die Kritik am Propheten in dieser Hinsicht wurde zurückgewiesen.

Nach Mahmut Esat gab es im Christentum ursprünglich keine Monogamie. Ihm zufolge wurde diese von den Römern eingeführt. Im mosaischen Gesetz gab es kein Verbot der Polygamie, im Gegenteil wurde durch die Fakten klar, dass sie erlaubt war. Abraham, Jakob, David und Salomo hatten mehrere, Jakob sogar zwei Schwestern als Ehefrauen. Jeder Jude konnte, ob verheiratet oder nicht, seine Sklavin gesetzlich ehelichen. Auch im Christentum gab es keine Hinweise, dass Polygamie, außer für Geistliche, verboten war. Monogamie war nach Mahmut Esat nicht durch das Christentum

197 Fāṭima ʻAliyye 1309, S. 88–92.

198 Taşkıran 1973, S. 26; Für Ägypten gibt Qāsim Amīn den gleichen Grund, s. Qāsim Amīn 1329, S. 187.

199 Sagaster 1997, S. 18–19.

entstanden, sondern stammte tatsächlich aus Griechenland und Rom. Im Orient wurde, bevor der Islam entstand, Polygamie ohne Regeln praktiziert, und die Frauen waren Spielzeug in den Händen der Männer. Das islamische Gesetz legte Bestimmungen fest, indem die Zahl der Frauen auf vier begrenzt und die Eheschließungen an Bedingungen geknüpft wurden. Damit hatte die islamische Religion die Rechte sowohl der Männer als auch der Frauen gesichert. Prostitution, Ehebruch und Ehrlosigkeit wurden streng verboten.[200] Allerdings wurde die Frage der Polygamie bzw. Monogamie im christlichen theologischen Diskurs immer wieder zu einem Problem. Obwohl das Alte Testament viele Beispiele von Polygamie enthält und das Neue Testament explizit kein Polygamieverbot formuliert, stand für die Kirche von Anfang an das Monogamiegebot außer Frage.[201]

Auch Şemsettin Sami wählte eine historische Begründung. Vor dem Islam konnten Araber, Inder u.a. eine unbegrenzte Anzahl Frauen nehmen, da viele Männer in den Kriegen fielen oder aufgrund schwieriger Arbeitsbedingungen früher starben und ihre Zahl daher niedrig war. Das erleichterte die Polygamie bzw. machte sie sogar notwendig. Außerdem waren die Männer in der patriarchalischen Gesellschaft den Frauen übergeordnet und Polyandrie war nicht üblich. Er erklärte, warum der Islam Polygamie nicht verhindern konnte, und verglich ihn in diesem Zusammenhang mit dem Christentum. Der Islam könne Polygamie nicht verhindern, weil der Koran nicht wie die Bibel nur Ratgeber und ethischer Leitfaden sei, sondern auch Beschlüsse und Gesetze enthalte. Wenn ein Gesetz zu schwierige Forderungen enthalte, könne man es nicht ausführen und bewahren. Deshalb könne der Koran Polygamie nicht verhindern. Im Gegensatz zu Mahmut Esat gab Şemsettin Sami zu, dass das Christentum die Polygamie zwar verbot, stellte aber gleichzeitig die

200 Maḥmūd Es'ad, 27 Cemāẕīye'l-aḫir 1316, S. 710-711. Zur jüdischen und christlichen Polygamie, s. auch Souaiaia 2008, S. 49; Mikat 1988.
201 Mikat 1988, S. 11.

Frage, ob diese Forderung auch immer durchsetzbar gewesen sei? In Zeiten eines starken Christentums hatten christliche Herrscher in Europa oft zahllose Frauen. Diejenigen, die sich nicht trauten, offen polygam zu leben, hatten heimliche Geliebte und mit diesen Kinder. Könne ein Gesetz etwas nicht verhindern, würde es ganz natürlich unterlaufen und verliere seine Gültigkeit. Der Koran habe Polygamie also nicht verboten, um Ausschweifungen und außereheliche Beziehungen zu verhindern.[202]

Einen weiteren Grund für die Polygamieerlaubnis im Islam sah Mahmut Esat in der Natur des Menschen bzw. des Mannes.[203] Ähnliches sagte auch der Gelehrte Mehmet Zihni und fügte hinzu, dass gerade deshalb der Islam gleichzeitig die Scheidung erlaube.[204]

Dieses letzte Argument ist möglicherweise europäisch beeinflusst. Man findet es bei europäischen Philosophen im 19. Jahrhundert, so bei Eduard Hartmann, Arthur Schopenhauer und Friedrich Nietzsche. Nach Eduard Hartmann war die männliche natürliche Veranlagung polygamisch, die weibliche dagegen monogamisch.[205] Şemsettin Sami, Vertreter der modern orientierten osmanischen Intellektuellen war von diesem Argument nicht überzeugt. Seiner These zufolge wurde die Frage, ob Polygamie der menschlichen Natur entspreche oder zuwiderlaufe, von den Gelehrten widersprüchlich diskutiert. So gebe es unter den anderen Lebewesen solche männlichen Wesen, die ihr ganzes Leben mit einem oder mehreren weiblichen Wesen leben, und es gebe Weibchen, die mehrere Männchen haben. Es sei ungewiss, zu welcher Art der Mensch gehöre. Auch der Mann habe manchmal eine natürliche Neigung zu einer Frau,

202 Ş[emseddīn] Sāmi 1296. S. S. 59-60 und 68-69.

203 Maḥmūd Es'ad, 20 Cemāẓīye'l-evvel 1316, S. 662-663; s. auch Endres 1916, S. 137-143.

204 Meḥmed Ẓihnī 1324, S. 7-8.

205 Lorenz 1918, S. 108.

manchmal zu mehreren.[206] Diese Debatten zeigen, dass die osmanischen Intellektuellen den europäischen naturwissenschaftlichen und philosophischen Diskurs zur Kenntnis nahmen und in ihre eigenen Überlegungen einbezogen.

Um der Kritik an den Ehen des Propheten[207] zu begegnen, wurden immer neue Antworten gefunden; was sein polygames Leben anbelangte, tat man so, als sehe man es nicht. Man betonte, dass die Ehen des Propheten ausschließlich politisch motiviert oder zum Schutz der Witwen gewesen seien. Dabei übersahen sie die Liebe zu den Frauen. Weil sie glaubten, auf Kritik reagieren zu müssen, waren sie gezwungen, den Propheten nicht in Verbindung zur Polygamie zu setzen und ignorierten einige Überlieferungen.[208]

Nach Einschätzung Fatma Aliyes hatte die Polygamie des Propheten mit der Frage der Ebenbürtigkeit (*küfv*) zu tun und war überdies eine Ehrerweisung für die Witwen[209] der gefallenen Kämpfer und für die geschiedenen vornehmen Frauen.[210]

206 Ş[emseddīn] Sâmi 1296, S. 58.

207 Zum Vorwurf der Europäer, Muḥammad sei polygam gewesen, s. auch Karacasu, Nisan 2001, S. 210-211 und Stern, Bernhard, *Medizin, Aberglaube und Geschlechtsleben in der Türkei*. H. Barsdorf. Berlin 1903; Moser-Weithmann, Brigitte, »›Das Schamgefühl der Orientalin ist ein seltsames‹. Orientbilder im Werke Bernhard Sterns (1867-1927)«, in: *Frauen, Bilder und Gelehrte. Studien zu Gesellschaft und Künsten im osmanischen Reich. Arts, women and scholars. Studies in Ottoman society and culture. Festschrift Hans Georg Majer*, Hrsg. Sabine Prätor/Christoph K. Neumann. Band 1. Simurg, İstanbul 2002, S. 651-673.

208 Fidan 2006, S. 156, Anm. 23 und S. 162; ähnlich Stowasser 1994, S. 119ff; nach Tuksal 2001, S. 56 ist gemäß der Überlieferungen zum Leben des Propheten und seiner Genossen und besonders in Bezug auf den Koran (Sure 4/3 und 4/129) Polygamie die häufigst praktizierte Eheform der damaligen Zeit. Auch die Sure *Ahzâb* 33/50-52, die für den Propheten bestimmt sei, zeige ein im Grunde polygames System.

209 Ein historischer Grund für die Polygamie lag in der Notwendigkeit, die Witwen der gefallenen Kämpfer der Eroberungzüge zu versorgen, s. Marx 19.6.2008, S. 14.

210 Fāṭima ʿAliyye 1309, S. 104-106.

Keiner wollte den Propheten mit Polygamie in Verbindung bringen. Daher betonte Mahmut Esat, dass die Polygamie weder vom Propheten eingeführt wurde, noch zum ersten Mal als Regel im Islam auftrat, vielmehr habe der Mann, seitdem die Menschheit existiere, mit mehreren Frauen gelebt. Außerdem konnte der Prophet nur göttliche Offenbarungen verkünden, nicht aber von Gott bestimmte Regeln festlegen oder aufheben.[211]

Die muslimischen Rechtsgelehrten und Intellektuellen sahen in der Polygamie nur eine Erlaubnis, während Europäer, so der Übersetzer des Korans ins Französische, Albert Félix Ignace Kazimirski de Biberstein (1808–1887), anderer Ansicht waren. Für Kazimirski enthielt der Koran die Verpflichtung der Männer zur Polygamie.[212] Deshalb betonten die osmanischen Intellektuellen im 19. Jahrhundert immer wieder, dass im Islam Polygamie kein Gebot sei, sondern eine an Bedingungen geknüpfte Erlaubnis.[213] Nach Ansicht Mehmet Zihnis bestand kein Zwang, dass Männer mehrere Frauen nähmen und Frauen gezwungen seien, Polygamie zu akzeptieren. Eine Scheidung sei möglich und die Frau in der Scharia also keine Gefangene.[214]

Im islamische Recht, besonders in der hanafitischen Rechtsschule, auf der das osmanisch-islamische Familienrecht basierte, war Scheidung nur in wenigen besonderen Fällen möglich, z.B. bei Impotenz, Geisteskrankheit oder anderen schwerwiegenden Mängeln des Mannes. Damit hatten die Frauen praktisch keine Spielräume für eine Scheidung.[215] Jedoch beantworteten einige Intellektuelle die europäische Kritik mit dem Hinweis, dass der Islam den Frauen die Möglichkeit der Scheidung im Fall von Polyga-

211 Maḥmūd Es'ad, 20 Cemāẕīye'l-evvel 1316, S. 662.

212 Fındıkoğlu,1936, S. 9.

213 Z.B. Fāṭima 'Aliyye 1309, S. 89-90.

214 Meḥmed Ẕihnī 1324. S. 9-10, aber er sagte auch (S. 8), dass der Mann die Scheidung dreimal aussprechen müsse, damit sie gültig sei.

215 Aydın 1996a, S. 167-168.

mie einräume. Fatma Aliye behauptete sogar, dass, wenn eine Frau eine zweite Frau nicht ertrug, sie ihr Recht suchen, sich scheiden lassen und wieder heiraten konnte.[216]

Eine moderne Interpretation der Koransuren 4/3 und 4/129

Ab Mitte des 19. Jahrhunderts stellten westlich orientierte osmanische Intellektuelle die traditionelle muslimische Ehe in Frage. Sie plädierten für freie Partnerwahl und Liebesheirat. Es entstanden Romane und Bühnenstücke, die diese Aspekte der Ehe thematisierten.[217] Unter diesen Gesichtspunkten kritisierte auch Şemsettin Sami die Polygamie. Die Voraussetzungen für eine Familie seien gegenseitige Liebe und Treue, und es sei unmöglich, dass ein Mann gleichzeitig zwei Frauen liebe. Der größte Feind einer Frau, die ihren Mann liebe, sei eine rivalisierende Frau.[218]

Da aber die osmanischen Intellektuellen die Polygamie im islamischen Kontext diskutierten, mussten sie ihre Gegenargumente islamisch legitimieren und in Einklang bringen. Deshalb interpretierten sie Polygamie neu auf der Grundlage der Suren 4/3 und 4/129.

> »Und wenn ihr fürchtet, in Sachen der (eurer Obhut anvertrauten weiblichen) Waisen nicht recht zu tun, dann heiratet, was euch an Frauen gut ansteht,(?) (oder: beliebt?), (ein jeder) zwei, drei oder vier. Und wenn ihr fürchtet, (so viele) nicht gerecht zu (be)handeln, dann (nur) eine, oder was ihr (an Sklavinnen) besitzt! So könnt ihr am ehesten vermeiden, unrecht zu tun.«[219]

216 Fāṭima ʿAliyye 1309, S. 95 und 98.
217 Duben/Behar 1998, S. 102-103.
218 Ş[emseddīn] Sāmi 1296. S. 61-62; Qāsim Amīn benennt die gleichen Gründe gegen die Möglichkeit einer glücklichen polygamen Familie, s. Qāsim Amīn 1329, S.189-192.
219 Paret 1979, S. 60.

»Und ihr werdet die Frauen (die ihr zu gleicher Zeit als Ehefrauen habt) nicht (wirklich) gerecht behandeln können, ihr mögt noch so sehr darauf aus sein. Aber vernachlässigt nicht (eine der Frauen) völlig, so dass ihr sie gleichsam in der Schwebe lasst! Und wenn ihr euch (auf einen Ausgleich) einigt und gottesfrüchtig seid (ist es gut). Gott ist barmherzig und bereit zu vergeben (oder: Aber wenn ihr euch bessert und gottesfürchtig seid, ist Gott barmherzig und bereit zu vergeben).«[220]

Die meisten Intellektuellen interpretierten diese Suren dahingehend, dass der Islam nicht nur die Zahl der Frauen auf vier begrenzte, sondern durch zahlreiche Bedingungen bezüglich Gerechtigkeit und Gleichbehandlung der Frauen die Polygamie weiter erschwere und Anweisung gebe, dass es segensreich sei, sich mit nur einer Frau zu begnügen.[221] Gerechtigkeit und Gleichbehandlung seien nicht jedermanns Sache, deshalb müssten diejenigen, die nicht Gerechtigkeit üben könnten, sich gemäß der Scharia mit nur einer Frau begnügen.[222] Einige, wie z.B. Fatma Aliye, meinten, materielle Gerechtigkeit könne in der Polygamie unter den Bedingungen der Scharia nur schwer verwirklicht werden. Wenn jemand mehrere Frauen heiratete, müsse er für eine gleichwertige Ausstattung bezüglich Wohnung, Kleidung und Schmuck für jede von ihnen sorgen. In einer zivilisierten Gesellschaft sei es bereits sehr schwer, in dieser Weise auch nur für eine Frau zu sorgen.[223] Demnach hielten es modern orientierte osmanische Intellektuelle für praktisch unmöglich, Gerechtigkeit gegenüber vier Frauen zu üben, anders als die Konservativen, die dieses Problem meist gar nicht ansprachen, weil für sie klar war, dass Polygamie nur zulässig war, wenn ein Mann seine Frauen gleich und gerecht behandelte.

220 Ders., S. 73-74.
221 Fāṭima ʿAliyye 1309, S. 90-91; Ş[emseddīn] Sāmi 1296, S. 70-71.
222 »Taʿaddüd-i zevcāt«,21 Eylūl 1285, S. 2.
223 Fāṭima ʿAliyye 1309, S. 91-92.

Deshalb sollte man, gemäß den modern orientierten Intellektuellen, nicht mehrere Frauen heiraten, wenn man nicht einmal eine Frau unterhalten könne. Nach Vernunft und Scharia sei es etwas Erhabenes, mit nur einer Frau zu leben und in der heutigen Zeit überdies das Richtige.[224] Aber auch wenn ein Mann mehrere Frauen ehelichte, die er ökonomisch unterhalten konnte, so würden doch die Frauen ihn mit ihrer Eifersucht nicht in Ruhe lassen. Er habe entweder die Möglichkeit, eine von ihnen zu lieben, während die anderen darunter wie Gefangene litten, oder er liebe keine von ihnen, und alle vegetierten nur noch dahin.[225] *Teraḳḳi-i Muḫadderāt* warnte gar die Männer vor der Polygamie. Sie sollten also nicht unüberlegt mehrfach heiraten, nur weil die Scharia es zulasse. Sie sollten eine Frau heiraten und vielleicht sollten sie gar nicht heiraten, wenn sie merkten, dass sie mit niemandem auskämen.[226] Der Koran gebe den Rat, sich mit einer Frau zu begnügen.[227]

Damit wollten sie nachweisen, dass der Koran eigentlich die Monogamie forderte, und man diese Suren so verstehen sollte. Şemsettin Sami formulierte es folgendermaßen:

> »Wenn der Koran Polygamie auch gesetzlich erlaubt, so schätzt er sie doch unter moralischen Gesichtspunkten nicht. In der Sure, die Polygamie erlaubt, gibt es eine Stelle mit der Bedeutung: Sich mit einer Frau zu begnügen, ist noch besser. Diese Stelle ist ein hinreichender Beweis dafür, dass die islamische Religion Polygamie nicht befiehlt und nötig findet.«[228]

Diese moderne Interpretation fand sich auch bei einigen Religionsgelehrten, z.B. hatte, nach Mehmet Zihni, Gott dem, der mehrere Frauen hatte, auferlegt, diese materiell und seelisch gerecht zu behandeln. Damit meinte er, es sei etwas

224 »Ta'addüd-i zevcāt«, 21 Eylūl 1285, S.2.
225 Ş[emseddīn] Sāmi 1296. S. 63.
226 »Ta'addüd-i zevcāt«, 21 Eylūl 1285, S.1.
227 Okay 1989, S. 202–203.
228 Ş[emseddīn] Sāmi 1296, S 69.

Erhabenes, nur eine Frau zu haben.[229] Auch für Muḥammad ʿAbduh war die ursprüngliche Absicht des Korans mit diesen Suren nicht die Polygamie, sondern die mongame Beziehung.[230] In der modernen Auslegung reichte die bloße Forderung nach gerechter Behandlung nicht aus, zusätzlich wurde die Liebe in der Ehe betont. Gesellschaftliche, psychologische und andere Bedingungen, die in der neuen Zeit entstanden seien, müssten erfüllt werden. Es müsse berücksichtigt werden, dass es weniger Männer als Frauen gebe, dass die Frau nicht beliebig viele Kinder gebären könne oder sexuell nicht genügend Kraft habe. Daher sei die Entscheidung für Polygamie nicht mehr individuell, sondern sozial charakterisiert und werde von einer Verantwortung für die Gesellschaft getragen. In der klassischen Auslegung der Sure 4/3 wurde auch die Frage von mehr als vier Frauen ernsthaft diskutiert. In der modernen Auslegung fand sich dies nicht mehr.[231] Z.B. vertrat Kınalızâde Ali Çelebi im 16. Jahrhundert in seinem Werk *Aḫlāḳ-i Aʿlā* im 2. Teil »ʿİlm-i tedbīr-i menzil«, Kapitel »Ehl ü ʿıyāl« die Monogamie, aber auf der Basis des Korans erklärte er, dass unter bestimmten Bedingungen ausnahmsweise bis zu vier Frauen erlaubt seien. Wichtig sei, dass man die Frauen gleichermaßen gerecht behandele. Diese klassische Interpretation der Polygamie wurde bei den osmanischen Gelehrten im 20. Jahrhundert noch deutlicher, nämlich »wenn jemand zweifelt, zu den Frauen nicht gerecht sein zu können, soll er mit nur einer Frau bleiben«.[232]

Trotz der Interpretation, dass der Koran in den betreffenden Suren eigentlich Monogamie gemeint habe, lehnten die modern orientierten Intellektuellen die Erlaubnis zur Polygamie unter eindeutig benannten Ausnahmefällen nicht ab,

229 Meḥmed Ẓihnī 1324, S. 8–9.
230 Marcotte 2001, S. 324.
231 Karslı 2003, S. 173–174 und 181–182.
232 Öztürk 1991, S. 156–158.

sondern betonten lediglich, dass man die Polygamieerlaubnis nicht missbrauchen sollte.

> »Wenn man die im Koran genannten Bedingungen und Anweisungen im Zusammenhang mit der Polygamie richtig versteht, dann wird die Frau ohne Zweifel mit der islamischen Regel zufrieden sein und nicht klagen. Aber wie in jeder Angelegenheit gibt es auch in dieser Missbrauch, und den muss man verhindern.«[233]

Ähnlich sah dies Fatma Aliye,[234] und *Teraḳḳi-i Muḫadderāt* empfahl den Männern, statt polygam zu werden, sich besser scheiden zu lassen und wieder zu heiraten. Fatma Aliye schrieb, dass das Scheidungsrecht die Männer nicht zwinge, mehrere Frauen zu heiraten. Die Ehe sei nicht unauflösbar, ein Mann müsse nicht mit einer Frau dauerhaft zusammenleben. Er müsse nicht mit einer Frau leben, die er nicht liebe, sondern könne sich scheiden lassen und eine neue Frau heiraten.[235] Trotzdem billigte sie die Polygamie in besonderen Fällen.

Die Gründe für Polygamie

Unzucht (*zinā'*) ist im Islam nicht zulässig. In Sure 17/32 heißt es: »Und laßt euch nicht auf Unzucht ein! Das ist etwas Abscheuliches, eine üble Handlungsweise.«[236] In diesem Zusammenhang lautete der wichtigste Grund für die Praxis der Polygamie, außereheliche Beziehungen und uneheliche Kinder zu vermeiden. Hier waren alle Intellektu-

233 Ş[emseddīn] Sāmi 1296, S. 71.

234 Fāṭima 'Aliyye 1309, S. 91-92.

235 »Ta'addüd-i zevcāt«, 21 Eylül, S.2. Nach den Biographien der Frauen des Propheten und seiner Genossen hatten die Männer tatsächlich legal mehrere Ehen geschlossen. Sie ließen sich scheiden, um wieder zu heiraten, oder sie heirateten Witwen. Somit haben Polygamie und Scheidung eine historische Basis (s. Tuksal, 2001, S. 58).

236 Paret 1979, S. 198. Für die Strafen für Unzucht und für ihre Verleumdung, s. 24/2-5, S. 244.

ellen gleicher Meinung, wenn sie auch unterschiedliche Formulierungen fanden. Fast alle kritisierten die Folgen außerehelicher Beziehungen in Europa. Şemsettin Sami hielt sie für menschlich, und Polygamie für eine mögliche Lösung. Um das Wesen aller Dinge zu verstehen, müsse man sie so sehen wie sie seien. Man könne den Menschen nicht als Eigentum betrachten, sondern nur als Menschen an sich. Man müsse ihn nicht für vollkommen halten und bedenken, dass er Schuld auf sich laden könne. Manche Männer heirateten, um ihre natürlichen Bedürfnisse zu befriedigen. Doch tendierten sie in der Monogamie zu außerehelichen Beziehungen. Das könne schädliche Folgen für die Gesellschaft haben. Gerade das Verbot der Polygamie könne diese schädlichen Folgen nach sich ziehen, und so sei das Verbot noch schädlicher als die Polygamie selbst. Obwohl im Christentum Polygamie verboten sei, werde das Verbot nicht eingehalten. Die meisten Europäer hätten Geliebte und zeugten mit diesen Kinder, und so zeigten sich die negativen Auswirkungen des Polygamieverbotes.[237] Die gesellschaftliche Diskriminierung unehelicher Kinder war beispielsweise für Fatma Aliye ein wichtiger Grund für die Praxis von Polygamie.[238]

Mahmut Esat berichtete, dass man in den Ländern mit Monogamie Erziehungseinrichtungen für ausgesetzte uneheliche Kinder eingerichtet habe, dass aber ein großer Teil von ihnen dennoch zu Grunde gehe. Diejenigen, die gerettet würden, hätten keine Familie und empfänden keine Würde.[239] Dagegen legalisiere die Polygamieerlaubnis im Islam Konkubinen und ihre Kinder, so dass Nachkommenschaft und Familie nicht verloren gingen.[240]

237 Ş[emseddīn] Sāmi 1296, S. 65-66 und 68-69; Zum Vergleich der erlaubten Polygamie im Osmanischen Reich mit der verbotenen, aber geduldeten Polygamie in Europa, die Endres als Heuchelei bezeichnet, s. Endres, 1916, S. 142.

238 Fāṭima ʿAliyye, 1309, S. 96-98.

239 Maḥmūd Esʿad, 27 Cemāẕīye'l-evvel 1316, S. 684.

240 Meḥmed Ẕihnī 1324, S. 9.

Weitere Argumente für die Erlaubnis von Polygamie fanden sich in Bezug auf Krankheit, Invalidität oder Unfruchtbarkeit der Frau. In diesem Fall konnte, nach Şemsettin Sami, ein Mann seine natürlichen Bedürfnisse nicht befriedigen, Unterstützung im Haushalt haben oder eine Familie gründen, auch wenn er dies wollte. Dieser Umstand führe nicht nur zu außerehelichen Beziehungen und unehelichen Kindern, sondern auch zur Vernachlässigung der Frau in jeder Hinsicht. Eine Frau mit einem solchen Schicksal akzeptiere, dass ihr Mann polygam werde, weil dies nicht nur dem Mann, sondern auch der Frau helfe.[241] Dieses Argument macht deutlich, welche Rolle die materielle Abhängigkeit der Frau spielte, die meist weder Beruf noch Einkommen hatte. Unfruchtbare und kranke Frauen waren gezwungen, eine weitere Ehe ihres Mann zu akzeptieren. Als Frauenrechtlerin bestätigte Fatma Aliye dies mit der Festellung, dass trotz Scheidungsmöglichkeit eine unfruchtbare oder kranke Frau dadurch in Not gerate und daher eine Scheidung problematisch sein könne.[242]

Nach Mahmut Esat war das Ziel der Ehe, Nachkommen zu zeugen und den Erhalt der Menschheit zu gewährleisten. Die Ehe sei keine vorübergehende sexuelle Befriedigung. Mann und Frau sollten sich nicht nur für kurze Zeit binden und auf körperliche Befriedigung ausgerichtet sein. Mann und Frau seien gemeinsamer Quell der Nachkommenschaft, der Gesellschaft und der Zivilisation. Polygamie sei das natürliche Recht des Mannes, und während der Schwangerschaft der ersten Ehefrau könne er sich einer zweiten Frau nähern und mit ihr Nachkommen zeugen.[243] Das Argument der Fortpflanzung als eheliche Zielsetzung diskutierten die Reformer widersprüchlich. Bei Şemsettin Sami kann man dies deutlich erkennen. Er betrachtete die Eheschließung

241 Ş[emseddīn] Sāmi 1296, S. 66–68.
242 Fāṭima ʿAliyye 1309, S. 93; Qāsim Amīn 1329, S. 192–193.
243 Maḥmūd Esʿad, 27 Cemāẕīye'l-evvel 1316, S. 682–684; Meḥmed Ẕihnī 1324, S. 8 und 10.

als Vertrag zwischen Mann und Frau, der der Zeugung von Nachkommenschaft und einem zufriedenen Zusmmenleben diene. Deshalb sollte ein verheirateter Mann sich erst scheiden lassen, bevor er eine andere Frau heiratete. Auf der anderen Seite sollte eine Eheschließung nicht nur zur Befriedigung der sexuellen Bedürfnisse und zur Fortpflanzung geschlossen werden, denn die Eheschließung fuße auf zwei heiligen Grundsätzen, der Liebe und dem Wunsch, eine Familie zu gründen.[244]

Auch aufgrund des Bevölkerungsrückgangs wurde Polygamie manchmal befürwortet. Nach Forschungen war die Bevölkerungzahl im 19. Jahrhundert geringer als im ersten Viertel des 20. Jahrhunderts. Zwischen 1800 und 1918 vernichteten Kriege, Hungersnöte und Epidemien 45% der osmanischen Bevölkerung.[245] In den großen Städten wie Istanbul wollten die Ehepaare aus ökonomischen und sozialen Gründen selten Kinder haben, während die ländliche Bevölkerung die durch die Kriege verlorene Bevölkerung ersetzen wollte. In Istanbul wurden ab 1880 immer weniger Kinder geboren; auch die Zahl der Abtreibungen stieg. Das Heiratsalter der Frauen nahm durch verbesserte Bildungschancen und feministische Tendenzen zu und hatte eine niedrigere Geburtenrate zur Folge.[246] Obwohl der Reformer Namık Kemal als Erster unter den Jungosmanen die Rechte der Frauen vertrat, befürwortete er Polygamie zur Vermehrung der Bevölkerung. Er wies in seinem Artikel »Nüfûs« (Demographie) auf den Rückgang der Bevölkerung hin und nannte neben Kriegen, Epidemien und Aufständen auch Umweltverschmutzung, fehlende Hygiene, falsche Ernährung und nach europäischer Vorstellung auch die Poly-

244 Ş[emseddîn] Sâmi 1296, S. 60-61.

245 Quataert 2002, S. 175.

246 Duben/Behar 1998, S. 37 und 256-57; Endres meint, dass die Türken im Gegensatz zu anderen Gruppen im Osmanischen Reich wenig Kinder haben wollten bzw. wegen Krankheiten keine Kinder bekommen könnten. Auch finanzielle Gründe spielten eine Rolle, s. Endres 1916, S. 140; Parla 1990, S. 33.

gamie. Diesen letztgenannten Grund lehnte er jedoch mit der Begründung ab, dass drei oder vier Frauen mehr Kinder gebären konnten. Nach ihm war für den Bevölkerungsrückgang auch die im Osmanischen Reich verbreitete Abtreibung verantwortlich, die er in einem Artikel »Iskāṭ-ı cenīn« (Abtreibung) kritisierte.[247]

Zusammenfassend zeigen die ersten hier referierten osmanischen Quellen über Polygamie den Beginn einer internen Auseinandersetzung unter den osmanischen Intellektuellen, auch wenn diese Diskussion unter dem Einfluss westlicher Kritik entstand und zunächst aus einer Verteidigungshaltung erwuchs. Dies bedeutet, dass zum einen der Islam aufgrund der Polygamieerlaubnis gegenüber den Europäern verteidigt, zum anderen die Argumente gegen die Polygamie mit dem Islam in Einklang gebracht werden mussten. Daher haben wohl auch alle traditionell und modern eingestellten Intellektuellen immer wieder die Einschränkungen, die an die Polygamieerlaubnis geknüpft waren, hervorgehoben. Der Unterschied bestand darin, dass die modern orientierten Intellektuellen behaupteten, dass eine gleiche und gerechte Behandlung der Ehefrauen nicht möglich sei und daher aus der Polygamieerlaubnis eine tatsächliche Monogamie ableiteten. Für die Konservativen war grundlegend klar, dass Polygamie nur unter strengen Bedingungen zulässig sein konnte. Die Aufhebung der Polygamieerlaubnis hätte die Ablehnung des Korans bedeutet.

247 Kemal 2005, S. 75-78 und 542-543.

Fatma Aliye und die Polygamiefrage

Ende des 19. Jahrhunderts wurde die Polygamiefrage unter osmanischen Intellektuellen Teil der umfassenderen Debatte über die Definition von Zivilisation. Das zeigte sich auch deutlich im bereits erwähnten *Ta'addüd-i Zevcāt Ẕeyl* von Fatma Aliye.[248] Das Buch gibt eine wichtige Diskussion über Polygamie im Zusammenhang von Zivilisation und Moderne mit dem konservativen Juristen Mahmut Esat wieder, der die Polygamieerlaubnis im Islam verteidigte. In diese Auseinandersetzung wurde auch der tatarische Reformer İsmail Gaspıralı in Russland einbezogen,[249] der etwa zeitgleich Polygamie als Frage der Modernisierung mit Mahmut Esat diskutierte.

Mit ihrem Werk war Fatma Aliye im Osmanischen Reich und vielleicht in der ganzen islamischen Welt die erste muslimische Frau, die sich offen und ausführlich gegen die Polygamie aussprach und sie in den Kontext des Modernisierungsprozesses stellte. Auch wurde hier zum ersten Mal zwischen einem Mann und einer Frau die Frage der Polygamie auf einer gemeinsamen islamischen Grundlage anhand des Begriffes der Zivilisation diskutiert.[250] Für Fatma Aliye umfasste Zivilisation alle Aspekte des Lebens, d.h sie betrachtete Zivilisation als ganzheitliche Erscheinung. Sie benutzte die Begriffe »Zivilisation« (*medeniyyet*), »zivil«

248 Fāṭima 'Aliyye/Maḥmūd Es'ad 1316, S. 3-72; Mende-Altaylı 2010, S. 3-72.

249 Ebd., S. 72-84.

250 Nach Auffassung Göles wurde der Begriff »Zivilisation« von den Reformern des 19. und 20. Jahrhunderts als Synonym für Modernisierung benutzt. In diesem Zusammenhang spiegelte Zivilisation den Westen wider. Der Westen war das vorherrschende kulturelle Modell für eine fortschrittliche, auch die institutionellen und wirtschaftlichen Aspekte umfassende Moderne, s. Göle, »Die sichtbare Präsenz des Islam und die Grenzen der Öffentlichkeit«. Tatsächlich aber vertraten die osmanischen Intellektuellen unterschiedliche Auffassungen von Zivilisation, was im Zusammenhang mit der Polygamiefrage deutlich wird.

(*medenī*), »sich zivilisieren« (*temeddün etmeḳ*) und »zivilisiert« (*mütemeddin*), die für sie den Westen kennzeichnen. Gleichzeitig bedeuteten diese Wörter für sie auch »zeitgemäß« und »forschrittlich«, sie wurden zu Synonymen für »Modernisierung«. Dagegen standen die Begriffe »Barbarei« (*vahşet*) und »barbarisch« (*vahşi* – ursprünglich »verwildert«). Ihre Interpretation von Zivilisation konnte sie nicht ohne weiteres mit Polygamie vereinbaren. Sie definierte den Islam als nicht fortschrittsfeindlich, und behauptete daher, dass er die Zivilisation nicht behindere, sondern sie im Gegenteil bewahre. Da der Islam die Polygamie nicht befehle, sondern nur in besonderen Fällen erlaube, müsse bewiesen werden,unter welchen Bedingungen sie in einer zivilisierten bzw. moderner Welt nötig sei.[251]

Die Unvereinbarkeit von Polygamie und Zivilisation wurde auch von Reformern außerhalb des Osmanischen Reichs wie İsmail Gaspıralı vertreten. Er behandelte die Polygamiefrage in seiner Zeitung *Tercüman*[252] ebenfalls als Teil des Modernisierungsprozesses. Er war gegen Polygamie, weil der Mensch sich in dieser Hinsicht von den Tieren unterscheiden sollte.

Der konservative Mahmut Esat jedoch hatte eine andere Auffassung von Zivilisation. Er bestritt zwar nicht, dass der Begriff »Zivilisation« materielle und ideelle Seiten des Lebens erfasste, wie es Ahmet Mithat 1898 in seinen Artikel in der Zeitung *Ṭarıḳ*[253] erklärt hatte. Die materielle Seite beziehe sich auf die technischen Errungenschaften und den Handel, die ideelle Seite auf Ethik und Religion. Aber er war nicht wie Fatma Aliye bereit, die ideelle Seite der Zivilisation von Europa zu übernehmen, da nach seiner Meinung die Regeln von Islam bzw. Scharia schon vor 1300 Jahren die Zivilisation gebracht und dies die Polygamieerlaubnis nicht verhindert habe. Deshalb sah er keinen Zusammen-

251 Fāṭıma ʿAliyye/Maḥmūd Esʿad 1316, S. 9–10.
252 Berkes 2004, S. 374, Anm. 25; Caporal 1982, S. 46, Anm. 125.
253 Berkes 2004, S. 374-375, Anm. 26.

hang zwischen »Zivilisation« und Präferenz von Monogamie oder Polygamie. Ein Volk müsse nicht barbarisch sein, wenn es Polygamie respektiere und ebenso wenig automatisch zivilisiert, wenn es Monogamie praktiziere.[254]

Nach Mahmut Esat wurde Polygamie durch europäischen Einfluss auch von den Muslimen als eine negative Seite des Islams bzw. als zerstörerisches Element in der Ethik und im sozialen Leben angesehen und so mit der Vorstellung von Zivilisation verbunden. Doch war die Erlaubnis zur Polygamie nicht aufgrund des Geschlechtstriebs entstanden, sondern um illegales Handeln der Männer zu vermeiden, die ihre Ehre und Moral auf das Spiel setzten und um überdies geschiedene Frauen oder Witwen zu beschützen sowie die Kinder in den Familien zu legalisieren. Um soziale Probleme zu vermeiden, wurde Polygamie erlaubt. Außerdem waren die Bedingungen für die Erlaubnis zur Polygamie so streng, dass man in den großen Städten kaum Polygamie begegnete.[255]

Mahmut Esat definierte die Ehe als Vertrag zwischen Mann und Frau, der es dem Mann erlaube, die Frau sexuell in Anspruch zu nehmen. Definiere man die Ehe allerdings unter der Zielsetzung der Vermehrung, sei sie ein Vertrag, gemeinsam die Menschheit fortzupflanzen, einander zu helfen und in Zukunft das Leben gemeinsam zu gestalten. Wenn in einer Ehe diese genannten Ziele nicht erreicht würden, gebe es für den Mann nur die Lösung, eine weitere Frau zu nehmen, wenn eine Scheidung nicht in Frage komme. Darüber hinaus waren seiner Meinung nach Frauen und Männer von Natur aus nicht gleich und konnten dies auch nicht sein. Aus diesen Gründen war Polygamie im Islam eine wichtige soziale Erscheinung und keine Zivilisationsfrage.[256]

Fatma Aliye hingegen sah einen Zusammenhang zwischen Ehe bzw. Polygamie und Zivilisation bzw. Moderne.

254 Fāṭima ʿAliyye/Maḥmūd Esʿad 1316, S. 43–48.
255 Ebd., S. 70–71.
256 Fāṭima ʿAliyye/Maḥmūd Esʿad 1316, S. 67–69 (Ehe als Vertrag) und 35–37 (Ungleichheit von Mann und Frau).

Das Ziel der Ehe liege nicht in der Fortpflanzung, sondern in einer gleichberechtigten Beziehung zwischen zwei Partnern. Daher sei die Ehe eine Stufe auf dem Weg von der Barbarei zur Zivilisation.[257] Die Polygamie sei im Gegensatz zur Monogamie nicht zeitgemäß und damit nicht modern und es sei ihrer Meinung nach in der modernen Welt, sowohl unter dem materiellen Gesichtspunkt als auch in Bezug auf die notwendigen Frauenrechte unmöglich, Polygamie zu praktizieren.[258]

Nach Fatma Aliye hatte sich die Rolle der Frau geändert und die Zeit, in der ihre Hauptaufgabe darin bestand, zu stillen, sei vorbei. In der zivilisierten bzw. modernen Zeit würden Schwanger- und Mutterschaft nicht mehr berücksichtigt, es werde nur über die Menstruation gesprochen, weil die Frau in erster Linie als Frau begriffen werde. Deshalb sei Polygamie auch nicht zeitgemäß.[259]

Fatma Aliye sprach auch die Kodifizierung des islamischen Eherechts an, das besonders nach der II. Meşrutiyet-Ära Teil des Modernisierungsprozesses war. Eine zivilisierte Gesellschaft solle es für notwendig erachten, die Eheschließung durch ein Gesetz zu regeln, um diese besser kontrollieren und willkürliche Eheschließungen bzw. Polygamie vermeiden zu können.[260] Ebenso vertrat Fatma Aliye eine moderne Einstellung zum Scheidungsrecht der Frau und legitimierte ihre Auffassung durch den Islam. Eine Frau, die eine zweite Frau nicht akzeptiere, könne sich scheiden lassen und wieder heiraten,[261] obwohl nach hanafitischem Recht Polygamie kein Scheidungsrund sein könne. Dieser Argumentation konnte sich Mahmut Esat nicht anschließen.[262] Darüber hinaus stimmte er auch nicht der Forderung

257 Ebd., S. 14–15.
258 Ebd., S. 57–58.
259 Ebd., S. 17–18.
260 Ebd., S. 9.
261 Ebd., S. 18 und 19.
262 Ebd., S. 65–67.

nach einer gesetzlichen Regelung der Ehe zur Vermeidung von Polygamie zu. Ihm zufolge müsste ein Gesetz der Natur des Menschen und der Wirklichkeit entsprechen. Zwar sei für die Eheschließung ein Gesetz sehr wohl nötig, aber dies könne nicht die natürlichen Neigungen des Menschen unterdrücken.[263]

Mahmut Esat lehnte es zwar ab, das Verbot der Polygamie zum Kriterium für Zivilisation zu erklären, definierte aber Polygamie als etwas Fortschrittliches bzw. Zivilisiertes, besonders in Relation zu europäischen Gesetzen. Polygamie sei lediglich eine Erlaubnis, die sich aus einer Notwendigkeit ergebe. Darüber hinaus sei in der Scharia Monogamie die allgemeine Regel. Verglichen mit den europäischen Gesetzen hielt er die Polygamieerlaubnis im Islam für forschrittlicher, weil die islamische Gesetzgebung keine unehelichen Kinder kenne, die im europäischen Recht diskriminiert würden. Manche von ihnen, die ihre Väter kannten und am Erbe teilhaben wollten, bekämen die Antwort, dass es nach dem *Code civil* § 340 verboten sei, den Vater aufzusuchen. Obwohl diese Menschen in der Gesellschaft lebten, würden sie nicht dazugehören.[264] Unter diesem Gesichtspunkt vertrete der Islam die Zivilisation bzw. die Moderne. Darüber hinaus seien auch die Folgen der strengen Ehe- und Scheidungsgesetze der Europäer nicht zivilisiert bzw. modern. Da der Mann nicht wisse, ob eine Scheidung Erfolg haben könne, verzichte er auf eine Heirat und nutzte die Möglichkeit der Prostitution.[265]

Diese Auseinandersetzung über Polygamie zeigt, dass die Frauenrechtlerin Fatma Aliye und der Reformer İsmail Gaspıralı im muslimischen Russland den Begriff »Zivilisation« als Synonym für eine alles umfassende Modernisierung nach europäischem Vorbild benutzten, während Mahmut Esat Zivilisation in materielle (europäische) und ideelle

263 Ebd., S. 38–39.
264 Ebd., S. 72–80.
265 Ebd., S. 18 und 81–82.

(islamische) Aspekte aufteilte. Deshalb war für die beiden ersten die Polygamiefrage Teil einer Modernisierung, die mit dem Islam in Einklang gebracht werden konnte und musste. Mahmut Esat dagegen sah, was die Polygamieerlaubnis anbelangte, in den jederzeit gültigen Bestimmungen der Scharia keine fortschrittshemmenden Hindernisse, die seine Vorstellung von Zivilisation, bzw. Modernisierung in Frage stellten.

4 Die Frauenpolitik der Jungtürken während der II. Meşrutiyet-Ära

Mit den Jungtürken[266] kam eine neue politische Klasse an die Macht, die zu radikalen Reformen entschlossen war. Sie waren Angehörige einer neuen Bourgeoisie und wichtige Bürokraten. Sie eröffneten Frauen Bildungsmöglichkeiten und -aktivitäten in der Öffentlichkeit. Das Komitee für Einheit und Fortschritt (*İttiḥād ve Teraḳḳī Cem'iyyeti*) sah in seinem Grundsatzprogramm von 1911 in Artikel 18 vor, den kostenlosen Grundschulbesuch zur Pflicht zu machen und das Mittel- und Hochschulwesen zu fördern. Die Anzahl der Mädchenschulen sollte erhöht und die Ausbildung verbessert werden. 1911 wurde eine dem Lyzeum ähnliche Schule (*i'dādī*) gegründet, 1913 das erste Mädchengymnasium (*inās̱ sulṭānīsi*) eröffnet. Es folgten weitere Mädchengymnasien in Istanbul. 1914 erhielten Frauen zum ersten Mal Zugang zur Universität. Im selben Jahr wurde ihnen eine eigene Universität (*inās̱ dārülfünūnu*) errichtet. In die-

266 Jungtürken (osmanisch: *İttiḥād ve Teraḳḳī Cem'iyyeti*, »Komitee für Einheit und Fortschritt«), eine nationale reformerische Gruppe, die 1908–1918 die Politik bestimmte und eine neue Verfassung durchsetzte. In hamidischer Zeit wurde der Begriff »Jungtürken« für alle oppositionellen Bewegungen gegen die Regierung Abdülhamit II. gebraucht. Zu den Jungtürken s. auch Hanıoğlu, M. Ëükrü, *The Young Turks in Opposition*, Oxford/NY: Oxford University Press, 1995. Zur weiteren Problematik der Bezeichnung »Jungtürken« s. ebd., S. 4.; für die Zeit nach 1908 s. Zürcher, Erik Jan, »Young Turks, Ottoman Muslims and Turkish Nationalists: Identity Politics 1908–1938«, in: *Ottoman Past and Today's Turkey*, Hrsg. Kemal H. Karpat, Leiden: Brill, 2000, S. 150–179.

sen Jahren öffneten sich auch die Hochschule der schönen Künste und das Konservatorium für Frauen und es wurden Berufsschulen für Schneiderinnen und Krankenschwestern sowie Handelsschulen eingerichtet.[267] Außerdem begannen auch osmanisch-muslimische Mädchen die christlichen Missionsschulen zu besuchen. So lernten z.B. 1916 am Kolleg in Istanbul, das 1896 vom Congregational Women's Board of Missions gegründet worden war, 63 osmanisch-muslimische Mädchen, von denen 14 staatlich finanziert wurden.[268] Mit ihrer Politik vertraten die Jungtürken die Interessen von Frauen und Familien und unterstützten deren Aktivitäten. Dabei spielte die im Westen und in islamischen Gesellschaften wachsende Bewegung des Feminismus eine Rolle.[269] Die Bemühungen der Jungtürken um den Feminismus richteten sich wie in den anderen nahöstlichen Gesellschaften einerseits gegen den westlichen ökonomischen und kulturellen Imperialismus, andererseits gegen einheimischen Feudalismus, Ausbeutung, traditionelles Patriarchat und einige religiöse Regeln.[270] Die patriarchalische Ordnung in der Familie sollte durch Partnerschaft ersetzt werden. Die darauf basierende Kernfamilie (*çekirdek ʿāʾile*) wurde als Modell betrachtet, aus der die Gleichberechtigung der Frau hervorgehen würde. In dieser Zeit war die Ehe nicht mehr nur Angelegenheit der Religion. Tatsächlich gingen Feminismus und die Idee einer so genannten neuen Familie (*yeñi ʿāʾile*) bzw. nationalen Familie (*milli ʿāʾile*) während der Jungtürkischen Periode Hand in Hand. Die von Ziya Gökalp (1875–1924) konzipierte nationale Familie beruhte auf dem Vorbild der alttürkischen Familie, in der die Frau dem Mann gleichberechtig war, die eigene Kultur repräsentierte und

267 Durakbaşa 2000, S. 98–102; Kartal 2008, S. 222.
268 Burton 1918, S. 83-84 und 210.
269 Kurnaz 1996, S. 22, Anm. 10; wie muslimische Gelehrte, vor allem in Ägypten, den Feminismus sahen, s. Fazlurrahman, *İslam*. Übers. Mehmet Dağ-Mehmet Aydın, İst. 1981, S. 291–295.
270 Durakbaşa 2000, S. 88-89; Jayawardena 1989, S. 8.

nicht Kopie der modernen oder europäischen Familie war. In diesem Kontext wurde die Befreiung der Frau als ideologisch zentrales Instrument für die Schaffung eines neuen nationalen Staates interpretiert. Aber wie in vielen nahöstlichen Ländern geschah dies unter der Voraussetzung, dass die Asymmetrie der Geschlechterrollen anerkannt wurde.[271]

Entscheidend für eine solche Politik war u.a. der schnelle Verfall des Osmanischen Reichs. Die Bevölkerungsverluste sowie die Tatsache, dass die Männer im Krieg waren, die Frauen arbeiten mussten und sich die Familienstrukturen auflösten, veranlasste die Regierung zu einer neuen Familienpolitik. Besonders während der Balkankriege (1912-1913) waren die Frauen gezwungen, in Krankenhäusern, Verwaltungen und Fabriken zu arbeiten. Die Zahl der berufstätigen Frauen nahm nach 1908 zu. In der Textilindustrie, der Landwirtschaft und der Viehzucht betrug der Anteil von Frauen und Kindern bis zu 50%. Nach dem Ersten Weltkrieg wurden Frauen im Straßenbau, in der Straßenreinigung und Metallindustrie sowie in staatlichen Einrichtungen wie Post und Telegrafenamt tätig. Bereits während des Ersten Weltkriegs gründete der Kriegsminister Enver Pascha (1881-1922) den islamischen Verein für Arbeitsbeschaffung für osmanische Frauen (*'Os̱mānlı Ḳādīnları Çalıştırma Cem'iyyet-i İslāmiyyesi*). Durch diesen Verein konnten Frauen freiwillig in den Militärdienst treten. In Istanbul wurde ein Arbeiterfrauenbataillon gebildet und auch Cemal Pascha (1872-1922) gründete ein solches in der Landwirtschaft, das in der Çukurova tätig war.[272] Die demographischen Entwicklungen während des Ersten Weltkriegs beschleunigten wahrscheinlich die Verabschiedung des Familiengesetzes von 1917, das die Scheidung erleichterte und die Polygamie begrenzte.

Außerdem forderte das Komitee die aktive Teilnahme der Frauen im öffentlichen Bereich. Auf der Grundlage des Ver-

271 Toprak 1991, S. 442; Kartal 2008, S. 221; Durakbaşa 2000, S. 89.
272 Fındıkoğlu 1991, S. 20-21 und 27-28; Kartal 2008, S. 223.

einsgesetzes (*cem'iyyetler ḳānūnu*) von 1909 konnten die Frauen viele Vereine gründen. Sie arbeiteten mit der Presse zusammen, um ihre Ideen und Ziele zu verbreiten. Zu Beginn der II. Meşrutiyet-Ära hatte das Komitee bereits vierzig weibliche Mitglieder in Rumeli-Thrazien, die politisch tätig waren. Für die Frauen stellte diese forschrittliche Zeit einen Wendepunkt dar. Frauenrechte im öffentlichen und privaten Raum wurden wirksam, soweit sie mit Erziehung, Arbeit, Politik und dem Familienleben zu tun hatten.[273] Das politische Denken wurde in dieser Periode von drei Richtungen bestimmt, den Vertretern einer Verwestlichung, den Bewahrern der islamischen Ethik und denen, die auf vorislamische türkische Traditionen zurückgriffen. Aufgrund verschiedener Übereinstimmungen ist es nicht immer leicht, Okzidentalismus, Islamismus und Turkismus auseinanderzuhalten.[274] Das ihnen zu Grunde liegende Denken bestimmte die Grenzen der Reformen. Einige westlich orientierte Intellektuelle, wie z.B. Abdullah Cevdet (1869-1932), einer der Gründer des Komitees für Einheit und Fortschritt,[275] waren der Meinung, dass die wesentlichen Reformen im Westen, die den materiellen Fortschritt brachten, im Bereich der Religion erfolgt waren. Ohne ähnliche Reformen sei ein Fortschritt in der osmanischen Gesellschaft nicht möglich.[276] Weil nach Abdullah Cevdet die islamischen Traditi-

273 Çon 2007, S.10 ; Zihnioğlu 2003, S. 54.

274 Kadıoğlu 2001, S. 35. Zu diesen drei angenommenen Richtungen und deren Vertreter s. Kurnaz 1996, S. 22-34; Tunaya 1991; Kara 1987, Bd. I-II.

275 Hanıoğlu 1981; Gündüz, Mustafa, »Mustafa Kemal ve erken Cumhuriyet dönemi eğitim ve kültür hayatında Abdullah Cevdet'in etkileri« (The effect of Abdullah Cevdet on Mustafa Kemal and the education and culture of Early Republican period), in: *Turkish Studies International Periodical for the Languages, Literature and History of Turkish or Turkic*, Volume 5/1 Winter 2010, S. 1067-1088.

276 Mit dieser These, die sie zwischen 1910 und 1914 entwickelten, beriefen sie sich auf den um die Mitte des 19. Jahrhunderts in Deutschland entstandenen so genannten Szientismus. Der Begriff wurde in dem Werk *Kraft und Stoff* von Ludwig Büchner (1855) entwickelt, welches zunächst teilweise von Abdullah Cevdet, später von Baha Tevfik zusammen mit Ahmet

onen ein Hindernis für die Zivilisation waren, sollten auch die Frauen von diesen Traditionen befreit werden.[277] Das bedeutete, dass die Erwartungen an die Frauen im Namen von Religion und Tradition geändert werden mussten.

Ziya Gökalp, Hauptvertreter der türkisch-nationalistischen Intellektuellen, beeinflusste das politische Programm der Jungtürken in der II. Meşrutiyet-Ära. Er hatte das Ziel, eine eher theoretische als praktische Synthese zwischen Islam und Modernität herbeizuführen. Diese hing nach seiner Überzeugung von einer konventionellen Beziehung zwischen Religion und Politik ab, weil eine Trennung von Religion und Herrschaft eine juristische Notwendigkeit für moderne Staaten war. Gökalp bekräftigte diese Ansicht in seinem Werk *Türkçülüğün Esāsları* (Prinzipien des Turkismus) von 1923 mit der Feststellung, dass eine wesentliche Bedingung, sich den fortgeschrittenen Ländern zu nähern, die Befreiung al-

Nebil vollständig übersetzt wurde. Nur mit entscheidenden religiösen Reformen könne sich die osmanische Gesellschaft entwickeln. Deshalb müsse Religion neu definiert werden. U.a. Abdullah Cevdet, Celâl Nuri (İleri) und Kılıçzâde Hakkı versuchten durch den Koran und die Hadithe zu beweisen, dass der Islam eigentlich eine Art Materialismus sei. Manche leugneten sogar seine Transzendenz. Nach Kılıçzâde Hakkı war die Leugnung der Evolution eine Gotteslästerung, nach Abdullah Cevdet fanden sich die Thesen Darwins kurz zusammengefasst im Koran. Dadurch entwickelten sich säkuläre Tendenzen, die die Grundlage für die Wissenschaft bildeten. Bis zum Ende der Meşrutiyet-Ära bemühten sich Abdullah Cevdet und seine Mitstreiter, biologisch-materialistische Ansichten mit dem Islam in Einklang zu bringen. Abdullah Cevdet war der Ansicht, dass die Modernisierung der islamischen Welt verwirklicht werden könne, wenn man, ähnlich wie Luther, Reformen durchführte. Nach Cevdet hatten die Vorreiter der Reformen wie Afgani oder Abduh nur einen begrenzten Erfolg, weil sie Möglichkeiten für Reformen nur innerhalb des Islams sahen. Am Ende der Meşrutiyet-Ära versuchte Cevdet allerdings positive Elemente im Islam, wenn auch begrenzt, heranzuziehen. Eine wichtige Utopie Abdullah Cevdets war eine türkische Gesellschaft, in der die Religion keine Rolle mehr spielte. Damit fußt die Ideologie der frühen Republik auf Thesen, die ihre Wurzeln im 19. Jahrhundert haben, s. Hanıoğlu, »Seçkinler, modernlik ve dindarlık«; Hanıoğlu 1981, S. 334-335 und 341.

277 Göle 2001, S. 59.

ler Bereiche des nationalen Rechts von der Theokratie und dem Unheil des Klerikalismus sei.[278] Nach ihm erforderte das Prinzip der Gleichheit die Gleichberechtigung von Mann und Frau, und er nahm dabei auf die vorislamische türkische Gesellschaft Bezug, indem er die Freiheit der Frau innerhalb der Nomadenstämme Mittelasiens als Teil der türkischen Traditionen behauptete.[279] Die islamisch orientierten Intellektuellen Said Halim Pascha (1863-1921)[280] und Musa Kazım (1858-1920)[281] standen einer Verwestlichung der

278 Ziya Gökalp und viele andere vertraten die Ideen Durkheims zum Säkularismus. Gökalps Vorstellungen zum Säkularismus waren ein Versuch, die Religion zu reformieren, nämlich Regierung und Religion zu trennen, um der Herrschaft des Islams über Politik und Gesellschaft ein Ende zu bereiten und die Religion von der östlichen Zivilisation zu trennen sowie die europäische Zivilisation und türkische Kultur mit den Grundlagen des Islams zu verbinden. Für das erste Ziel lieferte Gökalp eine ausführliche historische Begründung basierend auf Sozial- und Rechtsforschung. Er forderte die Abschaffung des Scheich ül-Islam in seiner traditionellen Form. Die Führer des Komitees übernahmen seine Ansichten. Die islamischen Gerichte wurden in allgemeine Gerichte überführt, die Medresen dem Erziehungsministerium unterstellt, s. Saygın/Önal 2008, S. 36-38.

279 Kadıoğlu 2001, S. 36.

280 Said Halim Pascha unterschied sich von den anderen Islamisten zumindest in zweierlei Hinsicht. Er war Enkel von Muhammad Ali und Sohn Halim Paschas. Said Halim kam mit acht Jahren nach Istanbul. Nachdem er Arabisch, Persisch, Englisch und Französisch bei Privatlehrern erlernt hatte, ging er in die Schweiz, um politische Wissenschaften zu studieren. Dort blieb er bis zu seinem Abschluss 1888. Als hoher Beamter sollte er angeblich ein Anhänger der Jungtürken gewesen sein. Obwohl dafür keine Beweise gefunden wurden, musste er 1905 ins Exil nach Ägypten gehen. Dort allerdings schloss er sich 1906 den Jungtürken an. Unter dem Khedive Abbas Hilmi II. (1892-1913) war Ägypten eine sichere Zuflucht für Jungtürken. Said Halim blieb in Ägypten und gewährte finanzielle Hilfe für die Aktivitäten des Komitees dort und in Paris. 1908 kehrte er nach Istanbul zurück. Nach einigen kleineren Posten wurde er 1912 Generalsekretär des Komitees, 1913 Außenminister und dann Großwesir bis Februar 1917. Nach dem Krieg wurde er von einem Armenier in Rom ermordet. S. Doğan 2006, S. 128-130; Bulut 1999, S. 234.

281 Musa Kazım studierte Theologie an der Fatih Moschee in Istanbul, wo er auch ab 1888 lehrte. Zwischen 1900 und 1908 lehrte er an der juristischen Fakultät der Universität osmanisches Zivilrecht (*mecelle*). Von 1910

Gesellschaft und vor allem dem Feminismus sehr kritisch gegenüber. Sie befürworteten die Übernahme westlicher Wissenschaft und Technik, wollten aber die in der Scharia verankerten Werte beibehalten wissen.[282] Modern-islamisch orientierte Intellektuelle wie Mehmet Şemsettin Günaltay (1868–1946),[283] İsmail Hakkı İzmirli (1868–1946)[284] oder Ahmet Hamdi betonten, dass der Islam nicht im Widerspruch zur Moderne stehe. Er könne die Bedürfnisse einer modernen Welt befriedigen, weil er den auf Vernunft basierenden Forschritt akzeptiere. Deshalb strebten sie eine Wiederbelebung des Islams an, in dem sie eine Rückkehr zu den Grundlagen von Islam, bzw. Koran und Sunna suchten. Nur so könne man zum wirklichen Islam gelangen und nach ihm leben, wie er sich in der Zeit des Propheten (*'aṣr-ı sa'ādet*) herausgebildet habe.[285] Sie versuchten auch, die nicht zeitgemäßen Bestimmungen des Korans bezüglich der Frauen anzupassen. Wenn sie auch untereinander stritten, formulierten sie doch eine moderne Interpretation und stützten diese.[286] Mit ihrer neuen Auslegung des Korans wollten sie zeigen, dass der Islam den Frauen Rechte gewährte. Nach Leila Ahmed vertraten die muslimischen Reformer eine sehr konservative Ansicht, wenn sie sagten, dass der Islam richtig verstanden dem Feminismus nicht widerspreche, während sie die auf

bis 1917 war er insgesamt fünf Jahre Scheich ül-Islam. Nach dem Weltkrieg wurden Mitglieder der *İttihad ve Terakki Fırkası*, darunter auch er, inhaftiert. Er starb 1920 im Exil in Edirne. Die Themen seiner Veröffentlichungen gingen aus seiner intensiven Beschäftigung mit dem Islam und der Mystik hervor und behandelten u.a. auch Frauenfragen, s. Bulut 1999,S. 235.

282 Göle 2001, S. 62–65.

283 Deniz, Ali Çağlar, *M. Şemseddin Günaltay'ın Dini ve Toplumsal Görüşleri*. T.C. Gazi Üniversitesi: Yüksek Lisans Tezi, Ankara 2006, S. 6–20 (http://www.belgeler.com/blg/psm/m-semseddin-gunaltay-in-dini-ve-toplumsal-gorusleri; aufgerufen 7.8.2009).

284 Hizmetli, Sabri, »Un Auteur Turc Contemporain Ismail Hakki Izmirli (1868–1946)« (http://dergiler.ankara.edu.tr/dergiler/37/775/9908.pdf; aufgerufen 9.1.2012).

285 Şen 2010, S. 111–116.

286 Paçacı 2003, S. 96.

die Stellung der Frau in der islamischen Kultur bezogenen Aussagen nicht diskutierten. Die kulturspezifische Unterdrückung muslimischer Frauen hinderte sie daran, eine kulturkritische Haltung zu entwickeln.[287]

Die im 19. Jahrhundert beginnenden Reformen, die Rechte und Stellung der Frauen thematisierten, wurden Anfang des 20. Jahrhunderts von diesen unterschiedlichen Strömungen begleitet. Verschiedene Thesen, die sich mit der Rolle der Frau in der Gesellschaft befassten, führten zu heftigen Diskussionen in den Anhängerschaften. Die Frauen waren bis zur Ausrufung der Republik immer wieder Objekt dieser Gesellschaftsentwürfe, und ihre Probleme wurden im Kontext einer dieser Strömungen diskutiert.[288] Obwohl die Entwürfe, wie auch sonst im nahöstlichen Feminismus, unvereinbare Tendenzen vertraten, sich dem Islam anzupassen oder eine moderne, der neuen Nation entsprechende Familie zu schaffen,[289] konnten doch sogar innerhalb derselben Strömungen Unterschiede auftreten.

Verschiedene Entwürfe zur Frauenfrage

Während der II. Meşrutiyet-Ära wurde viel zur Stellung der Frau in der Gesellschaft publiziert.[290] Es erschienen Artikel über Frauen in den unterschiedlich ausgerichteten Zeit-

287 Durakbaşa 2000, S. 91.
288 Kadıoğlu 2001, S. 36.
289 Kandiyoti 1991, S. 9.
290 Aḥmed Rıżā' 1324; Aḥmed Mümtāz 1325; Aḥmed Cevād 1328; Celāl Nūrī H.1330; Celāl Nūrī H. 1331; Ḫalīl Ḥāmid 1326; Ṣalāḥaddīn 'Àṣım, o.J.; A'vānzâde Meḥmed Süleymān, *Rehber-i Mu'āmelāt-ı Zevciyye*. Ḥūḳūḳ maṭba'ası 1330; Tüccarzāde İbrāhim Ḥilmī 1332; Aḳsekīlī Aḥmed Ḥamdī, *Bilinmesi Elzem Ḥakīḳatler*. Tevsī'-i Óıbā'at maṭba'ası, o.O, 1332; İbnü'l -Ḥakkı Meḥmed Ṭāhir, *Veṣāyā-yı İzdivâc. İzdivāçıñ Şerā'it-i Esāsiyyesi*. Maṭba'a-i nefāset, o.O, 1331–1329.

schriften, so in der eher westlich orientierten *İctihād*,[291] den türkisch-nationalen İslām *Mecmū'ası* und *Türk Yūrdu*,[292] der religiös ausgerichteten *Sebīl ür-Reşād*[293] und anderen.

Wichtige Befürworter einer Verwestlichung während der II. Meşrutiyet-Ära waren Abdullah Cevdet, Celâl Nuri İleri (1882–1938),[294] Kılıçzâde Hakkı (1872–1960), Salâhaddin Asım u.a.

Vor allem in der Zeitschrift *İctihād* kritisierten sie die traditionellen Bedingungen für Frauen und unterstützten die feministische Bewegung. Einerseits instrumentalisierten sie den Islam, um ihre Ideen zu legitimieren und sie betonten, dass dieser alles Gute in sich einschließe und daher auch offen für den Feminismus sei,[295] andererseits waren sie aber der Meinung, dass die Frau durch die Religion räumlich beschränkt werde, vom Mann abhängig und dadurch in vielerlei Hinsicht in der Entwicklung hinter dem Mann zurückgeblieben sei. Ihrer Ansicht nach waren die westlichen Länder in dieser Hinsicht fortschrittlicher. Dort könnten sich die Frauen in der Gesellschaft frei bewegen, einen Beruf ausüben und wirtschaftlich unabhängig sein. Wenn die osmanischen Intellektuellen in Zukunft eine bessere Gesellschaft wollten, müssten sie Wege finden, die Lage der Frauen zu verbessern und ihnen Gleichberechtigung zu verschaffen.[296]

291 Eine der wichtigsten von Abdullah Cevdet herausgegebenen Zeitschriften der westlich orientierten Reformer zwischen 1904 (zuerst in Genf) und 1932. Zu *İctihād*, s. Gündüz 2007, S. 63–160 und darin über Frauen und Feminismus, S. 161–191; Albayrak 2002, S. 359–445.

292 Albayrak 2002, S. 283–358; Gündüz 2007, S. 431–451.

293 Gündüz 2007, S. 307–331; Albayrak 2002, S. 69–283.

294 Uyanık, Necmi, »Batıcı bir aydın olarak Celâl Nuri İleri ve yenileşme sürecinde fikir hareketlerine bakışı« (Celâl Nuri İleri as a Westernizer Intellectual and his Views to the Opinion Movements during the Modernization Period) (http://www.turkiyat.selcuk.edu.tr/pdfdergi/s15/uyanik.pdf; aufgerufen 7.09.2009).

295 Doğan 2006, S. 92.

296 Eskikurt 2007, S. 29.

Abdullah Cevdet war der Überzeugung, dass es unvermeidliche Pflicht sei, sich sowohl privat als auch öffentlich zu verwestlichen. Er glaubte, es gebe keine andere Zivilisation auf der Erde als die Europas. Zivilisation bedeute nur Europa, und diese Zivilisation müsse man mit allen Vor- und Nachteilen akzeptieren. Er wünschte, die Gesellschaft durch Verwestlichung zu verändern und ihr nur eine Form von gereinigter Religion zu gestatten.[297] Gründe für die Rückständigkeit der Muslime und den Untergang des Osmanischen Reichs seien Gesichtsverschleierung, Polygamie, religiöse Regeln und degenerierte Traditionen.[298] In *İctihād* schrieb er vor allem über die Notwendigkeit des Fortschritts in der Frauenfrage. 1913 erschienen zwei Artikel unter dem Titel »Pek uyanık bir uyku« (Ein ganz wacher Schlaf), in denen Maßnahmen für eine politische Verwestlichung formuliert und damit auch die Frauen angesprochen wurden. Darin hieß es, auch der Sultan dürfe nur eine Frau haben und Sklavinnen nicht als Konkubinen nehmen. Frauen sollten sich nach ihren Wünschen kleiden dürfen, ohne verschwenderisch zu sein. Polizei, religiöse Eiferer, Wagenführer und andere sollten sich auf keinen Fall in die Kleidersitten der Frauen einmischen. Die Herren des Scheich-ül-Islam dürften keine Kleiderordnungen erlassen. Die Polizei dürfe sich nur in höflicher Weise in unangemessenes Verhalten der Frauen einmischen. Da die Frauen die größten Wohltäterinnen des Landes seien, müssten die Männer ihnen mit Achtung begegnen. Die Frauen sollten sich nicht vor den Männern verstecken. Jedermann sollte die Frau, die er gesehen und kennengelernt habe, frei wählen und heiraten dürfen. Die Ehevermittlung sollte es nicht mehr geben. Werde das europäische Zivilgesetz übernommen, würden dadurch die Bedingungen für Eheschließung und Scheidung geändert.

297 Saygın/Önal 2008, S. 33 und 36.
298 Göle 2001, S. 59.

Polygamie und einseitige Scheidung würden aufgehoben.[299] Einige Autoren verlangten sogar die volle Gleichberechtigung der Frauen, wie z.B. Halil Hamit in seinem Werk von 1326/1910 *İslāmiyyetde Feminizm yaḫūd ʿĀlem-i Nisvānda Müsāvāt-ı Tāmme* (Feminismus im Islam oder volle Gleichberechtigung der Frau).[300] Das zeigt, dass die männlichen westlich orientierten Intellektuellen die Frauenrechte als Projekt der Modernisierung betrachteten.

Scheich-ül-Islam Musa Kazım und andere islamisch-religiös orientierte Intellektuelle formulierten die Rechte der Frauen in folgender Weise: Was die Scharia bestimmt, sei nützlich, was sie verbiete, schädlich. Die Verschleierung verhindere nicht die garantierten Rechte der Frauen. Die Frau könne, wie der Mann, über ihr Eigentum frei verfügen. Solange sie unbescholten sei, könne sie sich frei bewegen. In den von ihr gegründeten Vereinen könne sie Konferenzen organisieren oder an solchen teilnehmen. Sie könne alle Schultypen einschließlich des Gymnasiums besuchen, studieren und Handel treiben. Obwohl die Scheidungsrechte beim Mann lägen, müsse sich die Scheidung, gleichgültig von welcher Seite, auf eine rechtliche Grundlage stützen.[301] Musa Kazıms Haltung hinsichtlich der Rolle der Frau war sehr konservativ. Wie viele islamisch orientierte Intellektuelle betonte er, dass die osmanischen Muslime Wissenschaft und Technik aus Europa übernehmen, dabei aber ihre eigenen Traditionen bewahren sollten. Als Vorbild berief er sich auf Japan.[302] So nahm Musa Kazım zu allen die Frauen betreffenden Fragen in mehreren Artikeln unter dem Titel »Ḥürriyyet-i müsāvāt« (Gleiche Freiheit) in *Ṣırāṭ-ı Müstaḳīm*

299 »Pek uyanık bir uyku«, 21 Şubāṭ 1328, S. 1226-1228 und Mart 1329, S. 1261-1264; Safa, o. J., S. 51-52.

300 Ḫalīl Ḥāmid 1326; Halil Hamid 1992, S. 1050-1055.

301 Safa, o.J., S. 57-63.

302 Doğan 2006, S. 126-127.

Stellung, darunter auch zu Verschleierung und Polygamie, die er aus verschieden Gründen rechtfertigte.[303]

Die religiös-islamisch orientierten Intellektuellen waren besorgt, dass die westlichen Einflüsse die Gesellschaft aus dem Gleichgewicht bringen könnten. Daher sollten die Frauen den islamischen Regeln folgen. Sie meinten, wenn Modernisierung darin bestehe, den westlichen Frauen ähnlich zu werden, indem sie die Verschleierung aufgaben und die Grenzen zwischen Mann und Frau nicht mehr beachteten, sei das keine Besserung. Eine Besserung sei nur möglich, wenn man den Islam richtig verstehe und danach lebe.[304]

Deshalb kritisierte Said Halim Pascha die Ansichten der für eine Verwestlichung argumentierenden Intellektuellen über den Feminismus als Teil einer sozialen und kulturellen Entfremdung.[305] In seinem Werk *Buḫrānlarımız* (Unsere Krisen) von 1919, das hauptsächlich eine Kritik der Verwestlichung des Osmanischen Reichs ist, schrieb er im Kapitel »Ḥürriyyet-i nisvāniyye« (Die Freiheit der Frau), dass die Frauen die Befreiung von der Verschleierung, den uneingeschränkten Kontakt mit Männern und ein Leben wie westliche Frauen forderten und nicht mehr ihre Männer als Gebieter oder ihre Eltern als Respektpersonen anerkennen wollten. Einige Männer seien der Meinung, dass, solange die Männer Frauen unterdrückten, weder Zivilisation noch Fortschritt und soziales Leben entstehen könnten. Said Halim Pascha setzte dem entgegen, dass man auf diese Weise die Frauen nicht befreien oder Zivilisation und Glück erreichen könne. Nach ihm sollte die geforderte Freiheit aus sich heraus entstehen. In der Landwirtschaft werde die Gleichberechtigung der Frau von niemandem verlangt, weil dort Mann und Frau die gleiche Arbeit verrichteten. Die Freiheit der Frau entstehe von selbst durch die notwendigen Tätig-

303 Kara 1987, I, S. 49–58, gibt die Texttranskription von Musa Kazim: »Ḥürriyyet-i Müsāvāt«, in: *Sırāṭ-ı Müstaḳīm*, Nr. 1–3, 1326.

304 Yasmaoğlu 1996, S. 12–17; Eskikurt 2007, S. 29.

305 Doğan 2006, S.139.

keiten. Da sich die Aufgaben von Frau und Mann in den höheren sozialen Schichten stark unterschieden, habe die Frau dort keine Arbeit. Wenn Frauen die gleiche Freiheit forderten, könnten sie ein Recht erlangen, das den ländlichen Frauen bereits Freiheit gewähre. Andererseits war er aber der Meinung, dass, wenn die Frauen bestimmte Freiheiten bekamen, dies für den Bestand einer nach islamischer Tradition und Ethik lebenden Gesellschaft gefährlich war.[306]

Der wichtigste Vertreter der Frauenrechte unter den national orientierten Intellektuellen war Ziya Gökalp. Er schrieb über den Feminismus in den Artikeln »Çınaraltı Konuşmaları« (Gespräche in Çınaraltı) und »Yeni Hayat ve Yeni Kıymetler« (Neues Leben, neue Werte). Er betrachtete den Feminismus als revolutionäre Frauenbewegung und machte auf die Unterdrückung der Frau in der Familie aufmerksam. In seiner Artikelreihe »Yeni Türkiye'nin Hedefleri« (Die Ziele der neuen Türkei) schrieb er unter dem Titel »Kadınla Erkeğin Müsaviliği« (Die Gleichberechtigung von Frau und Mann), dass der Grund für die Geschlechtertrennung im gesellschaftlichen Leben und die rechtlich schlechtere Stellung der Frau nicht biologisch, sondern sozial bedingt sei. In den frühen primitiven Gesellschaften sei die Frau tabuisiert worden und Regeln wie Verschleierung, Verhüllung, Frauengemächer (*harem*), Verbote und Gebote seien Ergebnisse dieses Tabus. Außerdem seien Tätigkeiten, die der Mann ausübte, für die Frau verboten gewesen, was dazu geführt habe, dass sie rechtlich schlechter gestellt gewesen sei. Dieser Zustand könne nur durch sozialen Wandel behoben werden.[307] Im Gegensatz zu den eher westlich orientierten Intellektuellen war Gökalp der Meinung, dass die türkische Familie ursprünglich nicht patriarchalisch gewesen sei. Seiner Ansicht nach waren die Türken sowohl Demokraten als auch Feministen. Dennoch sei die schlechte Lage der Frauen nicht auf den Islam zurückzuführen, sondern aus byzantinischen und iranischen

306 Said Halim Paşa 1992, S. 1068-1072.
307 Ziya Gökalp 1980, S. 63-66 und 120-124.

Regeln entstanden, die zur Sitte wurden. Wenn man diese fremden Traditionen entferne, könne man das Problem lösen, in dem man eine Synthese der westlichen, islamischen und türkischen Kultur schaffe. Nach Gökalp hatte die Frau in der Familie, die das Fundament des Staates bilde, eine wichtige Rolle. In *Yeñi Mecmūʿa* veröffentlichte er mehrere Artikel unter dem Titel »ʿAṣrī ʿāʾile ve millī ʿāʾile« (Moderne und nationale Familie), in denen er seine Ansichten über die Familie darlegte. Er kritisierte die Ansichten der westlich orientierten Intellektuellen über Frauen, weil sie Europa nachahmten und, um eine moderne Familie zu schaffen, die nationale Familie zerstörten. Er kritisierte auch einige der religiös-islamischen Intellektuellen, dass sie die moderne Familie und die moderne Frau ablehnten, weil dadurch die traditionelle Familienethik zerstört werde. Das habe seit der Tanzimat-Ära die Familie in die Krise geführt.

Ziya Gökalp setzte sich als Professor an der Universität Istanbul 1915 für gleiche Rechte der Frauen bei Eheschließung, Scheidung und Erbschaft ein. Tatsächlich kam die neue Familienrechtsverordnung von 1917, die die Polygamie begrenzte, auch durch seine Unterstützung zustande. Andere türkisch-nationalistische Intellektuelle, wie Halim Sabit Şıbay (1883–1946),[308] Rıza Tevfik Bölükbaşı (1869–1949),[309] der gelegentlich auch »westlich« argumentierte,

308 Halim Sabit stammte aus Kasan und schrieb in *İslam Mecmuası* und *Sebilürreşad* zu Frauen betreffenden Themen. Er versuchte zu zeigen, dass es nach dem Islam nicht nötig war, dass Frauen ihr Gesicht verschleierten. Er fügte hinzu, dass dies nicht vom Islam vorgegeben sei, weil er auf seinen Reisen gesehen habe, dass es unter den muslimischen Frauen in Kasachstan oder Turkmenistan keine Gesichtsverschleierung gebe im Gegensatz zu der osmanischen Türkin, der Araberin oder Perserin. Er wandte sich auch gegen die Polygamie, Gündüz 2007, S. 445–447; Uyanık, Necmi, »Sarıklı bir Türkçü olarak Halim Sabit (Şibay) ve Türk milliyetçiliğindeki yeri (1883–1946)« (http://www.turkiyat.selcuk.edu.tr/pdfdergi/s5/5.pdf; aufgerufen 6.7.2010).

309 Çubukçu, İbrahim Agâh, »Şair Tevfik Bölükbaşı ve felsefi düşüncesi« (http://dergiler.ankara.edu.tr/dergiler/37/775/9903.pdf; aufgerufen 15.9.2012).

Ahmet Cevat Emre (1877-1961), Yusuf Akçura (1876-1935) oder Halide Edip Adıvar (1882-1964),[310] Pionierin der modernen türkischen Frau und berühmte türkische Autorin, sagten, dass der Islam den Frauen Rechte gegeben habe und betonten gleichzeitig, dass es bei den Türken im Altertum Feminismus gegeben habe. Sie traten für die Gleichberechtigung von Mann und Frau ein, organisierten in ihrem Verein Türk Ocağı zum ersten Mal 1912 gemischte Versammlungen und veranstalteten Konferenzen und Konzerte, um die Frauen am sozialen Leben teilnehmen zu lassen. Deswegen wurden sie von den religiös-islamischen Intellektuellen kritisiert. Die türkisch-nationalen Intellektuellen spielten mit ihren Ansichten und der damit verbundenen Betonung von Bildung und ihrem politischen Einfluss eine wichtigere Rolle für die Aufnahme der Mädchen in die Universität als die »westlichen« Intellektuellen.[311]

Türkisch-osmanische Frauenbewegungen

In der zweiten konstitutionellen Periode (1908-1918) konnten Frauen verstärkt ihre Forderungen nach Rechten artikulieren. Presse- und Vereinsfreiheit sowie wachsende Bildung ermöglichten es den Frauen, sich am öffentlichen feministischen Diskurs zu beteiligen. Sie begannen, das Bewusstsein für ihre Rechte in der Öffentlichkeit zu schärfen. Sie gründeten Zeitschriften und Verbände, um ihre Probleme und Lösungsvorschläge vorzutragen. Nach Çakır zeigten alle diese Bemühungen, dass die Frauen den Anstoß für eine feministische Bewegung gaben und sie widerlegte den dominanten offiziellen Diskurs, der behauptete, erst in der

310 Ş.A., »Halide Edip Adıvar«, in: *Başlangıçdan Günümüze Kadar Büyük Türk Klasikleri Tarih Antoloji Ansiklopedisi*, Ötüken-Söğüt, İstanbul 1992, Bd. 11, S. 60-101.

311 Kurnaz 1992, S. 101-111; Kurnaz 1996, 28-33; Taşkıran 1973, S. 55-60; Cunbur 1997, S. 93-108.

Republik seien Frauenrechte gewährt und Forderungen seitens der Frauen gestellt worden und zuvor habe es keine Bemühungen dieser Art und keine Frauenbewegung gegeben. Auch in der Spätphase des Osmanischen Reichs waren Frauen nicht nur Objekte der nationalen Politik, sondern aktiv im Kampf für die Emanzipation.[312]

Frauen nutzten hauptsächlich zwei Möglichkeiten der Artikulation: Zeitungen[313] und Vereinsgründungen.[314] Sie forderten in ihrer Presse einen neuen Status der Frau in der Gesellschaft, die sie bisher auf die Mutterschaft und die Rolle als Ehefrau beschränkte. Sie wollten das soziale Bewusstsein für die neue Rolle der Frau schärfen und kritisierten direkt oder indirekt die traditionelle Gesellschaft. Da die Frau traditionell unwissend und bildungsfern erzogen worden sei, erschwere dies das Leben des Mannes und der Frau. In erster Linie forderten sie Gleichberechtigung in Bildung und Beruf.

Nicht nur Angehörige der Elite wie Fatma Aliye, Halide Edip, Nigâr binti Osman, Selma Rıza (1873-1932),[315] Emine

312 Çakır 2007, S. 65.

313 *Mefharet* (1908), *Demet* (1908-1909), *Mehasin* (1908-1909), *Kadın* (Selanik, 1908-1909), *Kadın* (İstanbul, 1911), *Musavver Kadın* (1911), *Kadınlar Dünyası* (1913-1921), *Kadınlık* (1914), *Hanımlar Alemi* (1914), *Osmanlı Hanımlar Alemi* (1914), *Erkekler Dünyası* (1914), *Seyyale* (1914), *Siyanet* (1914), *Kadınlık Hayatı* (1915), *Bilgi Yurdu Işığı* (1917), *Genc Kadın Dergīsi* (1918), *Türk Kadını* (1918-1919), *İnci* (1918-1922), *Süs* (1923-1924) und *Fīruze* (1924). Zu ihrem Inhalt: *İstanbul Kütüphanelerindeki Eski Harfli Türkçe Kadın Dergileri Bibliyografyası* (1869-1927) 1992; ausführliche Inhaltsbeschreibung, s. Kurnaz 1996, S. 139-193; Çakır 1996, S 22-42; Aşa 1973.

314 Zu Frauenvereinen, Zeitungen und zur Situation der Frauen im Allgemeinen von der II. Meşrutiyet-Ära bis zur Republik, s. Çakır 1996; Kurnaz 1996; Taşkıran 1973.

315 Selma Rıza war die erste osmanisch-türkische Journalistin. Sie studierte an der Sorbonne. Ihr Bruder Ahmet Rıza gab in Paris die Zeitung *Meşveret* heraus, die Sprachrohr des Komitees für Einheit und Forschritt gegen das Regime Abdülhamits II. war. Sie schloss sich ihrem Bruder als Journalistin an und war das einzige weibliche Mitglied dieses Komitees. Selma Rıza schrieb 1897 einen Roman mit dem Titel *Uḫuvvet* (Schwestern-

Semiye oder Nezihe Muhittin (1889–1958)[316] verteidigten ihre Rechte, sondern Frauen aus allen Schichten beteiligten sich. Alle wollten ein neues Bewusstsein erzeugen.[317] Sie verlangten, in allen Wirtschaftsbereichen arbeiten und in der Öffentlichkeit auftreten zu dürfen, zum Studium im In- und Ausland zugelassen zu werden, die Aufhebung der Polygamie und die Abschaffung des einseitigen Scheidungsrechts des Mannes. Alle diese Forderungen wurden unter den Begriffen der Frauenrechte (*ḥuḳūḳ-ï nisvān*) und des Fortschritts für Frauen (*teʿālī-i nisvān*) zusammengefasst.[318] Überdies vermittelten sie praktisches Wissen zum täglichen Leben.[319] Die Frauen äußerten sich besonders in Leserbriefen und verloren damit die Scheu, sich zu artikulieren. Sie schrieben über alle Themen, die ihnen wichtig erschienen. Sie wollten eine neue Frau, eine neue Gesellschaft und eine neue Familie. Um diese neue Frau zu verwirklichen, müsse sich die Gesellschaft ändern. Der Weg dorthin führe über den Feminismus, der nicht Unmoral und Zerstörung der Familie bedeute, sondern die Grundlagen der Moral festige und die Voraussetzungen für ein glückliches Leben sichere.[320] Doch hatten die Frauenzeitschriften auch ideologische Ausrichtungen und vertraten neben verschiedenen

schaft). Sie kam 1908 nach Istanbul zurück und veröffentlichte Artikel über Frauenrechte, s. Aytaç 2002, S. 69.

316 Nezihe Muhittin, von Beruf Lehrerin, war die jüngste der osmanisch-türkischen Feministinnen. Sie war politisch aktiv und gründete eine erste Frauenpartei (*Kadınlar Halk Fırkası*) zu Beginn der Republik und forderte die politische Beteiligung der Frau sowie das aktive und passive Frauenwahlrecht. Ihre Partei wurde von der republikanischen Regierung nicht zugelassen. Danach gründete sie den türkischen Frauenverein (*Türk Kadınlar Birliği*) und gab die Frauenzeitung *Kadın Yolu/Türk Kadın Yolu* heraus. Zu einer ausführlichen Biographie und zu ihren feministischen Aktivitäten, s. Zihnioğlu 2003.

317 Ruşen Zeki 1992, S. 1055–1060; Çakır 1996, S. 22–33; Akkaya 1998, S. 39–40.

318 Zihnioğlu 2003, S. 56–57.

319 Kurnaz 1996, S. 193.

320 Çakır 1992, S. 238-239; Tuksal 2001, S. 133.

Nuancen des Feminismus z.B. auch nationale Belange wie die Frauenzeitschrift *Bilgi Yurdu Işığı* (1916).[321] Wichtigstes feministisches Presseorgan war *Ḳādīnlar Dünyāsı* (Die Welt der Frauen), eine illustrierte Zeitschrift, die ausschließlich von Frauen produziert wurde und zwischen 17. April 1913 und 21. Mai 1921 erschien. Eigentümerin war Ulviye Mevlan Civelek (1893-1964),[322] eine sehr aktive Feministin, die für die Rechte und Freiheiten der Frauen eintrat. Ihre Zeitschrift war die kräftigste Stimme im Kampf der Frauen um ihre Rechte. Sie trug viel dazu bei, dass sich die osmanischen muslimischen Frauen ihrer Rechte bewusst wurden. Ihr grundlegendes Ziel bestand darin, die Rechte und Interessen der Frauen zu verteidigen, unabhängig vom ethnischen und religiösen Hintergrund. Ihre Autorinnen betrachteten die Frauenfrage als universelles Problem und fühlten sich daher nicht als Imitatorinnen westlicher Frauen. Sie bevorzugten sogar statt des Osmanischen *nisā'īliḳ* oder *nisā'iyūn* (Weiblichkeit) das Fremdwort *feminizm* (Feminismus). Es gab zudem eine französische Beilage, um den Dialog mit den westlichen Frauen zu pflegen. Diese Zeitschrift wurde von Frauen aus allen Gesellschaftsschichten unterstützt.[323]

Ḳādīnlar Dünyāsı formulierte 1913 unter dem Titel »'O̱smānlı ḳādīnlıġınıñ istediġi« (Was die osmanischen Frauen wollen) Verbesserungsvorschläge im Schulwesen, Ideen zur Eingliederung der Frauen in das Wirtschaftsleben zur Linderung ihrer Not, Empfehlungen für eine Kleiderreform, vor allem die Aufhebung der Verschleierung, die Erleichterung der Eheschließung bei gleichzeitiger Aufhebung falscher Sitten, die Festigung der Stellung der Frau und Mut-

321 Kaplan 1998, S. 13.
322 Kutlar, Mithat, *Ulviye Mevlan: Yaşamı ve Düşünceleri* (The Life and works of Ulviye Mevlan). T.C Ankara Üniversitesi Sosyal Bilimler Enstitüsü Kadın Çalışmaları Ana Bilim Dalı: Yüksek Lisans Tezi. Ankara 2008 (http://www.belgeler.com/blg/1h6w/ulviye-mevlan-yasami-ve-dusunceleri-the-life-and-works-of-ulviye-mevlan; aufgerufen 12.3.2010).
323 Çakır 2007, S. 69-71.

ter in der Familie, um die Kinder zeitgemäß erziehen zu können, und schließlich Anregungen für die Einbindung der Frau in das gesellschaftliche Leben.[324]

Frauen gründeten verschiedene Vereine für Wohlfahrt, ökonomische, soziale, kulturelle, nationale und feministische Belange.[325] Diese bildeten die Basis organisierter kollektiver Auseinandersetzungen. Die Themen, die von den Frauenorganisationen angesprochen wurden, zeigen den zweigleisigen Charakter der osmanischen Frauenbewegung. Einerseits setzten sie sich mit nationalen Problemen, vor allem wirtschaftlicher Art auseinander, andererseits mit spezifischen Frauenthemen. Fehlende geeignete Bildungseinrichtungen veranlassten sie zu selbständigen Gründungen wie z.B. *'O̱smānlı Türk Ḳādīnlarī Esīrgeme Derneği* (Gesellschaft zum Schutz osmanisch-türkischer Frauen) und *Biçki Yurdu* (Schule für Näherinnen). Auch etablierten sie Verbände, die ihre Teilnahme am Berufsleben unterstützten und ihre Fähigkeit stärkten, ihren eigenen Lebensunterhalt zu verdienen sowie Wohlfahrtsvereinungen für die Opfer der Balkankriege, besonders für Frauen und Kinder.[326]

Halide Edip besuchte das amerikanische College und war vor allem in der Frauenbewegung politisch aktiv. Sie verstand sich als Vertreterin türkisch-nationaler Identität. Sie war mit ihren Schriften und Romanen eine wichtige Wegbereiterin für die türkische Modernisierung. 1913 gründete sie mit anderen die Gesellschaft *Te'ālī-i Nisvān Cem'iyyeti* (Gesellschaft zur Verbesserung der Rolle der Frau), die aber erst nach dem Balkankrieg zu einer Bewegung wuchs.[327]

Die Jungtürken gründeten z.B. den *İttiḥād ve Teraḳḳī Ḫānımlar Cem'iyyeti* (Frauenverein für Einheit und Fortschritt), der eine Konferenz für Frauen am 1. August 1908 in Saloniki und am 12. August in Istanbul organisierte, um

324 »'O̱smānlı ḳādīnlığınıñ istediği«, 5 Teşrīn-i evvel 1329, S. 2.
325 Çakır 1996, S. 43-78.
326 Çakır 2007, 68- 72.
327 Akkaya 1998, S. 39-40; Görgün-Baran 2008, S. 137.

über die Situation der Frauen zu sprechen. Bereits zu diesem Zeitpunkt verlangten die Frauen, der parlamentarischen Arbeit als Zuhörerinnen beiwohnen zu dürfen.[328]

Der wichtigste feministische Frauenverein wurde von Ulviye Mevlan, der Herausgeberin von *Ḳādīnlar Dünyāsı* 1913 unter den Namen *'O̱smānlı Müdāfa'a-i Ḥuḳūḳ-ı Nisvān Cem'iyyeti* (Gesellschaft für die Verteidigung der Rechte der Osmanischen Frauen) gegründet. Dieser Verein stand nicht nur muslimischen, sondern allen osmanischen Frauen offen. Er hatte sich Aufklärung, Anleitung und Aktivierung zur Aufgabe gemacht. Durch ihn konnten zum ersten Mal Frauen im Osmanischen Reich im öffentlichen Dienst tätig werden, eine der organisierten Frauen wurde sogar Arbeitsinspekteurin. Das Programm umfasste auch Anstrengungen zur Schaffung von Arbeitsplätzen und Schulen. Außerdem sah die Vereinssatzung die politische Partizipation der Frauen vor. Dies veranlasste Grace Ellison von *The Times* und Odette Feldman vom *Berliner Tageblatt*, aus Istanbul von der osmanischen Frauenbewegung zu berichten.

Die flexible Struktur des Osmanischen Reichs ermöglichte es auch Frauen unterschiedlichen ethnischen Hintergrunds, eigene Organisationen zu gründen wie die *Beyoğlu Rūm Cem'iyyeti-i H̱ayriyye-i Nisvāniyyesi* (Die Beyoğlu Griechische Wohlfahrtsgesellschaft der Frauen), die *Türk ve Ermenī Ḳādīnlar İttiḥādat Cem'iyyeti-i H̱ayriyyesi* (Wohlfahrtsverein Türkischer und Armenischer Frauen), die *Kürt Ḳādīnlar Te'ālī Cem'iyyeti* (Gesellschaft für die Förderung Kurdischer Frauen) und die *Çerkes Ḳādīnları Te'āvün Cem'iyyeti* (Gesellschaft für die Zusammenarbeit unter Tscherkessischen Frauen).

Andere Frauen versuchten, im Rahmen von Konferenzen und Vorträgen über die Rechte der Frau das Bewusstsein ihrer Geschlechtsgenossinnen zu stärken. 1911 forderte z.B. Fatma Nesibe die Mobilisierung der Massen für den Kampf der Frauen, als sie unter den Namen *Beyaz Konferanslar*

328 Zihnioğlu 2003, S. 54.

(Weiße Konferenzen) revolutionäre Versammlungen in Istanbul durchführte. Mehr als 300 Frauen nahmen daran teil.[329]

Die Konservativen waren gegen diese Aktivitäten. Zu Beginn der II. Meşrutiyet-Ära, als die Diskussion über Frauenfragen zunahm, agitierten sie in der Bevölkerung. In Istanbul und anderen Städten gab es Übergriffe gegen Frauen. Dagegen schrieb Halide Edip am 13. November 1908 in *Ṭanīn*, dass unter den Frauen, die sich für ihre Rechte einsetzten, manche bis zum Tode zu kämpfen bereit seien. Insgesamt nahm in der II. Meşrutiyet-Ära der Protest gegen die Verschleierung (*çarşaf*) zu. Europäisch gekleidete Frauen protestierten in Istanbul und anderen großen Städten gegen die Kleiderregeln. In ihren Zeitschriften beklagten sie Übergriffe der Konservativen und forderten die Regierung auf, etwas dagegen zu tun. Die Frauen verteidigten sich gegen den Vorwurf, dass es unmoralisch sei, sich nicht zu verschleiern. Außerdem kritisierten sie, dass in der Öffentlichkeit Mann und Frau nicht gemeinsam auftreten könnten, verschiedene Plätze in öffentlichen Verkehrsmitteln einnehmen müssten, und Frauen sich nicht frei auf der Straße bewegen könnten.[330]

Die Ansichten der religiös-islamisch orientierten konservativen Frauen über ihre Rolle in der Gesellschaft während der II. Meşrutiyet-Ära sind bisher in der Forschung kaum berücksichtigt worden. Es gab konservative muslimische Frauen, die in den islamischen Zeitschriften *Beyān ül-Ḥaḳ* und *Ṣırāṭ-ı Müstaḳīm* (später *Sebīl ür-Reşād*) über Frauen schrieben. Ihrer Ansicht nach konnte die Lage der osmanischen Frauen nur durch die Beachtung der islamischen Regeln und in Harmonie mit der eigenen Kultur und Tradition verbessert werden. Der Islam habe den Frauen Rechte gegeben und ihre schlechte Lage sei der Nichtbeachtung der islamischen Regeln geschuldet. Das Kopftuch sei kein

329 Çakır 1996, S. 57–72; Çakır 2007, S. 72–76.
330 Kaplan 1998, S. 25-31; Kurnaz 1996, S. 193.

Hindernis für den Fortschritt der Frauen. Sie betonten auch die Bedeutung der Bildung für die Frauen.[331] Man solle gute Schulen für sie einrichten, in denen die islamische Erziehung gewährleistet werde, nicht aber westliche französische Schulen, in denen man Singen und Klavierspielen lehre.[332] Eine Autorin erklärte, dass sie nicht gegen das Erlernen einer Fremdsprache sei, aber es gebe reiche muslimische Familien, die für die Ausbildung ihrer Kinder ausländische Schulen bevorzugten, statt ihre eigenen Schulen zu verbessern. Außerdem würden seit Jahren westliche Moral und Sitten nachgeahmt. Imitation aber werde keine Entwicklung bringen. Dieselbe Frau meinte, dass sich Japan entwickelt habe, weil dort Tradition und Kultur bewahrt wurden. Sie betonte die Rolle der Frau in der Familie und die Bedeutung der Verschleierung.[333]

Zehn Leserinnen der *Ṣırāṭ-ı Müstaḳīm* kritisierten den osmanischen Autor Mehmet Nafız, der den osmanischen Frauen Dummheit und fehlendes Gespür vorgeworfen hatte. Sie fragten, ob denn die Männer ihre Rechte auf Bildung geachtet und unterstützt hätten. Wenn heute die osmanisch-muslimischen Frauen keine Schulen hätten und sich in einer schlechten Lage befänden, seien dafür viele patriarchalische Männer verantwortlich. Vielleicht seien Frauen nicht gebildet genug, um einen Roman zu schreiben, wie Mehmet Nafız behauptete, was aber nur im Westen ein Fehler sein könne, nicht aber im Osten. Jedes Volk habe seine eigenen Verhaltensweisen und Sitten. Die osmanisch-muslimischen Frauen besäßen alle gute Eigenschaften, die eine Frau ha-

331 Über die feministischen Ansichten der islamisch orientierten konservativen Frauen, s. in den Zeitschriften *Beyān ül-Ḥaḳ* (Albayrak 2002, S. 3-7 und 28-30) und *Ṣırāṭ-ı Müstaḳīm/Sebīl ür-Reşād* (Albayrak 2002, S. 193-211 und S. 217-221).

332 Hatice, 28.6.1326, S. 12-13 nach der Transkription von Albayrak 2002, S. 104-105.

333 Aişe Makbule, 9 K. sani 1329, S. 308-309 nach der Transkription von Albayrak 2002, S. 199-203.

ben solle, und darüber hinaus seien sie Patrioten, die ihr Land liebten.[334]

Konservative religiös-islamische Frauen ihrerseits kritisierten die *Nisā'iyūn* genannten jungen Feministen, weil diese behaupteten, die muslimische Frau habe keine Rechte und sei nicht frei. Sie protestierten dagegen und sagten, es sei eine Lüge, die muslimischen Frauen seien nicht Gefangene, sondern frei und glücklich. Sie behaupteten auch, dass die *Nisā'iyūn* sie angegriffen und ihnen ihre Tücher vom Kopf gerissen hätten, und sie verteidigten ihre Verschleierung.[335]

Betrachtet man die ideologischen Strömungen der Zeit, kann die Frauenbewegung nicht den Anspruch erheben, rein feministisch gewesen zu sein. Auch Frauen wurden von einer nationalistisch geprägten Ideologie beeinflusst, die ihrerseits den Kampf der Frauen für ihre Rechte legitimierte. Doch haben feministische historische Studien gezeigt, dass Frauen aktiv wurden, um ihren Kampf zu einem erfolgreichen Ende zu führen.[336]

Die Forschung interpretiert die osmanisch-türkische Frauenbewegung als feministische Bewegung unterschiedlich. Es wird behauptet, dass die in den letzten hundert Jahren des Osmanischen Reichs entstandene Frauenbewegung nicht die individuellen Rechte der Frauen vertrat, sondern nur die Stellung der Frau im Interesse der Gesamtgesellschaft verändern wollte, d.h. dass Frau und Mann unterschiedlich seien und sich gegenseitig vervollständigten. Doch durch die Bemühungen der weiblichen und männlichen osmanischen muslimischen Feministen änderte sich die Stellung der Frau in einer patriarchalischen Gesellschaft. Auch wenn eine solche Frauenbewegung von

334 »On Milyon İslam hemşirelerimize«, 23 Eylül 1326, S. 84-86 nach der Transkription von Albayrak 2002, S. 109-114.

335 Fatma Zehra, 26 K. evvel 1329, S. 277-278 nach der Transkription von Albayrak 2002, S. 190-193; zu weiteren Artikeln zu diesem Thema s. Albayrak 2002, S. 193-222.

336 Çakır 2007, S. 73.

einigen nicht als wahrer Feminismus betrachtet wurde, da man nicht um die vollständige Gleichberechtigung kämpfte.[337] Dagegen steht die Ansicht, dass die Frauen in allen Gesellschaften im Laufe der Geschichte unterdrückt wurden und es keinen systematischen Widerstand gab. In den westlichen Gesellschaften entstand dieser Widerstand innerhalb der Religion. Von der Religion ausgehend, forderten die Frauen, dass die Frau als Mensch wahrgenommen werde. Doch sie konnten das existierende patriarchalische Pradigma nicht ändern. Die Entstehung eines bewussten Feminismus entwickelte sich aus einer Gruppe von Frauen, die außerhalb der Ehe eine unabhängige ökonomische Alternative hatten. Nur unter solchen Voraussetzungen konnten sie gegen das patriarchalische System geistige und gesellschaftliche Alternativen entwickeln. Im Westen wurde dies ab dem 17. Jahrhundert möglich. Daher ist die Entstehung einer systematischen feministischen Theorie im 18. und 19. Jahrhundert kein Zufall. Zwischen den Entwicklungen von Feminismus, Moderne, bürgerlicher Revolution, natürlicher und universaler Rechte, die »den rationalen Menschen« voraussetzten, bestand ein Zusammenhang, der allerdings die Partizipation der Frauen ausschloss. Die neu enstehende Nation war eine »männliche Bruderschaft«, die Frauen kein Wahlrecht gab. Unter solchen Bedingungen konnten die Frauen nur Bildungsrechte verlangen. Dafür mussten sie gezwungenermaßen Argumente verwenden, die auf patriarchalischen Vorstellungen gründeten, dass sie Bildung benötigten, um als Mütter der Nation treue Söhne für den Staat zu erziehen. Weder Demokraten in Amerika noch andere westliche bürgerliche Politiker hatten vor, auf ihre »paternalen« Rechte zu verzichten. Sie betrachteten die gebildete Frau sogar als möglicherweise gesellschaftsschädigend. Diese Vorstellung mussten auch die Frauen in Amerika berücksichtigen.[338]

337 Van Os 2001, S. 335-347.
338 Berktay 2001, S. 348-355.

Die Haltung, dass die gebildeten Frauen im Interesse von Familie und Nation bessere Mütter seien, ist auch im 19. und zu Beginn des 20. Jahrhunderts im Osmanischen Reich vertreten. Aber Ziel der osmanischen Frauen war es, Ungerechtigkeit, Hilflosigkeit und Ungleichheit zu beseitigen und eine humane Ordnung zu schaffen mit gleichen Berufs- und Bildungschancen. Um in der Gesellschaft und in der Familie ein Gleichgewicht zu erreichen, sollte der Feminismus neue Lebensstrukturen hervorbringen. Die Frauen wollten sogar alle Veränderungen ohne Unterstützung der Männer verwirklichen. Auch fragten sie, wie ihre europäischen Geschlechtsgenossinnen früher, was der Unterschied zwischen den Händen, Füßen, Augen und der Vernunft von Männern und Frauen sei? Seien Frauen keine Menschen? Oder erkläre sich ihre Situation aus der Tatsache, dass sie Frauen seien?

Überdies teilten gebildete Osmanen die Ansicht aus dem Westen, dass Bildung für die Frauen nötig sei, weil sie ihre Rolle als Ehefrau und Mutter besser ausfüllen könnten und das wiederum der Nation zugute käme. Das Interesse an Frauenrechten war also weder neu noch eine Eigenschaft osmanischer Männer. In Frankreich war es Condorcet, in England John Stuart Mill und in den USA wurde das Manifest von Seneca Fall unter Beteiligung von Männern geschrieben. Wie John Stuart Mill forderte auch der osmanische Professor der juristischen Fakultät in Saloniki, Muslihiddin Adil, das Frauenwahlrecht. Osmanische Frauen brachten die individuelle Unabhängigkeit bzw. die Forderung nach Autonomie sehr wirkungsvoll zur Sprache.[339]

339 Çakïr 1993, S. 124-125 und 316-320; Berktay 2001, S. 355-361.

Weibliche Ansichten zur Polygamie

Es wurde bereits erwähnt, dass die Frauen in dieser Periode nach Gleichberechtigung der Geschlechter auch in der Ehe strebten. Sie kritisierten in ihren Zeitschriften vor allem die traditionellen Vorstellungen von Ehe und Eheschließung und besonders die Brautschau. Stattdessen wollten sie eine Ehe, in der die Partner einander selbst wählten. Liebe sollte maßgeblich für die Ehe sein, und sie strebten die Struktur der Kleinfamilie an, in der das junge Paar unabhängig von anderen Familienmitgliedern leben konnte. Letzteres ging nicht auf Reformbestrebungen, sondern auf Erfahrungen in der eigenen Gesellschaft zurück. Sie verlangten eine Veränderung des Personalstatuts vor allem bezüglich des einseitigen Scheidungsrechts des Mannes und der Polygamie. Darüber hinaus forderten sie das Heiratsalter für die Frau zwischen 19 und 25 Jahren, für den Mann zwischen 23 und 30 Jahren festzulegen.[340]

Wenn auch aus ökonomischen und reformerischen Gründen von der Polygamieerlaubnis in den großen Städten zu Beginn des 20. Jahrhunderts kaum Gebrauch gemacht wurde, so bedeutete dies dennoch eine Hierarchisierung des Verhältnisses von Mann und Frau. Außerdem existierte das System der Haussklaverei weiter, und der Mann hatte die Verfügungsgewalt über Sklavinnen.[341] Die Frauenzeitung *Ḳādīnlar Dünyāsı* kritisierte das Konstrukt der Polygamie, das sie als Bedrohung für die Frau betrachtete.[342] In dem Artikel »Bedbaḫt ḳādīnlar« (Unglückliche Frauen) berichtete eine Nachbarin von einer Frau, deren Mann sie nach sieben Jahren verließ, weil er ein anderes Mädchen heiraten wollte.[343] Die Frauen blieben im Kontext des Islams und argumentierten, dass die diesbezüglichen Aussagen im Ko-

340 Demirdirek 1993, S. 119–120; Çakır 1996, S. 193–207.
341 Eskikurt 2007, S. 27.
342 Sitāre Eşref, Şehzādebaşı, 20. Ḥazīrān 1329, S. 3–4.
343 Mükerrem Belḳıs, 18 Ḥazīrān 1329 S. 4.

ran mit sehr strengen Auflagen verbunden seien. Da diese nicht erfüllbar seien, könne die Mehrheit der Muslime die Möglichkeit zur Polygamie nicht nutzen. Außerdem sei die Frau heute nicht mehr bereit, solche Lebensbedingungen zu akzeptieren. Auch die soziale und ökonomische Situation gestatte Polygamie nicht. Die Statistiken zeigten, dass die Polygamie seit fünfzig Jahren zurückgehe. Die heutigen Männer mit zwei oder drei Frauen hätten keine Kenntnis vom Islam oder den Grundsätzen der Moderne. Wenn Frauen vielleicht doch die Polygamie ertrügen, sei ihre ökonomische Abhängigkeit der Grund dafür. An dem Tag, an dem die muslimische Frau ökonomisch vom Mann unabhängig sei, werde die Polygamie von selbst verschwinden.[344] Eine andere Frau, Aliye Cevat, äußerte in *Ḳādīnlar Dünyāsı,* dass die ursprüngliche Erlaubnis der Polygamie im Islam daher rühre, dass die Bedingungen sie erforderlich machten. Aber heute könne aufgrund der Gleichberechtigung zwischen den Ehepartnern Polygamie nicht erlaubt werden. Sie bringe zudem die Männer in eine schwierige Situation, weil die Familie zerstört werde und der Beruf darunter leide. Die Männer könnten ihre Kinder nicht ernähren, und es gebe viele Familien, die aus solchen Gründen soziales und seelisches Leid erlebten.[345]

Halide Edip versuchte, Polygamie historisch-soziologisch zu erklären. Die islamische Gesellschaft habe aufgrund der Falschinterpretation einiger Suren und durch den Einfluss fremder Kulturen die Stellung der Frau erniedrigt. Ersteres betreffe die Verschleierung, letzteres die Polygamie. Nach der Eroberung Istanbuls änderte sich das Leben der Herrschenden im Reich durch byzantinische Vorbilder, in deren Folge das Haremssystem entstand. Die Polygamie nahm zu und das Konkubinat wurde üblich. Die Frau war nicht mehr Begleiterin und Gefährtin, sondern Objekt des Vergnügens. Deshalb lebten Verschleierung und Polygamie fort als

344 Mes'adet Bedir-Khane, Decembre 1913, S. 1.
345 Kadınlar Dünyası 51.-100. Sayïlar (Yeni Harflerle) 2009, S. 435-438.

seien sie zwei Fundamente des Islam. Die Mittel- und Unterschichten behielten ihre alten Gebräuche eher bei, Konkubinat und Polygamie seien nicht verbreitet gewesen. Die Frauen der türkischen Mittelschicht lehnten eine zweite Ehefrau ab. Halide Edip argumentierte auch dagegen, dass Polygamie die Bevölkerungszahl vermehre, die Kinder vor der Illegitimität schütze und Prostitution verhindere. Dies könne durch andere Maßnahmen verhindert werden, denn Polygamie zerstöre die Familieneinheit.[346]

Man hoffte jedoch, dass Polygamie mit wachsender Bildung der Frauen ganz verschwinden werde. Selma Rıza setzte sich zu Beginn der II. Meşrutiyet-Ära dafür ein. Sie glaubte, dass mit der Durchsetzung von Bildungschancen für Frauen man auch gegen die Polygamie vorgehen werde. Diese Institution sei sowieso nicht haltbar. Wenn die Frauen sich ihrer Rechte bewusst geworden seien, würden sie die missbräuchlich praktizierte Polygamie nicht mehr dulden. Polygamie sei heute in der Mittelschicht sehr selten und in der Oberschicht überhaupt nicht mehr zu finden. Die Frau habe das Recht, bei der Heirat darauf zu bestehen, einzige Ehefrau zu bleiben. Sonst habe sie sogar gegen den Willen des Mannes ein Scheidungsrecht.[347] Weil die Frauen ihre Rechte nicht kannten, hätten sie bis heute das einseitige Scheidungsrecht des Mannes akzeptiert.[348]

Seit der Tanzimat-Ära kritisierten reformerische Intellektuelle die Sklaverei und das System der Haussklavinnen. Seit Mitte des 19. Jahrhunderts gab es einige Fermane und eine große Anzahl kleinerer Verbote zum Sklavenhandel, so 1846, 1854 und 1857, der Großteil wurde jedoch erst nach

346 Edib 1955, S. 173–180. Außerdem vertrat Halide Edip wie Ziya Gökalp die Meinung, dass die Türken eigentlich monogam waren. Als Beispiel nannte sie den turkmenischen Nomadenstamm der Jürüken in Anatolien, s. Kurnaz 1992, S. 106–109 und 90; Davis 2006, S. 104.

347 Dies ist unmöglich, da diese Regelung erst mit dem Familiengesetz von 1917 in Kraft trat.

348 Tevfik Nādir, 13 Şaʻbān 1326, S. 1–2 (Übersetzung eines französischen Artikels von Selma Hanım).

der Verfassung von 1876 erlassen. 1891 ratifizierte Sultan Abdülhamit die Brüsseler Generalakte zur Unterbindung des afrikanischen Sklavenhandels, und Sultan Mehmet V. Reşat (1909–1918) verbot 1909 den Sklavenhandel. Da diese Einrichtung aber in der osmanischen Gesellschaft verwurzelt war, hielt sie sich bis zum Ende des Reichs. Am Anfang des 20. Jahrhunderts wurden unter dem Gesichtspunkt der Frauenrechte besonders der tscherkessische Mädchenhandel und das Odaliskenunwesen verurteilt. Die osmanische Komponistin Leylâ Saz (1850–1936) schrieb in ihren Erinnerungen, dass nach der Einwanderung der Tscherkessen zeitweise selbst Menschen niedriger Herkunft weiße Sklavinnen kaufen konnten, da die Tscherkessinnen sich in akuter materieller Not befanden.[349] Die Frauen kritisierten die Sklaverei und besonders die Haussklaverei im Zusammenhang mit der Polygamie und dem Dienst von Sklavinnen als Konkubinen ihres Herrn. In *Ḳādīnlar Dünyāsı* wurde Haussklaverei aus sozialen, emanzipatorischen und ethischen Gründen kritisiert. Der Mann hatte Verfügungsgewalt über seine Sklavin, die ihm auch als Konkubine zur Verfügung stehen musste. Auch eine niedrige Bevölkerungszahl sei kein Grund, Sklavinnen zu halten, damit sie Kinder gebärten. Obwohl das Gesetz die Sklaverei verboten habe, gebe es leider Männer, die Sklavinnen hätten.[350] Auch Selma Rızas Roman *Uḫuvvet* (Schwesternschaft) wirft ein Licht auf das traditionelle System der Konkubinen und Odalisken, indem die dadurch entstehenden Probleme innerhalb der Familie aufgezeigt werden.[351]

Allerdings setzt die Literatur der spätosmanischen Periode die Sklavin oft mit der Odaliske oder Mätresse gleich,[352]

349 Sagaster 1997, S. 18–20; zur Kritik am tscherkessischen Mädchenhandel und dem Odaliskenunwesen, Celāl Nūrī H. 1331, S. 139–148.

350 Melīḥa Cenān, 5 Māyıs 1329, S. 2.

351 Aytaç 2002, S. 69.

352 Nach Duben/Behar 1998, S. 170, Anm. 64 registrierten die Volkszählungen von 1885 und 1907 einige Sklavinnen. Aus der Registrierung kann man nicht ersehen, ob der Terminus »cariye« für Odaliske oder für

obwohl es in der spätosmanischen Periode gegenteilige Beispiele gibt. Paşas konnten mit einer Sklavin verheiratet sein,[353] aber oft arbeiteten sie als bloße Dienerinnen. So hatte der Staatsmann und Rechtsgelehrte Ahmet Cevdet Pascha (1822–1895) Sklavinnen im Dienst, blieb aber monogam und lehnte Polygamie ab.[354] Es gibt auch Biographien osmanischer Frauen, die erzählen, dass ihre Großmutter eine Sklavin war, so die Großmutter mütterlicherseits von Emine Fuat Tugay (1897–1975), Neşedil Kadınefendi, eine tscherkessische Sklavin, die während ihres gesamten Lebens die Lieblingsbegleiterin des Khediven İsmail Pascha war. Die eifersüchtigen Ehefrauen versuchten sie zu vergiften.[355]

Trotz ihrer Kritik an Sklaverei im Zusammenhang mit Polygamie betonten einige Feministinnen, dass der Harem nicht das sei, was die Europäer darunter verstanden, es handele sich dabei vielmehr um den Frauenbereich in einer monogamen Familie. Die Ehefrauen würden Geliebte und Sklavinnen nicht zulassen.[356] Als daher Grace Ellison Halide Edip fragte, wie die englischen Frauen den türkischen helfen könnten, sagte Halide Edip: »Hören Sie auf, den falsch verstandenen Harem-Begriff zu verwenden. Reden Sie von uns, die wir in türkischen Häusern leben. Bitte entfernen Sie diesen Begriff, der ein hässliches Bild von unserem Le-

weibliche Bedienstete verwendet wurde. Möglicherweise sind mit »cariye« meistens Dienerinnen gemeint.

353 Davis 2006, S. 124; wenn auch nicht mehrheitlich, so hat man in der Zeit des Propheten und seiner Genossen aus verschiedenen Gründen Sklavinnen geheiratet (s. Koran 4/25), s. Tuksal 2001, S. 57.

354 Kütükoğlu 1986, S. 199–222: Wahrscheinlich versuchte deshalb seine Tochter Fatma Aliye schon Ende des 19. Jahrhunderts europäischen Reisenden in ihrem Werk *Nisvān-ı İslām* die Rechte der Haussklavinnen und ihre gute Behandlung in der Familie zu erklären. Sie bewertete das System der Sklaverei in der osmanischen Gesellschaft als weniger gravierend, weil es strenge Regeln gegeben habe, s. Mende-Altaylı 2011, S. 123–125.

355 *Gender & Modernity and Liberty* 2006, S. 244–245 und 71.

356 Tevfik Nādir, 13 Şa'bān 1326, S. 1–2

ben zeichnet. Erzählen Sie ihnen, wie wir wirklich sind.«[357] Außerdem kritisierte Edip die romantischen Werke über den Harem, die in ihrer Zeit verfasst wurden. Sie war gegen die Nostalgie, die Demetra Vaka Brown (1877-1946)[358] für die Anziehungskraft und den Luxus des Harems empfand und in ihrem Werk *Ḥaremliḳ*[359] ausmalte. Nach Edip beschäftigte sich Vaka Brown nicht mit der Realität, sondern phantasierte. Edip als Repräsentantin des osmanischen Lebens schrieb eine das westliche Verständnis korrigierende Fußnote zu dem Titel des Brownschen Werkes: »Im Türkischen gibt es kein Wort *ḥaremliḳ*. Es ist ein erfundenes Wort, das im Gegensatz zu *selāmlıḳ* fälschlich weiblich gedacht wird«. Halide Edip, die mit den Jungtürken und den nationalistischen Reformen vertraut war, fand im Gegensatz zu Vaka Brown den Harem erstickend und protestierte in ihren Darstellungen gegen Polygamie. Sie kritisierte die Romantisierung der Polygamie und bewies ihre Vertrautheit mit den westlichen Idealen einer romantischen Liebe, entlarvte aber das Übel der Untreue, das die Monogamie oft begleitet. Sie selbst verließ ihren ersten Mann, weil er eine zweite Frau nahm. Sie lehnte es ab, Polygamie als individuelle Entscheidung zu respektieren.[360]

357 Ellison 1915 S.17; auch Ellison ließ sich von exotistischen Bildern verleiten, betonte den Unterschied zwischen Ost und West und sah nicht die gemeinsamen Probleme. Sie wusste, welche Bedingungen die Frau im Osten unterdrückten, aber gleichzeitig suchte sie nach einheimischen Lösungen. Ihr Ziel war, die westlichen Vorstellungen über den Harem zu korrigieren. Obwohl sie in der Türkei gelebt hatte und zeigte, dass mit klischeeartigen Vorurteilen über die Polygamie die Türkei verurteilt wurde, wollte sie nicht bestätigen, dass es 1915 selbst im osmanischen Herrscherhaus keine polygam lebende Generation mehr gab, s. Lewis 2004, S. 151-154.

358 Zu Demetra Vaka Brown, Lewis 2006, S. 38-58.

359 Vaka Brown, Demetra, *Haremlik: Some Pages from the Life of Turkish Women*. Houghton Mifflin Co., Boston and New York; Constable, London 1909.

360 Lewis 2006, S. 166-169; *Gender, & Modernity and Liberty* 2006, S. 199 und 202.

Andererseits hatten es die Frauen zu Beginn des 20. Jahrhunderts nicht leicht mit ihrer Kritik an der Polygamie. Als Selma Rıza schrieb, dass die Gesetze der Meşrutiyet die Rechte der muslimischen Frauen schützen und die Frauen mit Hilfe von Bildung die Polygamie bekämpfen würden, wurde sie von der islamisch orientierten Zeitung *Ṣırāṭ-ı Müstaḳīm* auf der Grundlage einer logisch begründeten Legitimation der Polygamie stark kritisiert.[361] Daher verlangten die Feministinnen nur sehr vorsichtig die Abschaffung der Polygamie und hofften, dass sie allein durch das wachsende Bildungspotential ganz verschwinden werde.

Die konservativen muslimischen Frauen dieser Zeit äußerten sich nicht über das einseitige Scheidungsrecht des Mannes oder über Polygamie. Sie vertraten traditionelle Sitten der Eheschließung und meinten, man könne eine so wichtige Angelegenheit wie die Heirat den Töchtern nicht ohne elterliche Zustimmung überlassen, da dies gegen die Moral und gegen das religiöse Gesetz verstoße. Aber man könne sich auch nicht mit jemandem verheiraten, den man nicht liebe oder der nicht ebenbürtig sei.[362] So kritisierte eine Frau aus der Istanbuler Mittelschicht zuerst diejenigen, die behaupteten, dass, wenn die Verschleierung der Frau aufgehoben werde, jeder Mann die Frau selbst wählen, heiraten und so glücklich leben könne, was die Gefahr der Scheidung reduziere. Sie fragte: »Kommt Scheidung zustande, weil muslimische Frauen traditionell heiraten?« Obwohl sie ihren Mann vor der Heirat nicht gekannt habe, sei sie sehr glücklich und habe nur eine Tochter.[363] Es könne zwei Gründe geben, warum diese konservativen muslimischen Frauen Polygamie nicht thematisierten. Erstens weil

361 Kolağası [Resneli] Niyazi, 18 Eylül 1324, S. 84–85 nach der Transkription von Albayrak 2002, S. 86–90.

362 F. Lütfiye, 6 Mart 1330, S. 28–29 nach der Transkription von Albarak 2002, S. 217.

363 L.V., 6 Mart 1330, S. 29–30 nach der Transkription von Albayrak 2002, S. 218–221

sie aus der Mittelschicht kamen und Teil kleiner Familien waren; zweitens, weil sie als Konservative, die Polygamierlaubnis im Koran bzw. Islam nicht in Frage stellen wollten.

Polygamie ist in den Frauenzeitschriften kein Hauptthema und wird selbst in den modern ausgerichteten Zeitschriften *Ḳādīn* (1908-1909 Saloniki)[364] oder *Ḳādīnlar Dünyāsı* selten aufgegriffen. Ein Grund dafür mag die geringe Verbreitung der Polygamie gewesen sein, was auch zeitgenössische Frauen oft betonten. Vielleicht gab es damals keine Untersuchungen darüber, wie weit Polygamie verbreitet war, in welchen Schichten und Gegenden sie auftrat, wo sie für soziale und ökonomische Probleme eine Lösung darstellte und welche Probleme sie verursachte. Somit stützen sich die Aussagen über Polygamie überwiegend nicht auf empirische Daten, sondern auf die Annahme, dass die Schariaregeln diesbezüglich beachtet wurden.[365] Außerdem nahm die Zahl berufstätiger Frauen durch die Reformen seit der Tanzimat-Ära und damit ihre finanzielle Unabhängigkeit in den großen Städten zu. In den Quellen wird deutlich, dass Polygamie für städtische Frauen zu Beginn des 20. Jahrhunderts nicht in Frage kam. Sie waren aber auch Teil der islamischen Gesellschaft, was sie daran hinderte, Polygamie im Kontext ihrer Religion zu diskutieren.

Exkurs: Ägyptische und zentralasiatische Frauenstimmen

Wie bereits erwähnt, behandelten in Ägypten Ende des 19. Jahrhunderts Muḥammad 'Abduh und Qāsim Amīn in ihren Schriften die Frauenfrage im islamischen Kontext. Sie plädierten für eine bessere Stellung der Frau in der Gesellschaft durch Bildung und für Verbesserungen im Eherecht. Beide waren gegen Polygamie.

364 Kılıç Denman 2009, S. 109-119.
365 Çakır 1996, S. 185.

Qāsim Amīn übte einen großen Einfluss auf die ägyptischen Feministinnen aus.[366] Zu den ersten Frauen, die sich in Zeitungen oder Büchern mit Frauenbildung und Emanzipation auseinandersetzten, gehörten ʿĀʾiša at-Taimūrīya (1840–1902) und Zainab Fawwaz (1845/1860–1914). Ende des 19. Jahrhunderts begannen ägyptische Frauen Zeitschriften zu gründen und Bücher zu verfassen, in denen sie mehr Bildung für Frauen forderten. Dies unterstützte die verbesserte Anerkennung der Frau in der Gesellschaft.[367] Nach Baron wurde von einer ägyptischen muslimischen Frau, Saʿdiyya Saʿd al-Dīn Zādeh, 1901 in Alexandria die erste Frauenzeitung *Šağarat al-Durr*, nach einer mittelalterlichen weiblichen Herrscherin benannt, herausgegeben. Sie schrieb über Frauenrechte und veröffentlichte Leserbriefe von Frauen. 1907 folgte die Zeitschrift *al-Rayḥāna*, herausgegeben von Ğamīla Ḥīfiẓ und ein Jahr später erschien *Taraqqiyāt al-Marʾa* (Die Fortschritte der Frau) von Fāṭima Rāšid, die ebenfalls islamisch argumentierte. Diese Zeitschrift war das monatliche Organ der Gesellschaft für den Fortschritt der Frau, die im selben Jahr gegründet worden war und wahrscheinlich der erste Frauenverein in Ägypten war. Die Zeitschrift sprach sich für Verschleierung und Geschlechtertrennung aus und forderte eine religiöse Bildung für Mädchen. 1910 gründete Sulaymān al-Sālimi die islamisch orientierte Frauenzeitschrift *al-ʿAfaf* (Die Tugend).[368] Eine besonders aktive Verfechterin der Frauenrechte innerhalb des Islams war Malak Hifnī Nāsif (1886–1918), die um die Jahrhundertwende in Ägypten bekannt war. Ihre Artikel und Reden zum Feminismus wurden 1910 unter dem Pseudonym Baḥīṯat al-Badīya unter dem Titel *al-Nisāʾiyyat* veröffentlicht.[369] Sie forderte vor allem Bildung und Berufsschulen für Frauen, die Beschränkung des ein-

366 Baron 1994, S. 21–22.
367 Krüger 2006, S. 38–39.
368 Baron 1994, S. 22, 28–29 und 32.
369 Badran 1995, S. 54.

seitigen Scheidungsrechts des Mannes und der Polygamie sowie den Zutritt der Frauen zu Moscheen, die Änderung des rechtlichen Status der Frau und ihren Schutz in der Öffenlichkeit. Sie wiederholte ihre Forderungen 1911 auf dem muslimischen Nationalkongress in Heliopolis.[370]

Malak Hifnī Nāsifs Forderungen, ungerechfertigte Scheidung und Polygamie zu verbieten, führten zu heftigen Debatten, doch wurden ihre Anregungen abgewiesen, weil der Khedive Abbas Hilmi II. und die Konservativen der al-Azhar-Universität sich gegen neue Fetwas bezüglich Heirat, Scheidung und Polygamie aussprachen.[371]

Eine aktive und organisierte Frauenbewegung entstand in Ägypten erst 1920. Sie war eng mit dem Streben nach Unabhängigkeit von der britischen Kolonialregierung verbunden. Die erste feministische Organisation (Egyptian Feminist Union/*al-Ittiḥād an-nisā'ī al-miṣrī*) wurde 1923 gegründet, und das erste Grundsatzprogramm formulierten Hudā Ša'rāwī (1879-1947) und Nabawiyah Musa (1886-1951). In der Organisation engagierten sich Frauen aus der Mittel- und Oberschicht unabhängig von ihrer Religion. Ihre Zeitschrift *L'Egyptienne* erschien 1925 auf Französisch und erst 1937 auf Arabisch unter dem Titel *al-Miṣriyah*.

Diese Organisation forderte Schulbildung für Mädchen und ein Mindestheiratsalter für Mädchen von 16 und für Jungen von 18 Jahren sowie eine Beschränkung der Polygamie. Sie forderte, dass ein Mann nur dann eine zweite Frau heiraten dürfe, wenn die erste Frau unfruchtbar oder unheilbar krank sei. Sie waren der Ansicht, Polygamie sei beleidigend für die Frauen, psychologisch schädlich und eine Bedrohung für die Familie.[372]

Frauenrechte unter den Muslimen in Russland wurden, wie bereits erwähnt, zuerst von männlichen Reformern, u.a. von İsmail Gaspıralı vertreten. Muslimische Frauen in Russ-

370 Caporal 1999, S.11-12.
371 Baron 1994, S. 118, 111 und 113.
372 Badran 1995, S. 102-104 und 127-148.

land hatten bis Anfang des 20. Jahrhunderts weder eigene Zeitschriften noch sie vertretende Organisationen. Ende des 19. Jahrhunderts wurde nur ein Entwurf zum Scheidungsrecht der Frau unter besonderen Umständen an die für Religion zuständigen Gelehrten in Orenburg gerichtet. In diesem findet sich unter den erwähnten Scheidungsgründen auch Polygamie, aber nur, wenn der Ehemann die erste Frau nicht ernähren konnte und sich dennoch ein zweites Mal verheiratete. Außerdem sollte sich die Frau scheiden lassen können, wenn der Ehemann keinen Unterhalt zahlte, ein Verbrechen verübte oder gegenüber seiner Frau gewalttätig war. Obwohl diese Scheidungsgründe dem Islam nicht widersprachen, lehnten von 66 Theologen 19 das Gesuch aus religiösen Gründen ab, und so blieb es bei einem Entwurf. 1906 wurde die erste Frauenzeitung *'Ālem-i Nisvān* von Şefika Gaspıralı, der Tochter İsmail Gaspıralıs, herausgegeben. 1907 gründete sich in Baku ein Frauenverein. *'Ālem-i Nisvān* klärte die Frauen über Gesundheit und Bildung auf und berichtete über die feministischen Bewegungen in Europa. Sie kritisierte die Verschleierung (*ḥicāb*), die Heiratssitten und den Verkauf von Mädchen (*ḳalın*) an reiche Leute in Mittelasien und im Kaukasus. Sie betonte die Unterdrückung der Frauen durch die Männer und die sich daraus ergebende Behinderung ihrer Entwicklung.

1914 nahmen die Frauen am IV. Kongress der Muslime Russlands in Petersburg teil, und die Studentinnen forderten, dass Mädchen nicht zu jung und nicht ohne eigene Zustimmung verheiratet werden dürften. Aber die Kongressforderungen wurden von der russischen Regierung nicht übernommen. Die Zeitung *'Ālem-i Nisvān* wurde nicht weiter von Şefika Gaspıralı herausgegeben, um den russischen Druck auf die Zeitung *Tercüman* ihres Vaters İsmail Gaspıralı abzuschwächen. Trotzdem verteidigten ebenso wie *Tercüman* weiterhin andere Zeitungen auf der Krim, in Kasan und Baku die Rechte der Frauen.[373]

373 Hablemitoğlu 2004, S. 35–45 und 116–117.

1917 wurde in Kasan der muslimische Frauenkongress organisiert. Viele berufstätige Frauen wie Ärztinnen, Lehrerinnen und Ingenieurinnen nahmen daran teil. Sie forderten Rechte auf Bildung, Arbeit und politische Betätigung. Sie protestierten gegen das niedrige Heiratsalter, den Verkauf von Mädchen und verlangten das Scheidungsrecht. Polygamie akzeptierten sie nicht und verlangten ein schriftliches Versprechen des Mannes bei der Eheschließung, keine zweite Frau zu heiraten. Geschah dies trotzdem, sollte er sich von seiner ersten Frau scheiden lassen und ihr Unterhalt zahlen. Die konservativen Männer reagierten ablehnend. Im selben Jahr nahmen die Frauen am Allmuslimischen Kongress in Moskau teil. Sie wiederholten ihre Forderungen, protestierten heftig gegen Polygamie und verlangten deren Aufhebung. Eine gleiche und gerechte Behandlung der Frauen sei unter den Bedingungen nicht möglich. Aufgeklärte Männer unterstützten sie und forderten mit ihnen die Aufhebung der Polygamie. Am Ende beschloss der Kongress mehrheitlich, dass sich der Mann während der Eheschließung schriftlich zu Scheidung und Unterhaltszahlung verpflichten müsse, wenn er eine zweite Frau heiraten wolle. Außerdem sollten bei der Eheschließung beide Partner anwesend sein und der Ehe zustimmen. Die Frauen sollten bei einer Eheschließung mindestens 16 Jahre alt sein und ein Scheidungsrecht besitzen. Der Beschluss wurde auch vom Muslimischen Frauenkongress in Kasan übernommen. Auch diesmal protestierten die Mullahs mit der Begründung dagegen, dass die Aufhebung der Polygamie im Widerspruch zur Scharia stehe. Nach diesen Protesten wurden die Beschlüsse nicht öffentlich proklamiert. Noch 1917 hatten die Frauen der Krim in Akmescit unter der Führung Şefika Gaspıralıs einen weiteren Kongress organisiert, in dem sie die rechtliche Gleichstellung mit den Männern auch bei Eheschließung und Scheidung forderten, aber sie erwähnten nicht mehr die Polygamie.[374]

374 Z. [Zīnetullah] N. [Nūşirevān], 6 Ḳānūn-ı evvel, S. 3655-3656; Hablemitoğlu 2004, S 150-166 und 221.

Historische Entwürfe der Entstehung von Polygamie und Konkubinat

In der II. Meşrutiyet-Ära wurden Polygamie und Konkubinat überwiegend von eher säkular orientierten Intellektuellen unter historisch-soziologischen Gesichtspunkten im Rahmen des sozialen und rechtlichen Status der Frau thematisiert. Sie gingen davon aus, dass Polygamie und Konkubinat nicht durch den Islam entstanden seien, dieser sie im Gegenteil begrenzt habe. Die Institutionen habe es bereits in den alten Kulturen als eheähnliche Bindungen gegeben. Die Türken bzw. Muslime wurden davon beeinflusst. Damit wollten die Intellektuellen auch beweisen, dass aus diesen Institutionen im Laufe der Zeit monogame Strukturen entstehen konnten. Damit legitimierten sie ihre Argumentation für eine Aufhebung der Polygamie. Nach dem Sprachwissenschaftler Ahmet Cevat Emre, der nach der Gründung der Republik an der Schriftreform beteiligt war,[375] gab es Polygamie und Konkubinat im antiken Griechenland[376] und selbst bei den Germanen,[377] Juden, Christen und Arabern. Ahmet Cevat stellte einen Zusammenhang zwischen Polygamie und (Haus-)Sklaverei her. Danach entstand Polygamie als natürliche Folge der patriarchalischen Ordnung. Gestützt auf westliche Autoren, z.B. Gustave Richard, behauptete er, dass die Polygamie aus dem Konkubinat hervorgegangen sei, da die Sieger im Krieg die gefangenen Frauen nicht töteten, sondern sie versklavten und zu Konkubinen machten. Als Beispiel nannte er das Verhalten der Griechen vor Troja. Konkubinat und Sklaventum waren zwar minderwertige gesellschaftliche Lösungen, die man aber einer Tötung

375 Berkes 2004, S. 549.

376 S. Hartmann 2002, S. 212-234.

377 Der Kontakt mit der römischen Welt und dem Christentum beeinflusste die gesellschaftliche Entwicklung auch im privaten Bereich. Ein möglicher Einfluss auf die außerehelichen Beziehungen germanischer Völker konnte durch das in der Antike rechtlich gesicherte römische Konkubinat erfolgt sein, s. Esmyol 2002, S. 3.

vorzog. Natürlich sei es für eine Frau besser, in die Hände eines reichen Mannes zu fallen als in die eines armen Soldaten. So ziehe die Frau den Harem eines Reichen der Hütte eines Armen vor, und allmählich würden sich die Institutionen durchsetzen.[378] Es scheint, dass die osmanischen Intellektuellen über die Entwicklung des Konkubinats und der Sklaverei anhand westlicher Literatur gut informiert waren.[379]

Manche Intellektuelle betrachteten die aus dem ursprünglich illegitimen Konkubinat entstandene Polygamie als Weiterentwicklung der Ehebeziehung, also nicht als Merkmal einer barbarischen Gesellschaft, sondern als Schritt auf dem Weg zur Zivilisation. Auch das patriarchalische System, das den Mann als Familienoberhaupt bzw. Machtfaktor in der Familie definierte und die männliche Abstammung in den Mittelpunkt stellte, sei Vorstufe der Zivilisation. Polygamie sei überdies nur unter Reichen üblich und nehme im Laufe der zivilisatorischen Entwicklung ab, um schließlich ganz zu verschwinden. In Europa gehe mit der zunehmenden gesellschaftlichen Monogamisierung die Macht des Mannes kontinuierlich zurück. Im Alten Testament sei Polygamie gesetzlich erlaubt, in Indien die Zahl der Frauen nie begrenzt gewesen und auch in China habe sich Monogamie nicht durchgesetzt. In den christlichen Ländern werde Polygamie heute allgemein als Verbrechen betrachtet, und in Amerika und England stehe sie als Tatbestand der Bigamie unter Strafe. 1890 erreichte man in Amerika, dass die Mormonen Monogamie akzeptieren mussten.[380]

Ziya Gökalp ging sogar von einer ursprünglichen Idealform der Ehe bei den Muslimen bzw. Türken aus, sei es die polygame unter den Bedingungen des Islam oder die

378 Aḥmed Cevād 1328, S. 18-23, s. auch Doğan 2003.

379 Als Konkubinat bezeichnen die Rechtshistoriker Andreas Heusler und Karl von Amira zu Beginn des 20. Jahrhunderts das informelle Zusammenleben eines Freien mit einer Sklavin, s. Esmyol 2002, S. 6.

380 Aḥmed Mümtāz 1325, S. 33-36.

monogame, die im Laufe der Zeit durch unterschiedliche Fremdeinflüsse und Gegebenheiten pervertiert wurde. Er veröffentlichte als Soziologe und Reformer in *Yeñi Mecmūʿa* mehrere Artikel zur Entwicklung der Familie bzw. Ehe, in denen er die alttürkische, arabische, islamische, persische und griechische Ehe auch im Zusammenhang mit Polygamie und Konkubinat behandelte.

Nach ihm gab es bei den alten Türken keinen Harem, und die Einehe war die Regel. Erst als ihre Führer durch Eroberungen reich geworden waren, begnügten sich diese nicht mehr mit einer Frau. Sie nahmen die Schönsten unter ihren Gefangenen und Untertanen als Odalisken. Da aber diese Art der Heirat nicht rechtmäßig gewesen sei, nannte man diese Frauen Nebenfrauen (*ḳuma*) und nicht Ehefrauen (*ḫātūn*). Die Kinder der Nebenfrauen seien nicht erbberechtigt gewesen, aber man habe für den Lebensunterhalt gesorgt. Der Sohn einer Nebenfrau konnte nicht Nachfolger des Vaters werden. Im Haus nahm die legitime Ehefrau den angesehensten Platz ein.[381]

Seiner Meinung nach gab es Polygamie und Konkubinat bei arabischen Familien vor dem Islam. Auch die Regel, dass der Mann das Doppelte wie die Frau erbte, stamme aus der Zeit vor dem Islam. Obwohl die islamische Familie die moralische Gleichberechtigung von Frau und Mann vorsehe, dulde der Islam die oben erwähnten älteren Sitten.[382] Nach der heutigen Moral sei es jedoch nicht möglich, Polygamie zu praktizieren. Auch Scheidung werde nur unter bestimmten Bedingungen akzeptiert. In der Regel werde die Ehe auf ewig geschlossen. Es sei nicht zulässig, die Ehe nur für eine begrenzte Zeit zu schließen. Obwohl zu Beginn des Islams Ehe auf Zeit (*nikāḥ-ı muʿṭā*)[383] erlaubt gewesen sei, wurde sie in der Zeit des Kalifen ʿUmar b. al-Hattāb verboten. Eine

381 Sevinç 1987, S. 79.
382 Żīyā Gūkalp, 27 Eylūl 1917, S. 219–222.
383 Werner Ende, »Ehe auf Zeit (*mutʿa*) in der innerislamischen Diskussion der Gegenwart«, in: *Die Welt des Islams*, N.S. 20.1980, S. [1]–43.

Frau, die eine Zeitehe geschlossen habe, könne weder von ihrem Mann erben noch ihrem Mann ein Erbe hinterlassen. Nach islamischem Recht jedoch könne die Frau Erbin des Mannes sein und der Mann Erbe der Frau. Ehe bedeute, dass zwei Hälften eine Einheit bilden. Da diese Bindung durch einen religiösen Vertrag zustande komme, solle sie für immer sein.[384] Außerdem heiratete in dieser frühen Zeit der Mann nicht, ohne die künftige Frau vorher gesehen zu haben. Deshalb sei es nach der schafiitischen Lehre etwas Gutes, wenn der Mann die Frau, die er heirate, zuvor sehe. Daraus könne man ableiten, dass die frauenfeindlichen Sitten in den islamischen Familien entgegen der Behauptung der Europäer nicht Regeln seien, die der Islam aufgestellt habe. Diese Sitten seien von den Persern und Griechen in die islamische Familie gebracht worden. In Athen und Sparta erfragte man die Zustimmung und Neigung einer Frau zur Heirat nicht. Nach der Heirat wurde die Frau zum Eigentum des Mannes. Der Ehemann sei Herrscher über seine Ehefrau gewesen. Neben Ehefrauen dienten Hetären und Sklavinnen der Befriedigung des Ehemannes in jeder Hinsicht. Dies seien Merkmale einer patriarchalischen Familie, und das Haremsleben sei bei den alten Griechen Ergebnis aristokratischer Lebensweise gewesen. Da das Volk die Aristokraten und Reichen nachahme, verbreiteten sich diese Sitten.

Nach Gökalp begegnete der sich ausbreitende Islam der Geringschätzung der Frau bei den syrischen und irakischen Griechen sowie bei den Iranern, als Erben der alten Griechen. Außerdem brachten die Eroberungen viele Sklavinnen in die islamischen Städte und auch die muslimischen Männer begannen, neben der Ehefrau, der Mutter ihrer legitimen Kinder, Sklavinnen zu halten, die ihre Lust befriedigten. So traf man in den Salons der Kalifen und Emire entsprechend gebildete Sklavinnen und es entstand auch in der islamischen Welt der Harem, der Ehefrau und Kindern

384 Żīyā Gūkalp, 4 Teşrīn-i evvel 1917, S. 241-245.

vorbehalten gewesen sei und die Salons, in denen sich die Sklavinnen bewegten.[385]

Es scheint keineswegs ganz falsch zu sein, die Entstehung des Konkubinats und der Polygamie auf das alte Griechenland oder Alt-Iran zurückzuführen. Walter Erdmann versuchte, in *Die Ehe im alten Griechenland* (1934) die Ehe aufgrund privatrechtlicher Vorgaben zu beschreiben. Neben der Praxis von Polygamie und Konkubinat berücksichtigte er als Erster auch außerrechtliche Normen, die das Verhalten in dieser Hinsicht in Athen beeinflusst haben könnten. Nach ihm gab es zwar keine Rechtsvorschrift im Sinne von Monogamie, es war aber Sache der Frau, eine zweite Ehe des Mannes zu verhindern. Darüber hinaus wurde deutlich, dass Frauen weder gleichberechtigte Familienmitglieder noch selbständige Rechtspersonen waren. 1971 stellte H. J. Wolf die deutliche Abgrenzung von Ehe und Konkubinat in Athen in Frage, die vorher implizit vorausgesetzt wurde, indem die römische Terminologie übernommen wurde.[386]

Nach Ziya Gökalp führte der griechisch-iranische Einfluss zur Unterdrückung der muslimischen Frauen in Ägypten, Yemen und Nordafrika, während sie in Anatolien, den Ländern der Kipcaken, Irak und Transoxanien frei und gleichberechtigt lebten. Hier herrschten noch die Regeln der alttürkischen Familie. Laut Ibn Battuta habe die Frau von Sultan Orhan Gazi (1326–1359), Beylun Hatun, in Iznik Soldaten befehligt, diese bei sich empfangen und mit ihnen zusammen gegessen.[387]

Gökalp erwähnte auch die in Turkestan u.a. lebenden türkischen Völker der Usbeken und Turkmenen. Die Turkmenen seien eines der demokratischsten Völker der Welt. Bei ihnen werde das Gleichheitsprinzip bis in die Familie zur Vollkommenheit praktiziert. Deshalb hätten die meisten Turkmenen nur eine Frau und sie billigten auf keinen Fall

385 Żīyā Gūkalp, 11 Teşrīn-i evvel 1917, S. 261–265.
386 Hartmann 2002, S. 15–17.
387 Żīyā Gūkalp, 18 Teşrīn-i evvel 1917, S. 281–285.

Polygamie. Um die Polygamieerlaubnis im Islam zu verhindern, hätten sie eine andere Lösung gefunden, in dem sie das so genannte Brautgeld (*ḳalın*) innerhalb von zwanzig Jahren von 30 auf 200 Tüman erhöhten. Bei den Usbeken gebe es keine Gleichberechtigung zwischen den Schichten, weil sie eine Monarchie und ein Feudalsystem hätten. Die Ehepartner seien nicht gleichberechtigt, und die usbekischen Khane besäßen viele Frauen und Konkubinen. Ihre Monarchie ähnele der der Abbasiden-Zeit, die von den Iranern übernommen wurde. Mit dem iranischen Modell ahmten sie auch die iranische Literatur und Kultur nach, und so sei das Leben der türkischen Familie langsam von einer Heimstätte (*ocāḳ*) zu einem prächtigen Stadthaus (*konāḳ*) übergegangen, und das iranische Frauenverständnis verbreitete sich unter den Türken. Diejenigen, die als Nomaden lebten, bewahrten die alten türkischen Traditionen. So gebe es bei dem Stamm Çepni in der Provinz İzmir keine Polygamie. Außerdem dürfe nach der Sitte der Çepnis eine Jungfrau nur einen unberührten Mann und ein unberührter Mann eine Jungfrau, eine Witwe einen Witwer und umgekehrt heiraten. Junge und alte Menschen sollten Partner im jeweils gleichen Alter heiraten. Auch die kaukasischen Türken hätten ähnliche Maßnahmen wie die Turkmenen getroffen, um Polygamie zu verhindern, indem sie die vom Mann nach der Heirat in Raten zu zahlende und im Falle einer Scheidung einklagbare Mitgift (*mehr-i mu'accel*) stark erhöhten.

Gökalp schrieb weiterhin, dass in der Frühzeit des Osmanischen Reichs die Prinzen die Töchter der benachbarten türkischen Beys oder christlichen Herrscher heirateten. In dieser Zeit bewahrte die osmanische Familie ihre Form. Während der Herrschaft Murats III. (1574–1595) wurden ausgehend von Şemsi Pascha Sklavinnen genommen, und die Gewohnheit, Odalisken zu haben, setzte sich durch. So begann die Form des Zusammenlebens im Konak. Die Konaks der Paschas, die bis heute erhalten seien, zeigten, wie viele Frauen und Dienerinnen die alte osmanische Oberschicht-Familie gehabt habe.[388]

Nach Ziya Gökalp fand in der europäischen Familie nach der Renaissance ein Übergang vom Konak zum eigentlichen Heim (*yūvā*) statt. Im Osmanischen Reich habe begann dieser Prozess nach der Tanzimat-Ära. Die Familie hatte sich auch deshalb verändert, weil die Frauenfrage, die die Familiensituation verbessern sollte, durch die Säkularisierung des Bildungswesens anders behandelt werde. Eine Reihe von Gesetzen stellte die Gleichberechtigung zwischen Töchtern und Söhnen her. Aber man beging auch zu Ungunsten der Frauen einen großen Fehler, indem man die Schariagerichte, die vorher dem Großwesirat unterstanden, dem Amt des Scheich ül-Islam unterstellte. Bis zu diesem Zeitpunkt war das Familienrecht, für das die Schariagerichte zuständig waren, nicht kodifiziert worden. Die Unterscheidung zwischen muslimischen (*ra'iyye*) und christlichen Untertanen (*ẕimmī*) wurde aufgehoben und so entstand ein osmanisches Volk ohne Ansehen der Religion. Die Sklaverei wurde abgeschafft, was die Rechte der Frauen und vor allem der Sklavinnen verbesserte und dazu führte, dass die Arbeitsaufgaben auf alle Frauen verteilt wurden. Mit Ende des Absolutismus war auch die alleinige Entscheidungsgewalt des Vaters beendet worden. Obwohl der Vater Familienoberhaupt blieb, sollten auch die Mutter, der ältere Sohn oder die Tochter diese Rolle übernehmen können, wenn der Vater nicht in der Lage war.

Ein solches neues Familienverständnis der Meşrutiyet, so Ziya Gökalp weiter, hatte die Teilhabe der Frauen am öffentlichen Leben überhaupt begründet. Die Schariagerichte wurden dem Justizministerium unterstellt.[389] Damit wurden Familien- und zivilrechtliche Angelegenheiten übertragen,

388 Żīyā Gūkalp, 25 Teşrīn-i evvel 1917, S. 301–304. Eine sehr ähnliche Darstellung findet sich auch bei Halide Edip 1955, S. 173–180; s. Kurnaz 1992, S. 106–109 und 90; Davis 2006, S. 104.

389 Żīyā Gūkalp, 1 Teşrīn-i s̱ānī 1917,S. 321–324.

und man begann, auch im Zivilrecht das bisher gültige Religionsgesetz zu ersetzen.[390]

Die Rechtfertigung der Polygamieerlaubnis

Die Rechtfertigung der Polygamieerlaubnis im Koran war für islamisch Orientierte bzw. theologisch Ausgebildete selbstverständlich. Trotzdem gab es nicht nur unterschiedliche Ansichten darüber, wie die Polygamieerlaubnis zu interpretieren und zu rechtfertigen sei, sondern auch zu der Frage, inwieweit sie in der Praxis überhaupt umgesetzt und befürwortet werden sollte.

Zur Polygamieerlaubnis bzw. zum Thema Eherecht und Polygamie äußerten sich von Seiten islamisch orientierter Intellektueller Traditionalisten wie z.B. Babanzâde Ahmet Naim (1872-1934)[391] und Modernisten, die mit dem Besuch von Medresen und modernen Schulen Westen und Osten verbinden wollten, wie z.B. İsmail Hakkı İzmirli oder Mehmet Şemsettin. Musa Kazım stand zwischen den Fronten. Mustafa Sabri (1869-1954)[392] lehnte die Modernisten ab und vertrat sehr konservative Ansichten. Der Versuch einer sol-

390 Matuz 1985, S. 257.

391 Kara 1987, Band I, S. 294-303.

392 Er wurde 1286/1869 in Tokat geboren. Nach dem Theologiestudium unterrichtete er an der Fatih-Moschee in Istanbul. 1900-1904 war er als Bibliothekar bei Sultan Abdülhamit II tätig, 1908 Parlamentsabgeordneter für Tokat. 1908-12 gab er die konservative islamische Zeitschrift *Beyan ül-Hak* heraus. 1913 musste er aus politischen Gründen das Land verlassen. Nach dem Ersten Weltkrieg kehrte er nach Istanbul zürück und wurde 1919 Scheich ül-Islam. 1922 floh er vor der neuen Regierung in Ankara nach Ägypten, da er den Nationalismus ablehnte. S. Bulut 1999, S. 235-236; Nam, Mehmet, »Son Şeyhülislam Mustafa Sabri Efendi'ye göre Din-Devlet-Hilafet ilişkisi« (According to the last Şeyhülislam Mustafa Sabri Efendi Religionstate-Caliphate Relation), in: *Uluslararası Sosyal Araştırmalar Dergisi* (The Journal of International Social Research), 4.2011:16 (http://www.sosyalarastirmalar.com/cilt4/sayi16_pdf/nam_mehmet.pdf; aufgerufen 20.1.2012).

chen Zuordnung kann zwar hilfreich sein, er ist aber nicht immer ganz zutreffend.[393]

Einige islamisch-modern orientierte Intellektuelle vertraten, auch unter ägyptischem Einfluss, die Ansicht, dass die ursprüngliche Absicht des Korans nicht eine polygame, sondern eine monogame Beziehung war. Sie argumentierten mit den Koransuren 4/3 und 4/129 und leiteten daraus mit Hilfe einer modern orientierten Auslegung Monogamie ab.[394] Mehmet Akif war ein Verteidiger der Monogamie. Er betonte ausdrücklich, dass Monogamie im Islam die eigentliche Eheform sei. Auch willkürliche Scheidung billigte er nicht.[395] Ähnliche Argumente wurden von manchen türkisch orientierten Intellektuellen, z.B. Halim Sabit, vorgetragen. Er meinte, wie die islamischen Reformer, dass besonders die Bedingung, mehreren Frauen gegenüber gerecht sein zu müssen, gegen Polygamie spreche. Er erklärte dies anhand der erwähnten Suren unter Berücksichtigung der Auslegungen von at-Tabarī und anhand Buhārīs Werks *Ṣaḥīḥ*. Er zog die Schlussfolgerung, dass in der Sure 4/3 eigentlich Monogamie zum Ausdruck gebracht wurde und man deshalb mit nur einer Frau leben sollte.[396]

Gegner der Modernisten wie Mustafa Sabri kritisierten vor allem die durch eine moderne Auslegung der Suren 4/3 und 4/129 auf der Basis der Gerechtigkeitsforderung abgeleiteten Monogamie. Er behauptete in einem Aufsatz in *Beyān ül-Ḥaḳ* 1324/1908-1909, dass der Islam Polygamie nicht erlaubte, wenn Gerechtigkeit gegenüber den Frauen nicht möglich war. Die Rechtsgelehrten hätten doch die Frage der Gerechtigkeit nicht außer Acht gelassen. Wenn die Bedingungen unerfüllbar seien, würde Gott im Koran

393 Kara 1987, I, S. XXXVII-XXXVIII.

394 Eskikurt 2007, S.26; Karslı 2003, S. 181-183.

395 Kurnaz 1992, S. 96.

396 Ḥalīm Ñābit, 20 Kānūn-ı evvel 1917, S. 461-464. S. auch andere Artikel von Ḥalīm Ñābit bezüglich der Eheschließung in *Yeñi Mecmūʿa* III, Nr. 27, 10 Kānūn-ıs̱ānī 1918, S. 13-15; IV, Nr. 29, 24 Kānūn-ıs̱ānī 1918, S. 48-54; S. auch Kurnaz 1996, S. 29.

die Polygamie nicht erlauben. Gerechtigkeit könne nicht bedeuten, Liebe zu verlangen, sondern den Frauen gleiche Freundlichkeit und gleiches Recht zukommen zu lassen. Außerdem fordere die Sure 4/129 so viel Gerechtigkeit wie möglich. Darüber hinaus seien die Männer entlastet. Wenn eine Frau über ihren Mann, der eine weitere Frau heirate, wegen Ungerechtigkeit klage, werde ihr Recht durch die Scharia geschützt. Er kritisierte die Männer und Frauen, die eine westliche Erziehung nachahmten und Polygamie aus dem Islam entfernen wollten. Eine eindeutig auf dem Koran beruhende Bestimmung wie die Polygamie abzulehnen bedeute, sich gegen Gott und den Propheten zu stellen. Aber Polygamie sei keine religiöse Pflicht und Männer würden nicht zur Polygamie aufgefordert.[397] Hieraus wird ersichtlich, dass es für konservative Gelehrte wie Mustafa Sabri nicht möglich war, im islamischen Eherecht Veränderungen durch eine moderne Auslegung herbeizuführen.

Polygamie werde oft auf ein falsches Verständnis von Islam und auf fehlende Bildung bei Frauen und Männern zurückgeführt. Eigentlich berücksichtige das islamische Recht die Ansprüche von Frauen auch bezüglich der Ehe.

In diesen Punkten stimmten die Argumentationen islamischer, türkischer und westlich orientierter Intellektueller überein. Der modern-islamisch orientierte İsmail Hakkı İzmirli sagte, dass die Eheschließung im Islam ein juristischer Vertrag sei, dessen Vereinbarungen beide Seiten einhalten müssten. Aber wie auch westlich orientierte Intellektuelle setzte er als wichtigste Bedingung für eine Ehe Liebe und Güte (Sure 30/21) voraus. Im Islam würden die Zivilrechte der Frau von einer Eheschließung unberührt bleiben. Die Frau könne Zeugin sein und Verträge aller Art abschließen. Ohne Erlaubnis ihres Mannes könne sie frei über ihr Eigentum verfügen und sei erbberechtigt. Für ei-

397 Muṣṭafā Ṣabrī, 20 Ẕilḳa'de 1326, S. 226-231; Zugänglich auch in Şeyhülislâm Mustafa Sabri, *İslam'da Münakaşaya Hedef Olan Sebepler* 1976, S. 51-61.

gene und fremde Kinder könne sie die Vormundschaft übernehmen. Frau und Mann verfügten über Meinungs- und Willensfreiheit (*irāde)* und seien für dasselbe Ziel geschaffen (Sure 51/56). Wie der Mann sei die Frau für Bildung, Glauben und Einhaltung der Verhaltensregeln verantwortlich. Im Allgemeinen sei die Frau in den Geboten und Verboten Gottes dem Manne gleichgestellt (Sure 3/195 und 33/35). Die Frau sei also selbst dafür verantwortlich, wie sie mit ihren Rechten umgehe. Auf der anderen Seite vertrat İsmail Hakkı İzmirli eine konservative Haltung, was die Verschleierung der Frau und die Ehe mit dem Ziel der Fortpflanzung anbelangt.[398]

Ähnliche Argumente trug der westlich orientierte Rıza Tevfik in Bezug auf die grundlegenden Rechte der Frauen vor. Polygamie habe nichts mit islamischem Recht bzw. mit der Religion zu tun. Der Islam habe sie erschwert und nur unter strengen Bedingungen erlaubt. Dennoch sei das Leben der muslimischen Frauen in den osmanischen Ländern sehr schlecht. Er betonte die sozialen und wirtschaftlichen Probleme, die zur Polygamie führten, u.a. fehlende Bildung und wirtschaftliche Not. Wenn eine ungebildete Frau einen Mann wie sie selbst heirate und eine Familie gründe, könne sie die ihr zustehenden Frauenrechte nicht verlangen, weil sie nicht wisse, was diese seien. Vielleicht müsse sie für ein Stück Brot oder als Beschützer einen unzivilisierten, armen Mann heiraten. Das habe weder mit dem Christentum noch mit dem Islam etwas zu tun. Es sei ein wirtschaftliches und soziales Problem, obwohl es als moralisches familiäres Problem erscheine. Man müsse zuerst die Lebensbedingungen der Menschen verbessern. Wenn Armut und Elend zu groß seien, wären Höflichkeit und gegenseitiger Respekt nicht möglich. Das Recht könne nicht praktiziert werden, solange das Wissen fehle. Erst wenn man es kenne, könne man es durchsetzen.[399]

398 Kara 1987, II. S 112–120.
399 Rıżā' Tevfīḳ, 20 Şubāṭ 1329, S. 2099–2100.

Auch Mehmet Akif klagte in seiner Gedichtsammlung *Ṣafaḥāt* unter dem Titel »Köse İmam«, dass diejenigen, die Frauen schlugen, sich willkürlich scheiden ließen und mehrere Frauen heirateten, ungebildete Leute waren, die vom Islam überhaupt keine Ahnung hatten. Er kritisierte sie, weil sie diese Dinge im Namen der Scharia machten.[400]

Der modern-islamisch orientierte Mehmet Şemsettin teilte diese Ansicht. Das Problem seien nicht die Rechte der Frau gemäß der Scharia, sondern ihre fehlende Bildung und Teilnahme am Arbeitsleben. Die Frau könne nur durch Bildung und Arbeit aus dem Elend, das auch aus dem Ersten Weltkrieg entstanden sei, gerettet werden. Deswegen sei es nötig, dass die Frau an der wissenschaftlichen, gewerblichen und administrativen Arbeit teilnehme. Verweigere man der Frau diese Chance und garantiere sie nicht gesetzlich, würden viele Not leiden, was weder die Religion noch das Gewohnheitsrecht erlaubten.[401]

Der türkisch orientierte Ahmet Cevat fragte in seinem Werk *Bizde Ḳādīn* (Die Frauen bei uns, 1328/1912), ob die Rechte, die der Islam den Frauen gegeben habe, respektiert würden. Wenn die Frauen in Anatolien auf den Feldern arbeiteten, während die Männer im Café saßen, sei das kein religiöses, sondern ein soziales Problem. Dies könne durch die Bildung der Frauen allmählich verschwinden. Der Islam habe auch die Polygamie beschränkt und Monogamie empfohlen. Trotzdem wurde sie im Laufe der Zeit praktiziert.[402]

Doch tolerierten auch einige der modern-islamisch orientierten Intellektuellen Polygamie in besonderen Fällen oder befürworteten sie sogar, um z.B. außereheliche Beziehungen zu vermeiden. Manchmal wurden auch westliche Auto-

400 Ersoy 1991, S. 115-119.

401 Mehmed Şemseddin 1992, Bd. 3, S. 1102-1106. Hier forderte er Bildungs- und Arbeitsrechte für die Frauen. Dennoch wird in der Forschung oft unzutreffend behauptet, dass die islamisch orientierten Intellektuellen der Meşrutiyet sich immer gegen die feministischen Tendenzen stellten (s. Tunaya 1991, S. 268-270).

402 Aḥmed Cevād 1328, S. 18-23, s. auch Doğan 2003.

ren herangezogen, die die Polygamie rechtfertigten, um damit ihre Notwendigkeit in besonderen Fällen zu begründen. Mehmet Şerafettin Yaltkaya (1879–1947)[403] berief sich z.B. auf den Philosophen Arthur Schopenhauer.[404] Polygamie sei in einer Religion, die außereheliche Beziehungen verbiete und in der Mann und Frau nicht gleich seien, notwendig. Das bedeute aber nicht, dass Polygamie die Rechte der Frau vernichte, sie zur Befriedigung des Mannes in den Harem gesperrt würde und wertlos sei, wie die Europäer dächten. Ein Mann dürfe auf keinen Fall, wenn nicht nötig, eine zweite Frau heiraten.[405]

Ahmet Hamdi rechtfertigte die Polygamie aus mehreren Gründen. Er veröffentlichte 1329/1913–1914 in *Sebīl ür-Reşād* sechs Artikel, in denen er die Polygamie im Detail behandelte. Obwohl auch er die Meinung vertrat, dass die eigentliche Eheform im Islam die Monogamie sei, rechtfertigte er die Polygamie mit klassischen Argumenten: Das Ziel der Ehe sei die Fortpflanzung und damit die Vermehrung der Menschen. Die Neigung der Männer zu Frauen sei Teil ihrer Natur. Polygamie gewähre den Frauen Schutz. Schließlich gebe es einen Frauenüberschuss in der Welt.

403 Özervarlı, M. Sait, »Son dönem Osmanlı düşüncesinde arayışlar: Mehmet Şerafeddi'nin ›ictîmâî ilm-i kelâm‹« (New directions in late ottoman thought and »ictîmâî ilm-i kelâm«), in: *İslâm Araştırmaları Dergisi*, 1999:3, S. 157–170, s. http://www.isam.org.tr/documents%5C_dosyalar%5C_pdfler%5Cislam_arastirmalari_dergisi%5Csayi03%5C157_170.pdf (aufgerufen 3.7.2009).

404 Schopenhauer schrieb in *Parerga und Paralipomena* Folgendes zu Polygamie: »Bei den polygamen Völkern findet jede Frau Versorgung, während bei den monogamen Völkern die Zahl der verheirateten Frauen beschränkt ist. Die unverheirateten Frauen müssen unangemessene schwere Arbeiten durchführen bis hin zum Beruf der Freudenmädchen, von denen es allein in London 80.000 gibt. Gründe für die Polygamie sind auch chronische Krankheit der Frau, Unfruchtbarkeit der Frau, oder Altwerden der Frau. Nicht die Polygamie ist zu bestreiten, sondern für ihre Regelung muss gesorgt werden.« S. Schopenhauer, o.J., S. 598–599.

405 Albayrak 2002, S. 550–51, Anm. 24 nach M. Şerafeddin, 7 Kanun-ı evvel 1327, S. 266–267.

Außerdem könne Polygamie Prostitution verhindern. Er war der Meinung, dass man aufgrund der allgemeinen sozialen Zustände und besonders hinsichtlich der Lage der Frauen Polygamie erlauben sollte.[406] Dennoch betonte er, dass nur durch Monogamie das Familienglück gesichert und ein soziales Leben entwickelt werden könnte.[407] Nach Ahmet Hamdi war es nicht vernünftig, dass arme Männer überhaupt heirateten, weil sie nicht in der Lage waren, eine Frau zu unterhalten. Männer, die durchschnittlich verdienten, sollten nur eine Frau heiraten, weil sie nur diese ernähren könnten. Reiche Männer könnten mehr als eine Frau heiraten, wenn sie zu allen Frauen in gleicher Weise gerecht seien. Ob jeder die geforderte Gerechtigkeit erfüllen könne, sei eine Frage, die man klären müsse.[408]

Islamisch orientierte Intellektuelle wie Ahmet Hamdi gaben oft als Grund für Polygamie die Verluste an Männern durch Krieg und den sich dadurch ergebenden Überschuss an Frauen an. Tatsächlich ging auch Lorenz davon aus, dass Anfang des 20. Jahrhunderts der Frauenüberschuss in der muslimischen Bevölkerung Kleinasiens mehr als 17% betrug. Dennoch gestatteten die finanzielle Notlage des Volkes und die Modernisierung des Wirtschaftslebens keine Rückkehr zur Polygamie. Außerdem hatten die Frauen es unter den Bedingungen der letzten Jahre verstanden, in verschiedenen Erwerbszweigen Versorgungsmöglichkeiten zu finden. Nach Lorenz war sogar anzunehmen, dass nach Beendigung des Weltkrieges eine erhebliche Zahl von Frauen überhaupt ohne eheliche Versorgung bleiben würde. Sie betont das Ausbleiben der Nachkommenschaft als bedenklichste Folge von Krankheiten und fehlender sanitärer Einrichtungen. All

406 Aḳsekīlī Aḥmed Ḥamdī, 19 Muḥarrem 1332, S. 226–228.

407 Aksekili Ahmed Hamdi, »İslamiyyet ve Taaddüd-I zevcat, IV«, in: *Sebilürreşad*, Bd. 11, Nr. 280, Kanun-i sani 1329, S. 309–312 nach Kurnaz 1996, S. 45.

408 Aksekili Ahmed Hamdi, »İslamiyyet ve Taaddüd-i zevcat, V–VI», in: *Sebilürreşad*, Bd. 11, Nr. 284, Şubat 1329, S. 379–381; derselbe Bd. 11, Nr. 285 Şubāṭ 1329, S. 392–394 nach Kurnaz 1996, S. 44.

das führte tatsächlich zu einer hohen Sterberate und geringeren Geburtenziffer in vielen osmanischen Vilayets.[409]

Der westlich orientierte Celâl Nuri, der viel über die Rechte der Frauen schrieb, äußerte sich widersprüchlich zur Polygamie. Er erkannte an, dass der Islam Polygamie fast bis zu einem Verbot eingeschränkt und durch die Sure 4/3 die Monogamie zur Regel gemacht habe. Andererseits befürwortete er Polygamie, wenn sie unbedingt nötig sei, z.B. die erste Frau nicht ihre ehelichen Aufgaben erfüllen könne.[410] Übrigens findet sich dieser Widerspruch im osmanischen Reformprozess bei einer Reihe von Intellektuellen, gleichgültig welcher politischen Richtung sie angehörten.

Den osmanischen Gelehrten (*'ulemā'*) ging es nicht nur darum, die Polygamieerlaubnis im Islam zu rechtfertigen, sondern auch die Scharia beizubehalten. So wurde Musa Kazım noch vor der Verkündigung der Zweiten Verfassung Mitglied des Komitees für Einheit und Fortschritt, und dies beeinflusste seine Argumentationen und Einstellungen. Er war sich der Veränderungen im Reich bewusst. Daher beteiligte er sich an der politischen Diskussion. Darüber hinaus versuchte er, die religiösen und bürgerlichen Gesetze differenziert zu bewerten. Er betonte, dass der Mensch trotz seiner Freiheiten das Gemeinwohl respektieren müsse, dass Religion und religiöse Gesetze aber auch auf weltliche Dinge Einfluss nähmen.

Musa Kazım war auch in Bezug auf die Frauen sehr konservativ in der Bewertung einiger Veränderungen.[411] Bevor er zwischen 1910 und 1917 Scheich ül-Islam war, äußerte er sich in seinem erwähnten Artikel »Ḥürriyyet-i Müsāvāt« in *Ṣırāṭ-ı Müstaḳīm* zu Polygamie und Verschleierung. Er nahm gegenüber denjenigen eine defensive Position ein, die Verschleierung und Polygamie im Islam unzivilisiert nannten. Frauen und Männer sollten sich nicht von außen irre-

409 Lorenz 1918, S. 113–120.
410 Celāl Nūrī, H. 1331, S. 143–145 (Polygamiekapitel, S. 139–148).
411 Doğan 2006, S. 121–122 und 125–126.

führen lassen, und sie sollten nicht glauben, dass sie, wenn sie die Scharia befolgten, damit zu in der Verfassung gewährleisteten Freiheiten im Widerspruch stünden. Das sei für die menschliche und nationale Selbstachtung notwendig. Er rechtfertigte Polygamie ähnlich wie Ahmet Hamdi Akseki mit klassischen Argumenten, wie der Fortpflanzung als Ziel der Ehe und dem Schutz der Keuschheit. Nicht nur die Unfruchtbarkeit der Frau, sondern auch ihre Unfähigkeit zum Geschlechtsverkehr rechtfertige eine weitere Heirat. So bleibe auch die Keuschheit in der Ehe bewahrt. Die Polygamie entspreche der Natur des Mannes und auch die sich theoretisch gegen die Polygamie wandten, beschränkten sich nicht auf nur eine Frau. Im Islam geschehe dies auf legale Weise und das gelte auch für die Nachkommenschaft. Er betonte die sexuellen Bedürfnisse des Mannes, um Polygamie zu legitimieren. Gleichzeitig sagte er aber, dass der Islam Polygamie nur erlaube, wenn sie nötig sei und nur unter der Bedingung, den Frauen gegenüber gerecht zu sein. Im Zweifelsfall solle man nur eine Frau heiraten. Den, der die Erlaubnis missbrauche und die Bedingungen missachte, habe der Islam getadelt.[412]

Es ist auffällig, dass Mediziner die Polygamie aus gesundheitlichen Gründen oft rational erklärten und ihr nicht so kritisch gegenüberstanden, obwohl sie im Osmanischen Reich zur ersten säkularen Elite gehörten, die die im Zuge der säkularen Bildungsreformen 1827 eröffnete medizinische Schule *(ṭıbḫāne-i āmire)* besucht hatten[413] und oft für Frauenrechte eintraten. So behandelte der Arzt Nusret Fuâd in seinem populären, in drei Auflagen erschienen Werk *İzdivāc ve Şerā'it-i Şıḥḥiyyesi ve İctimā'iyyesi* (Die hygienischen und sozialen Bedingungen der Ehe) den Nutzen der Polygamie für die Gesundheit und schrieb, der Islam erlaube Polygamie nur, wenn eine absolute Notwendigkeit bestehe. Sei sie notwendig, so sei sie von Nutzen für die Gesundheit. Aber

412 Mūsā Kāẓım, 21 Şa'bān 1326, S. 54.
413 Berkes 2002, S. 184-185.

diese Notwendigkeit müsse vorliegen und legitim sein, z.B. wenn die Frau unfruchtbar sei oder an einer unheilbaren Krankheit leide und somit ihre Aufgabe in der Ehe nicht erfüllen könne. Könne der Mann dann nicht wieder heiraten, wirke sich das negativ auf die Bevölkerungsentwicklung aus. Nach den Statistiken sei die Frauenzahl höher als die der Männer, d.h. wenn jeder nur mit einer Frau verheiratet sei, blieben viele Frauen ledig. Das könne dazu führen, dass einige Frauen zur Prostitution tendierten, was mit Vernunft nicht vereinbar sei. Sei die Frau krank, so dass sie mit ihrem Mann nicht sexuell verkehren könne, was solle der Mann dann machen? Wenn man sage, er solle keinen Geschlechtsverkehr haben, dann sage er, Nusret Fuâd, nein, weil es gegen das Naturgesetz sei und daraus gesundheitliche Nachteile resultierten, die zu seelischen Krankheiten führen könnten, kurz gesagt, den ganzen Körper veränderten. Wenn der Mann aufgrund seiner Treue nicht wieder heirate, werde er sich selbst befriedigen oder anderweitig Befriedigung suchen. Das sei nicht gut, und woher wisse man, dass er sich nicht mit gefährlichen Krankheiten wie z.B. Syphilis anstecke. Wenn also Polygamie in nötigen und unvermeidbaren Situationen praktiziert werde, könne sie für die Menschheit nützlich sein.[414]

Die hier referierten Rechtfertigungen zur Polygamieerlaubnis im Islam zeigen, dass einige modern-islamisch ebenso wie westlich und türkisch orientierte Intellektuelle die eigentliche islamische Ehe als monogame Beziehung betrachteten und davon ausgingen, dass das Vorkommen der Polygamie damit nichts zu tun hatte, sondern andere soziale und wirtschaftliche Faktoren dafür entscheidend waren. Doch redeten die modern-islamisch orientierten Intellektuellen nicht von einer Aufhebung der Polygamieerlaubnis, weil dies gegen das islamische Recht war, das nach ihrer Auffassung die Frauenrechte hinreichend gewährleistete.

414 Nuṣret Fu'ād 1329, H. 1332, S. 68-69; *Encyclopedia of Women & Islamic Cultures: Family, body, sexuality and health* 2006, S. 356.

Die konservativ-islamisch orientierten Intellektuellen bestanden auf der Polygamieerlaubnis, weil sie in besonderen Fällen eine Lösung darstellte und sie abzulehnen hieß, gegen die Religion und den Glauben zu verstoßen.

Die Gegner der Polygamie

Die Gegner der Polygamie stützten ihre Argumentation auf mehrere Aspekte: Sie setzten nicht nur ein spezifisches Ideal der monogamen Ehe und Familie voraus, sondern gewährten auch der (Ehe-)Frau darin eine besondere Rolle. Gemessen an diesen Idealen wurden polygame Ehen, die Position der Frau in solch einer Ehe und die ihr verwandten Formen wie Konkubinat und Sklaventum kritisiert. Neben den Gründen für Polygamie wurden auch unterschiedliche Lösungsansätze hinsichtlich ihrer Aufhebung formuliert.

Die westlichen Vorstellungen zugeneigten Intellektuellen, die die Individualisierung der osmanischen Gesellschaft befürworteten, betrachteten Polygamie als eine Eheform ohne Liebe. Seit Mitte des 19. Jahrhunderts zeigte sich die Wirkung der Freiheitsidee der französischen Revolution auch im privaten Bereich der liberalen gebildeten Osmanen. Seitdem wurde besonders in literarischen Werken die Liebe in der Ehe als entscheidend angesehen, und die traditionell arrangierte Ehe[415] mit ihren Begleiterscheinungen kritisiert.

Eine ideale Ehe sei die monogame, die auf Liebe beruhe. Polygamie hingegen sei unnatürlich. Nicht die Ehe solle zur Liebe hinführen, sondern umgekehrt solle die Liebe sich vor der Ehe entwickeln. Dann brauche man keine Polygamie mehr. Auch danach werde es Scheidung geben und nicht jeder werde glücklich sein, aber acht Zehntel der Unannehmlichkeiten könnten vermieden werden.[416] Aber ohne

415 Duben/Behar 1998, S. 102–103.
416 Ḳılıçzāde Ḥaḳḳī, Nīsān 1330, S. 16.

Liebe in der Ehe könne es kein gemeinsames Leben und Familienglück geben.[417]

Die aus einer monogamen Ehe hervorgehenden Familien mussten nach Ansicht der Gegner der Polygamie unabhängig und individuell sein. Nur so könne Stabilität und Fortschritt in der Sozialisierung und Zivilisierung erreicht werden. Um eine Familie zu gründen, seien nur eine Frau und ein Mann nötig. Nach soziologischen Gesichtspunkten sei es die Frau, die in der Familie das Fundament bilde und Ordnung schaffe. Es könne keine gesellschaftlich intakte Familie geben, solange die Frau nicht in jeder Hinsicht Erzieherin und Partnerin sei, weil aus Familien, die auf Sklaventum und Sexualität fußten, nicht unabhängige Gesellschaften und fortschrittliche Zivilisationen entstehen könnten.

Im Kontrast zu diesen Idealvorstellungen wurde Polygamie besonders von Salâhaddin Asım in seinem Werk *Türk Ḳādīnlıgınıñ Tereddīsī yāḫūd Ḳārīlāşmaḳ* (Die Degenerierung der türkischen Frau oder ihre Verweiblichung) scharf kritisiert. Er hob besonders die Reduzierung der Frau auf ihre sexuelle Funktion zur Befriedigung des Mannes hervor. Nach Salâhaddin Asım bedeuteten zwei oder drei Frauen die Zerstörung der Bedürfnisse und der Funktion der Familie. Solche Familien dienten nur zur Sicherung der Nachkommenschaft. Das sei wie bei den Tieren. In solchen Familien gebe es keine verwandtschaftlichen Beziehungen sowie Stabilität, Individualismus und Unabhängigkeit, die für eine Sozialisation notwendig seien. Zwei Frauen könnten nicht gemäß der Natur eine Familie gründen. Sie heirateten nicht unabhängig und individuell. Das historische Ereignis der Polygamie sei eine Krankheit, die das Volk und das Land degenerieren lasse und zerstöre. Es sei eine Schande für die islamische und damit auch türkische Zivilisation, dass Polygamie heute noch praktiziert werde. Verschleierung, Eheschließung, Scheidung, Erbschaft, Polygamie, Konkubi-

417 Tüccarzade İbrahim Hilmi 1997, S. 86-87.

nat und die Vorrechte des Vaters über die Kinder führten dazu, dass die Frau auf die Stufe eines Tieres herabsinke.[418]

Abdullah Cevdet meinte ebenfalls, dass die Frau durch Verschleierung und Polygamie auf die Stufe eines Objekts herabgewürdigt werde, wenn er auch gelegentlich den älteren fremden Bräuchen dafür die Schuld gab. Er bezeichnete die polygame Familie als eine Familie, die Krebs habe. Kinder und Frauen eines polygamen Familienoberhaupts seien meist hasserfüllt oder gleichgültig. Zwischen den Kindern, die von einem Vater, aber von verschiedenen Müttern geboren sind, gebe es keine geschwisterlichen Gefühle.[419]

Eng verbunden mit der Darstellung der Frau als Sexualobjekt in einer polygamen Ehe war die Kritik an Konkubinat und Sklaventum. Nach Salâhaddin Asım bedienten all diese Formen lediglich die männliche Lust. Die Völker, die Polygamie, Sklaventum und Konkubinat praktizierten und akzeptierten, stünden dem gesellschaftlichen Leben fern. Ein Volk, das Sexualität in seinem familiären Leben, in seiner Gesellschaft und Zivilisation als grundlegendes Element des Familiensystems anerkenne, werde außer Tod und Verderben nichts erreichen. Eine Sklavin oder Konkubine zu nehmen und die Polygamie zu akzeptieren, führe in materielles und seelisches Leid und bedeute kurz gesagt, »eine Lustinstitution zu begründen«.[420] Außerdem sei Sklaverei heute verboten. Der Staat habe die Sklaverei aufgehoben, indem er mit England bezüglich der schwarzen Sklaven einen Vertrag geschlossen habe. Da das Grundgesetz der Meşrutiyet Freiheit gewähre, sei jeder im Osmanischen Reich frei. Und doch gebe es im Kaukasus, in Aziziye (Afyonkarahisar) und Adapazarı (Kocaeli) Ausbildungszentren für Sklavinnen bzw. Konkubinen, an die die Väter ihre Töchter verkauften. Und

418 Ṣalāḥaddīn ʿÀṣım, o.J., S. 133-140 und 110-111.
419 Hanıoğlu 1981, S. 309-310.
420 Ṣalāḥaddīn ʿÀṣım, o.J., S. 131-132.

die Herren benutzten die Frauen ihrer Untertanen und verkauften sie weiter. Der Staat solle das nicht zulassen.[421]

Um Polygamie zu bekämpfen und die ideale Familie zu entwickeln, schlugen die Intellektuellen unterschiedliche Lösungsansätze vor, die eng mit den jeweiligen angenommen Gründen verknüpft waren. Allen ging es in erster Linie um eine rechtliche Neuregelung, die jedoch unterschiedlich ausgestaltet war.

Die westlich orientierten Intellektuellen sahen die Ursachen für die Polygamie vor allem im Eherecht bzw. der Eheschließung im Islam. Sie wollten diese durch religiöse Reformen aufheben bzw. ein neues Familiengesetz schaffen. Für sie war die Famile die entscheidende Institution der Gesellschaft, und um die Stellung der Frau im Familienrecht zu verbessern, musste es neue Gesetze für Eheschließung bzw. Polygamie und Scheidung geben, die auf gleichen Bedingungen für beide Geschlechter basierten und den Bedürfnissen der Zeit entsprachen. Damit befanden sie sich im Widerspruch zu den familienrechtlichen Bestimmungen im Islam, was zu kontroversen Diskussionen mit den religiös-islamischen Reformern führte. Ohne Ausnahme kritisierten alle westlich orientierten Intellektuellen die Polygamie u.a. in den Zeitschriften *İctihād* und *Ḥürriyyet-i Fikriyye*.[422] Es gab allerdings auch unter ihnen verschiedene Ansichten zum Eherecht und damit auch zur Polygamie. Diejenigen, die dem islamischen Eherecht kritisch gegenüberstanden, machten die Religion für die Polygamie verantwortlich, einige allerdings erkannten auch soziale und ökonomische Faktoren an. Es gab auch einige wenige, die sich zwischen diesen Ansichten bewegten und sich daher gelegentlich in Widersprüche verwickelten. Abdullah Cevdet und Kılıçzâde Hakkı kritisierten das islamische Eherecht und waren für

421 Celāl Nūrī, H. 1331, S. 145–146.

422 Zu den Ansichten der westlich orientierten Intellektuellen über Frauen, bzw. Verschleierung und Polygamie in den Zeitschriften *İctihād* und *Ḥürriyyet-i Fikriyye*, s. Albayrak 2002, S. 359–445.

die Übernahme europäischer Zivilgesetze, wie sie u.a. in *İctihād* 1912 betonten. Nach ihren Vorstellungen sollten die Bedingungen für Eheschließung und Scheidung geändert werden, indem Polygamie und einseitige Scheidung des Mannes aufgehoben wurden, so dass selbst der Sultan nur eine Frau haben und keine Sklavinnen als Konkubinen nehmen konnte.[423]

Vor allem kritisierten sie die Art der Eheschließung und die Instanzen, die sie vollzogen. Nach Kılıçzâde Hakkı kam es vor, dass die Imame im Namen der Religion mehrere Eheschließungen vornahmen und die Gerichte diese Eheschließungen akzeptierten. Dadurch entstehe Polygamie. Überdies würden Eheschließungen gegenwärtig von den Gerichten unterschiedlich beurteilt. Bei gleichen Fällen könne das Gericht in Galata[424] eine Eheschließung nicht zulassen, während sie vom Gericht in Istanbul vollzogen werde. Das gleiche gelte für Imame. Auf diese Weise würden viele Fehler über Jahre von den Schariagerichten verschleppt. Die Gesetze müssten jedoch den jeweiligen Gegebenheiten und den ethischen Vorstellungen der Menschen entsprechen. Gesetze müssten immer und überall in der Weise angewandt werden, wie es dem allgemein existierenden Rechtsempfinden entspreche. Deswegen sei der kürzeste Weg zur Eheschließung der mit zwei Zeugen wie in den zivilisierten Ländern Europas vor einer zuständigen Behörde bei gleichzeitiger Registrierung. Das gelte auch für die Scheidung. Die Probleme würden nie gelöst, wenn man nicht für Eheschließung, Scheidung und deren Folgen im Einklang mit den Bedürfnissen der Zivilisation und Religion Gesetze erlasse. Erst damit würden diese Unannehmlichkeiten und die bisherigen Gerichte hinfällig. Dass die Regierung die Imame durch neue Gesetze kontrolliere, sei nicht genug.

423 Safa, o.J., S. 51-52; Gündüz 2007, S. 186, 170 und 176.

424 Das Schariagericht in Galata war für die Einwohner der westlichen Seite Istanbuls zuständig. Vielleicht waren die Richter stärker von der westlichen Modernisierung beeinflusst.

Solange kein Verbot herrsche, werde es Polygamie geben. Solange die Männer schwach seien, es Kupplerinnen und ungebildete Väter gebe, solange Mädchen unverheiratet zu Hause blieben und arme Familien existierten, werde es Polygamie geben. Am einfachsten könnten die Frauen selbst diese Probleme lösen, aber sie seien genauso schwach wie die Männer.[425]

Nach Salâhaddin Asım hatten außerdem religiöse Unterdrückung und Tradition nicht nur die Frau, sondern auch den Mann in seiner Entwicklung gehemmt. Wenn man diese Missstände nicht beseitige und nicht die Entwicklung im Westen als Beispiel nehme, werde sich die Stellung der Frau auch in der Ehe nicht verbessern. Er meinte, dass zwar die Frau auch bei den alten Türken sexuell wahrgenommen wurde, jedoch an den gesellschaftlichen Aufgaben teilgenommen habe und in jeder Hinsicht Rechtssubjekt gewesen sei. Das habe sich durch einige falsche Bestimmungen und falsch verstandene Anwendungen der Religion geändert. Die gemäß der Religion und der Scharia geschlossene Ehe und Scheidung sei nichts als Sklavenhandel, wenn man die Frau gesetzlich legitimiert freigebe und willkürlich verjage, sobald man sie satt habe oder sie als Konkubine benutze. Da jede Religion ein gesellschaftliches Gesetz sei, sollte es gemäß dem Islam je nach den Zeitumständen geändert werden. Die Entscheidung zur Eheschließung sollte materiell, seelisch und gesellschaftlich in jeder Hinsicht frei und unabhängig sein. Die Eheschließung sollte der Kompetenz des Imams oder des Gemeindevorstehers (*muḫtār*) entzogen und von den religiösen Fesseln befreit werden. Die Ehe sollte vor den Eltern oder einem Vormund in der Stadtverwaltung in Gegenwart der Brautleute geschlossen werden.[426] Auch Abdullah Cevdet verlangte eine gesetzliche zivile Eheschließung und Scheidung, um Monogamie durchzusetzen.[427]

425 Ḳılıçzāde Ḥaḳḳī, 3 Nīsān1330, S. 14-16.
426 Ṣalāḥaddīn ʿÀṣım, o.J., S. 109, 185 und 190-192.
427 Hanıoğlu 1981, S. 309-310.

Ähnliche Argumente wurden von anderen Reformern vorgebracht. Sie verlangten eine auf westlichem Vorbild fußende zivile Eheschließung, bei der man offiziell vor einem Standesbeamten und Zeugen heiratete, um mehrfache Eheschließungen durch Imame zu vermeiden, obwohl die islamische Eheschließung eine solche Form nicht vorsah. Celâl Nuri plädierte sogar dafür, dass der Kalif Polygamie und Konkubinat verbieten sollte. Da der Kalif gemäß der Religion für Ge- und Verbote zuständig sei, sei er befugt, Polygamie zu verbieten. Nach dem Koran seien Zinsen verboten, aber die Gelehrten stellten fest, dass es zwischen früheren und jetzigen Zinsen Unterschiede gebe. Daher erlaube der Kalif bis zu 9 % Zinsen. Der Staat nehme und gebe offiziell Zinsen, und alle diese Verfahren würden vom Scheich ül-Islam genehmigt. Wie die Polygamie könne das Kalifat auch das Konkubinat verbieten,weil dies gegen die Moral verstoße und die Familie zerstöre.[428]

Manche Intellektuelle nannten den Westen als Beispiel für Reformen im Eherecht. So stellte Ahmet Mümtaz in seinem Werk *Mevki'-i Nisvān Hakkında Nazariyāt ve Hakāyik* (Theorien und Realitäten in Bezug auf die Rechtsstellung der Frau) fest, dass der Westen sich in der letzten Zeit bemüht hatte, durch Veränderungen in den Ehegesetzen Reformen herbeizuführen. In Europa in geringerem, in Amerika in größerem Maße versuche man, mit der Monogamie die für beide Seiten entstehenden Nachteile im Falle einer Scheidung zu minimieren, was zu einem dauerhaften und gesunden Zusammenleben führen solle. Außerdem schlug er vor, dass Reformen im Rahmen der Frauenrechte initiiert werden sollten, weil sie der Garant für die rechtliche Gleichheit der Frau seien. Was die Frauen und die Ehe anbelange, müsse es Veränderungen geben, die nicht nur mündlich und durch religiöse Interpretationen für möglich erklärt, sondern durch konkrete Handlungen im Bildungsbereich, in Wirtschaft, Politik und Gewerbe verwirklicht würden. Die

428 Celāl Nūrī, H. 1331, S. 190-191 und 144-145.

Bildung gewährleiste wirtschaftliche Sicherheit, weil die Frau dadurch ihren Lebensunterhalt verdienen könne, und das führe dazu, dass es im Interesse der Familie Gleichberechtigung von Mann und Frau gebe.[429]

Insgesamt wurde die Kritik der westlich reformorientierten Intellektuellen an der Polygamie während der II. Meşrutiyet-Ära intensiver. Aber sie wurde nicht auf der Basis demographischer Daten formuliert. Die Verbreitung der Polygamie war seit dem 16. Jahrhundert auf niedrigem Niveau konstant geblieben und auch am Ende des 19. und zu Beginn des 20. Jahrhunderts spielte sie kaum eine Rolle, was von der Mehrheit der osmanischen Intellektuellen, egal welcher Richtung, anerkannt wurde. Jedoch wurde in Istanbul der Widerstand gegen die Polygamie zu einer Ideologie im Kampf für die gleichberechtigten Beziehungen der Geschlechter und für einen modernen westlichen Lebensstil.[430] Auch westliche Beobachter wie J.-H. Abdolonyme Ubicini, der in Istanbul lebte, bestätigten die geringe Verbreitung von Polygamie in der Oberschicht, beim Militär und bei den Zünften, was auf die Verwestlichung bzw. Modernisierung zurückzuführen sei. Nach ihm waren sich auch die Frauen ihrer Rechte bewusst.[431] Ähnlich urteilte der Reisende Edmondo de Amicis, der anmerkte, dass die orientalischen Frauen Polygamie nicht akzeptierten. Wenn dem nicht so wäre, würde keine türkische Frau die Bedingung stellen, dass ihr Ehemann monogam bleiben müsse.[432] Kurz vor 1908 berichtete ein amerikanischer Journalist, dass in der Türkei Polygamie u.a. aus Kostengründen weniger als angenommen verbreitet war. Nur bei Kinderlosigkeit nehme der türkische Mann die Unkosten und die Gefährdung des Familienfriedens in Kauf und heirate noch einmal.[433] So gab es

429 Aḥmed Mümtāz 1325, S. 38 und 43.
430 Duben/Behar 1998, S. 169-171.
431 Ubicini, o.J., Bd. 2, S. 477-478 und 480.
432 Evren/Girgin 1997, S. 137-138.
433 Duben/Behar 1998, S. 169-170.

in der II. Meşrutiyet-Ära Heiratsanzeigen, in denen wegen Kinderlosigkeit eine weitere Frau gesucht wurde.[434] Dennoch wurde auch die Polygamiedebatte in dieser Zeit Teil der Reformdebatte, und die westlich orientierten Reformer forderten ein an das westliche Zivilrecht angelehntes Eherecht, mit dem das einseitige Scheidungsrecht des Mannes und die Polygamie ausgeschlossen werden sollten.

Die Kontroverse zwischen Mansurizâde Sait und Ahmet Naim

Kurz vor der Kodifizierung des Familiengesetzes 1917 gab es einen heftigen Streit unter den Intellektuellen über die Polygamie. Vorschläge für ein Polygamieverbot wurden nicht nur von säkularen Intellektuellen wie Celâl Nuri,[435] sondern auch von vereinzelten Religionsgelehrten auf der Grundlage unterschiedlicher Rechtfertigungen unterbreitet. Erhellend für die Ansichten islamisch orientierter Intellektueller ist die Diskussion zwischen dem Religionsgelehrten und Politiker Mansurizâde Sait (1864-1923) und dem traditionsgebundenen Ahmet Naim, einem der wichtigsten islamischen Denker in der letzten osmanischen Periode, der gleichzeitig auch säkular ausgebildet war.

Es ist bemerkenswert, dass ein Religionsgelehrter wie Mansurizâde Sait viele Artikel über das mögliche Polygamieverbot schrieb und ein Verbot auf der Basis des islamischen Rechts verlangte. Er schrieb in modern ausgerichteten Zeitschriften, dass der Islam kein Hindernis für eine Modernisierung sei und besonders Saits radikale Ideen zur Polygamie lösten hitzige Debatten aus.[436] In *İslām Mecmā'asī* vertrat er in einem Artikel mit dem Titel »Ta'addüd-i zevcāt İslāmiyyet'de men' olunabīlir« (Die Polygamie kann im Is-

434 Toprak 1988, S. 44/172-45/173.

435 Celāl Nūrī, H. 1331, S. 144-145; Celāl Nūrī, H. 1330, S. 249-250.

436 *Modernist Islam (1840-1940)* 2002, S. 188.

lam verboten werden) die Ansicht,[437] dass die Regierung (*ulū'l emr*) beim Verbot der Polygamie eine Rolle spielen könnte. Dies führte zu einer heftigen Rechtsdiskussion mit Ahmet Naim, der zu dem Thema in seiner Artikelserie »Kann Polygamie im Islam verboten werden?« in *Sebīl ür-Reşād* mehrmals kritisch Stellung nahm.[438] Mansurizâde Sait reagierte darauf mit mehreren Artikeln in *İslām Mecmā'asī*.[439] Für religiös gebundene Intellektuelle war es ganz natürlich, im täglichen gesellschaftlichen und politischen Ringen um Lösungen auf das islamische Recht zurückzugreifen. Beide beriefen sich auf den Islam zu Lebzeiten des Propheten. Sie unterschieden sich jedoch methodisch. Mansurizâde Sait versuchte durch unabhängige Rechtsfindung (*ictihād*) zu zeigen, dass Polygamie im Islam verboten werden könne, Ahmet Naim hingegen war vorsichtiger in der Rechtsfindung. Beide beschuldigten einander, von *ictihād* nichts zu verstehen.[440] Mansurizâde Sait begründete seine Behauptung, dass Polygamie im Islam verboten werden könne, mit der wiederholten Annahme, dass die Scharia Polygamie weder ge- noch verbiete, sondern die Erlaubnis erteile. Ihm zufolge glaubten die Europäer aber trotzdem, dass Polygamie im Islam akzeptiert werden musste und die islamische Welt aufgrund der Scharia immer noch im Mittelalter lebte. Die Entscheidung, wie Polygamie zu handhaben sei, liege bei der Regierung. Im Islam gebe es kein Hindernis für ein Verbot der Polygamie. Auch die Imame und Rechtsgelehrten aller islamischen Glaubensrichtungen (*meẕheb*) würden das Gesagte akzeptieren: »Gehorchen Sie Gott, seinem Propheten und der jeweiligen Regierung« (Sure 4/59). Aus dieser Sure könne man ersehen, dass Ge- und Verboten

437 Manṣūrīzāde [M.] Sa'īd, 25 Cümād el-āḫire 1332, S. 233–238.
438 Zu den Artikeln von Ahmet Naim in *Sebīl ür-Reşād* über das Polygamieverbot, s. die Transkription bei Albayrak 2002 S. 471–515.
439 Zu seiner Stellungnahme in dieser Diskussion in *İslām Mecmā'asī*, s. ebenfalls Albayrak 2002, S. 341–357.
440 Şahinoğlu, »Babanzâde Ahmed Naim«.

der Regierung unbedingt Folge zu leisten sei. So habe die Regierung das Recht, eine lediglich erlaubte Polygamie zu verbieten, während sie Gebote der Scharia nicht aufheben könne. Da die Scharia nur die Erlaubnis formuliere, bis zu vier Frauen zu nehmen (Sure 4/3), könne die Regierung Polygamie entweder verbieten oder unter bestimmten Bedingungen zulassen. Wenn die Regierung ein solches Gesetz erlasse, könne die Scharia dies nicht ablehnen, aber die von der Scharia gefassten Beschlüsse zur Polygamie könnten in die staatliche Gesetzgebung einfließen. Für Eheschließung und Scheidung gelte das gleiche, so dass die Regierung nach der Scharia die zu einem Volk passenden Gesetze und Beschlüsse erlassen könne. Mansurizâde Sait betonte, dass diejenigen, die über Polygamie sprächen, meinten, dass in der Scharia die Polygamie mit der Bedingung der Gerechtigkeit gegenüber den Frauen verbunden sei. Da diese jedoch nicht möglich sei, solle man Polygamie durch ein neues Gesetz verbieten. Aber wenn man die Angst, nicht gerecht zu sein, als Hindernis für ein Verbot betrachte, helfe es nicht, Polygamie per Gesetz zu verbieten, da das nicht den Grundsätzen der islamischen Rechtswissenschaft (*fiqh*) entspreche. Die Gerechtigkeitsfrage könne nur eine Bedingung für ein Polygamieverbot sein.[441]

Ahmet Naim kritisierte die Argumentation Mansurizâde Saits, dass nach islamischem Recht die Regierung Polygamie verbieten konnte. Dies könne nicht Teil der Koranexegese sein, da ein Konsens (*icmāʿ-i ümmet*) und die Sunna des Propheten (*Peyġāmber'iñ ṣaḥīḥ sünneti*) die Polygamie legitimierten. Er begründete, warum ein Verbot nach islamischem Recht nicht möglich war. Die Proteste der Feinde gegen Religion und Scharia, würden Mansurizâde so sehr erschrecken, dass er den Koran neu interpretiere. Dafür greife er auf die Sure 4/59 zurück. Dort heiße es: »Gehorchen Sie Gott, seinem Gesandten und Ihrem Herrscher.« Zwar verwende er methodische Regeln, aber seine Inter-

441 Manṣūrīzāde [M.] Saʿīd, 25 Cümād el-āḫire 1332, S. 233–238.

pretation habe noch keine Reife erreicht. Mansurizâde Sait wisse wohl, dass die Interpretation nicht einfach sei, da der Exeget bei einer Frage, die zum ersten Mal auftauche, ganz genau untersuchen müsse, was Koran und Sunna sagen, d.h. in diesem Fall müssten alle Möglichkeiten berücksichtigt werden. Außerdem sei ein Koran-Exeget verpflichtet zu untersuchen, welches Urteil andere Exegeten bezüglich dieser Frage gefällt haben und was sie in diesem Fall als schädlich bezeichneten. Das habe Mansurizâde nicht getan und auch nicht die erwähnte Sure von Anfang bis Ende gelesen. Noch merkwürdiger sei, dass er ein Problem, das durch Koran, Sunna und Konsens (*icmā'*) gelöst sei, neu interpretiere. Er behaupte, dass alle zivilisierten Nationen aufgrund der Polygamie die Scharia missbilligten und in der islamischen Welt noch mittelalterliche Barbarei herrsche und er befürworte deshalb die Aufhebung der Polygamie. Bisher sei die Sure 4/3 von keinem islamischen Gelehrten oder Juristen je bestritten worden. Daher verteidige Mansurizâde die Religion auf falsche Weise. Polygamie sei keine Sitte, die aus dem Mittelalter stamme, sondern werde seit dem Altertum praktiziert. Die Scharia habe sie auf vier Frauen begrenzt und befohlen, bei Besitzteilung und Unterhalt gerecht zu sein. Diejenigen, die diese Gerechtigkeit nicht ausüben könnten, sollten sich mit einer Frau begnügen. Es sei nicht nötig, hier wieder die Vorteile dieser Bestimmung aufzuzählen, weil das Thema nicht die Verteidigung der Polygamie sei, doch sei sie keine Barbarei, sondern legitim, da sie sich auf die Scharia stütze. Demnach sei ausgeschlossen, dass Polygamie durch Befehl des Herrschers verboten werden könne. Was gewinne man durch ein Verbot? Wichtig sei, dass die Polygamie der Scharia entspreche. Könne der Herrscher die diesbezügliche Sure im Koran aufheben? Könne er Hadithe vernichten und die islamische Geschichte von Anfang bis Ende willkürlich ändern? Dagegen könne später eine andere Autorität durchaus, trotz Verbot eines Herrscher, dieselbe Sache erlauben.

Die Angst vor dem Protest der Europäer habe in eine Sackgasse geführt. Obwohl viele Europäer den Islam sehr kritisch betrachteten, gebe es unter ihnen doch auch vernünftige Leute, die die Wahrheit sagten. Der Protest gegen die Bestimmungen des Islams durch die, die eine legale Heirat mit bis zu vier Frauen ablehnten, aber illegalen Geschlechtsverkehr mit vielen Frauen tolerierten, sei töricht. Man solle keine Angst haben, an den Schariabestimmungen festzuhalten.

Mansurizâde Sait argumentierte mit der Sure 4/59: »Gehorchet Gott und dem Gesandten und...«. Hier sei der Prophet gemeint, und was der Prophet sage und tue, müsse befolgt werden. Was den Herrscher (*ulū'l emr*) anbelange, sei es nicht so. Kurz gesagt seien Befehle und Verbote des Propheten wie Befehle und Verbote Gottes zu verstehen.[442]

Welche Personen wurden in dieser Sure (4/59) »ulū'l emr« genannt? An einer Stelle seines Aufsatzes interpretierte Mansurizâde Sait »ulū'l-emr« als Regierung. Das war, nach Ahmet Naims Ansicht, kein Fehler, aber es müsse doch gesagt werden, dass die Imame in diesem Fall nicht gleicher Meinung seien. »Ulū'l-emr« könne fünf verschiedene Bedeutungen haben: Die ersten vier Kalifen (*ḫulefā'-i rāşidīn*), die Oberbefehlshaber (*ordū ḳumāndanı*), die Gefährten des Propheten (*aṣ'āb*), die Gelehrten (*'ulemā'*) und die Emire (*ümerā*). Für den Fall, dass hier der Herrscher mit »ulū'l-emr« gemeint sei, stellt sich die Frage,wie man ihm gehorchen könne? Nach Sure 4/59 könne der Herrscher nicht willkürlich handeln. Dem »ulū'l-emr« gehorchen bedeute nicht, dies in jeder Hinsicht zu tun. Niemand könne sich vorstellen, dass die Herrscher befugt seien, die Bestimmungen Gottes außer Kraft zu setzen, aus einer Erlaubnis ein Verbot oder umgekehrt zu machen. Außerdem gebe es eine Sure, die besage: »Was der Gesandte gegeben hat, nehmen Sie, was er verboten hat, meiden Sie.« Hier sei auch der Herrscher gemeint. Gott habe Polygamie in seiner Religionsgemeinschaft bis zum Jüngsten Gericht erlaubt (*ḥelāl*). Wie könne ein Herrscher eine erlaubte Sache

442 Ahmet Naims Erklärung stützte sich auf die Suren 88/22, 5/99 und 59/7.

durch ein Gesetz verbieten? Wenn ein Herrscher Erlaubtes verbieten oder Verbotenes erlauben wolle, dürfe man ihm nicht gehorchen. Ein Herrscher könne Polygamie nicht verbieten. Wenn Mansurizâdes Vorstellungen Gesetz würden, wäre dann ein Mann, der polygam ist und sich der Frau gegenüber der Scharia gemäß verhält, vor dem Gesetz ein Ehebrecher? Müsse er nach der Scharia bestraft werden? Wären die Kinder einer Zweit-, Dritt- oder Viertfrau eines Muslims unehelich? Das Gesetz, das Mansurizâde Sait wolle, werde diese Kinder nicht anerkennen, und sie wären nicht mehr erbberechtigt. Im Osmanischen Reich seien polygame Muslime der Situation und Zeit entsprechend selten. Warum wolle man dennoch ein Gesetz, das die Polygamie verbiete und die göttliche Bestimmung aufhebe? Man könne nicht die Scharia ändern, weil die Europäer es sagten.[443]

An dieser Diskussion nahmen auch andere Religionsgelehrte teil. Der Lehrer an der Bayezid-Moschee in Istanbul, Ermenekli Mustafa Safvet (1877-1964), bestätigte mit Einschränkungen in *Beyān ül-Ḥaḳ* die Aussage Mansurizâde Saits, war in der Konsequenz aber trotz allem gegen ein Polygamieverbot. Ein Herrscher könne nicht willkürlich jede zulässige Handlung verbieten oder erlauben. Wenn er es tue, müsse er es begründen. Er könne nicht die Gerechtigkeit als Grund für ein Polygamieverbot nennen, da Polygamieerlaubnis an Gerechtigkeit gebunden sei. Aber während der Eheschließung könne eine Frau verhindern, dass ihr Mann eine zweite Frau heirate, indem sie eine solche Bedingung stelle. Eine zweite Frau heirate sowieso freiwillig. Heute sei die Eheschließung ohne Erlaubnis der Regierung verboten, aber dieses Verbot könne nicht verhindern, dass zwei Menschen zivilrechtlich die Ehe schlössen. Genauso werde ein Verbot die Polygamie nicht verhindern. Religi-

443 Ahmet Naim, 15 Mayıs 1329, S. 216-221 nach der Transkription von Albayrak 202, S. 471-483. Die Diskussion um das Polygamieverbot zwischen Ahmet Naim und Mansurizâde Sait setzte sich mit der Referenz auf das islamische Recht fort.

onsgesetzliche Verträge wie Eheschließung und Scheidung würden in den Rechtsbüchern detailliert erklärt. Bei Verträgen zur Eheschließung und Scheidung müsse kein Staatsbeamter anwesend sein, um die Richtigkeit der Verträge zu bestätigen. Diese Regeln würden sich auch nicht durch ein Polygamieverbot des Herrschers ändern, wenn zwei Menschen einen Ehevertrag schlossen. Die Regierung könne dem Mann höchstens eine Strafe oder zusätzliche Steuer bei einer zweiten Heirat androhen, aber beides sei keine Lösung. Muslime lehnten ein Polygamieverbot ab. Solange kein religiöses und echtes Hindernis vorliege, sei Polygamie nicht schädlich, manchmal sogar notwendig.[444]

Obwohl sich türkisch-nationalistische und westlich orientierte Intellektuelle gegen die religiös-islamischen Intellektuellen in der Frage der Kodifizierung eines neuen Familiengesetzes bzw. Eherechts einig waren, tendierten sie im Gegensatz zu einigen westlich orientierten Intellektuellen nicht dazu, europäische Zivilgesetze zu übernehmen, sondern befürworteten wie z.B. Ziya Gökalp und Mansurizâde Sait die Herausbildung eines modernen Islams, der sich auf den privaten Glauben und entsprechende Rituale beschränkte. Dies sei erreichbar, wenn man die legitime Herrschaft mit weitgefassten legislativen Rechten ausstatte, die traditionellen islamischen Quellen freier auslege und damit die Basis des Gewohnheitsrechts (*'urf*) erweitere. Auf diese Weise könne die islamische Praxis, die nicht mit der Modernisierung vereinbar wäre, aufgegeben werden. Die Mehrheit der *'ulemā'* und die radikaleren religiös-islamischen Intellektuellen verwarfen diese Ansichten als unwillkommene Neuerungen.

Die Vorschläge der islamisch orientierten Intellektuellen kamen wenig später zum Tragen.[445] Sie beförderten das Zustandekommen der Familienrechtsverordnung von 1917, die die Polygamie beschränkte. Aber auch die Ansichten

444 Ermeneḳlī M. [Muṣṭafā] Ṣafvet, 13 Kānūn-ı evvel 1326, S. 1694-1696.
445 Hanıoğlu 2008, S. 186-187.

der türkisch-nationalistischen Intellektuellen waren für die Formulierung des Gesetzes entscheidend, vor allem Ziya Gökalp, dessen Vorstellungen der Ideologie der Herrschenden entsprachen.[446]

446 Tunaya 1991, S. 105-106.

5 Probleme im Familienrecht und staatliche Maßnahmen

Die angesprochenen Probleme der osmanisch-islamischen Eheschließung bzw. Polygamie und Scheidung spiegeln sich in spätosmanischen Dokumenten wider, die sich unterschiedlich klassifiziert in den Katalogen des *Başbakanlık Osmanlı Arşivi* (BOA) finden. Die in den Dokumenten deutlich erkennbare Zunahme von Rechtsfällen im Zusammenhang mit Ehestreitigkeiten im 19. Jahrhundert, veranlasste den Staat, sich verstärkt in eherechtliche Belange einzumischen.[447] Damit wurde das islamisch-osmanische Eherecht allmählich zu einer Angelegenheit des Staates und nicht mehr der Religion bzw. ihrer Vertreter.

Als gravierendes Problem wird in den Dokumenten die nicht registrierte bzw. unerlaubte Eheschließung behandelt, durch die auch die Polygamie begünstigt wurde. Die Eheschließung sollte entweder vor einem Kadi (*ḳāżī*) oder mit dessen Ermächtigung vor einem Imam erfolgen und registriert werden. Sobald Zweifel am Bestand der Ehe auftraten, also der Ehemann bestritt, verheiratet zu sein und die Register der Schariagerichte die Ehe nicht vermerkten, war es für die Ehefrau sehr schwer, ihre Rechte zu erlangen. War jedoch der Ehevertrag (*ʿaḳd-i nikāḥ*) in den Registern aufgenommen worden und enthielt die Namen der Eheleute, ihren Wohnort, mögliche Kinder sowie Auskünfte über einen Witwenstand, den Betrag der Mitgift, die sofort (*mehr-i muʿaccel*) oder später (*mehr-i müʾeccel*) gezahlt werden musste, die Namen der Zeugen und

447 Ortaylı 1990, S. 321.

das Datum des Ehevertrags,[448] konnte die Ehefrau ihre aus der Ehe resultierenden Rechte einfordern. Wurden Ehen ohne Ermächtigung und Registrierung geschlossen, war es unmöglich herauszufinden, ob ein Mann polygam war. Diese Problematik wird in den eingesehenen Dokumenten offensichtlich. Es ist nicht bekannt, ob Ehemänner, die ihre Frauen ohne Unterhaltszahlungen verließen, sich andernorts neu verheirateten. Manchmal erfuhr die Ehefrau erst später von einer neuen Heirat ihres Mannes.[449] Dies zeigt, wie wichtig ein offiziell registrierter Ehevertrag war, was dazu führte, dass man seit der Gründung des Osmanischen Staats Wert darauf legte, die Eheschließung von Kadis bzw. von durch Kadis ermächtigten Imamen vollziehen zu lassen.[450]

Diese Eheschließungen sind nicht quantifizierbar. Jäschke vermutete, dass im Osmanischen Reich der zuständige Imam frühzeitig mit einem für jeden Einzelfall zu erteilenden Ermächtigungsschreiben (*i̤zin-nāme*) vom Kadi die Ehe besiegelte.[451] Untersuchungen bestätigen, dass bis zum Ende des Osmanischen Reichs Eheschließungen zwar von Kadis durchgeführt wurden, die meisten davon aber von entsprechend ermächtigten Imamen.[452] Da es aber gleichzeitig nach islamischem Eherecht für die Eheschließung keine andere formale Bedingung außer die Anwesenheit zweier Zeugen gab, konnte die Ehe auch nur unter Beteili-

448 Kurt 1998, S. 25; Savaş 1992, S. 511.

449 Z.B. »Die Forderung Sakine Emine Hanıms nach finanzieller Unterstützung, die erfahren hat, dass ihr Mann, der sich aufgrund der Wehrpflicht in einer anderen Region befindet, aufs neue geheiratet hat und die deshalb mit ihren Kindern auf Hilfe angewiesen ist«, s. BOA. 27/Ş/1319, Dosya No: 2567, Gömlek No: 1, DH.MKT.

450 Savaş 1992, S. 511; Aydın 1996a, S. 162-163.

451 Jäschke 1955, S. 168; Schon für die Jahre 860-890/1455-1485 gibt es in den Registern (*defter*) des Kadiamtes in Bursa mehr als tausend Eintragungen von Eheschließungen vor dem Imam (Kurt 1998, S. 25, Anm. 57).

452 Mutaf 2002, S. 88-89; Savaş 1992, S. 511-512; s. aber anders in Bursa im 17. Jahrhundert Kaya 2008, S. 84.

gung der Eheleute und vor Zeugen geschlossen werden.[453] Dies erleichterte Männern die mehrfache Eheschließung.

Im 19. Jahrhundert war dies häufig der Fall, wenn Männer aufgrund ökonomischer Schwierigkeiten in andere Orte zogen, dort noch einmal heirateten und so polygam wurden.[454] Diese Problematik wurde in der letzten Periode des Osmanischen Reichs offensichtlich erkannt. Daher versuchte der Staat Eheschließungen zu kontrollieren. 1254/1838 empfahl der Kadi von İstanbul, dass die Imame der Gemeinde keine Eheschließungen ohne Ermächtigung durch das Gericht vornehmen durften.[455] Wenig später führte dies dazu, dass für einige Berufsgruppen nicht nur die Erlaubnis zur Ehe erforderlich, sondern diese auch an bestimmte Bedingungen geknüpft war. Beispielsweise besagte ein Dokument vom 23. Ramażān 1281/19.2.1865, dass die Gefreiten der Militärpolizei und die Soldaten die Heiratserlaubnis unter der Voraussetzung erhielten, dass sie den Unterhalt für sich und ihre Ehefrauen sichern konnten.[456] Dies verhinderte, wenn auch nur mittelbar, polygames Verhalten innerhalb mancher Berufsgruppen.

Nach dem Tanzimat erfolgte der erste schwerwiegende rechtliche Eingriff des Staates in den Bereich der Ehe durch die Verordnung der Bevölkerungsregister (*sicill-i nüfūs ni Ḳāmnāmesi*) vom 8. Şevvāl 1298/2.9.1881. Nach Artikel 33 dieser Verordnung sollten Eheschließungen erst nach Genehmigung durch die Schariagerichte vollzogen werden. Nichtmuslime sollten diese Erlaubnis von ihren religiösen Oberhäuptern einholen. Dafür mussten die künftigen Eheleute Urkunden (*'ilm ü ḫaber*) ihrer Gemeinde, die sie als verheiratet bzw. ledig auswiesen sowie ihren Geburtsschein dem Gericht vorlegen. Die fehlende Übereinstimmung dieser Urkunden mit den Personaldaten hatte

453 Aydın 1985, S. 12-35 und 92-93; Cin 1974, S. 281-282.
454 Alkan 2001, S. 51-52; Mutaf 2002, S. 106; Aydın 1985, S. 146.
455 BOA. 29/Z/1254, Dosya No: 1252, Gömlek No: 48409, HAT.
456 BOA. 23/R/1281, Dosya No: 312, Gömlek No: 81, A.MKT.MHM.

eine Strafe zur Folge. Der Imam der Gemeinde konnte nach Erhalt der Erlaubnis die Eheschließung vornehmen. Die vorgenommene Eheschließung musste innerhalb von acht Tagen mit einer Ausfertigung des Erlaubnisschreibens sowie einer Urkunde der Einwohnerverwaltung (*nüfūs idāresi*) gemeldet werden.[457] Diese Urkunde enthielt die Namen der Eheleute, ihr Alter und ihre Ehefähigkeit (*ehliyyet*) sowie den Wohnsitz des Ehemannes. Außerdem gab sie Auskunft über die Namen der Eltern der Eheleute, deren Wohnsitz, Beruf und Religionszugehörigkeit sowie zu den Zeugen. Artikel 36 der Verordnung setzte fest, dass auch im Falle einer Scheidung der Bezirks- oder Dorfimam bzw. das Oberhaupt der nichtmuslimischen Bevölkerung dies in einem amtlichen Schreiben an die Einwohnerverwaltung anzuzeigen hatte. Mit dieser Verordnung erhielt der Imam Befugnisse eines Staatsbeamten und wurde dazu verpflichtet, Eheschließungen und Scheidungen zu melden; der Registerbeamte (*nüfūs me'mūru*) wurde zur zweiten Kontrollinstanz nach dem Kadi.[458] Die Dokumente weisen darauf hin, dass der Staat in diesem Fall gründlich vorgegangen war. Er konnte gegenüber Imamen, die ohne Erlaubnis die Eheschließung vollzogen, vielerlei Maßnahmen bis hin zur Bestrafung ergreifen.[459] Es wurde sogar beschlossen, dass nicht Imame, sondern Schariagerichte die Eheschließung vornehmen mussten, außer in Dörfern, die zu weit vom Gerichtsort entfernt waren.[460] Nicht nur Eheleute, die ohne Erlaubnis heirateten, sondern auch die Imame, die die Eheschließung vorgenommen hatten wurden gerichtlich

457 Ünal 1991, S. 379.

458 Cin 1988, S. 287-288; Jäschke, 1955, S. 177.

459 BOA. 04/C/1304, Dosya No: 1023, Gömlek No: 80723, I.DH.; Für Bestrafung der Imame, s. BOA. 09/M/1321, Dosya No: 682, Gömlek No: 20, DH.MKT; BOA. 10/C/1305, Dosya No: 41, Gömlek No: 34, Y.A.RES; BOA. 23/Z/1318, Dosya No: 2471, Gömlek No: 107, DH.MKT.; BOA. 10/S/1319, Dosya No: 2490, gömlek No: 127, DH.MKT.

460 BOA, 09/L/1312, Dosya No: 359, Gömlek No: 15, DH.MKT.

belangt.[461] Dies betraf auch Imame, die ohne Erlaubnis Eheschließungen polygamer Männern vornahmen; der nicht genehmigten Vielehe sollte strikt vorgebeugt werden.[462] Nach den Akten erhoben die Vertreter der Kadis (*nā'ib*) für die Heiratsgenehmigungen hohe, nicht festgelegte Gebühren. Dies führte dazu, dass Eheschließungen doch ohne Erlaubnis erfolgten.[463] Der Staat bemühte sich, die Höhe der Gebühren festzusetzen.[464]

Die osmanische Regierung hatte u.a. mit besonderer Rücksicht auf die Meinungsverschiedenheiten der vier Rechtsschulen, das Eherecht (*münākeḥāt*) nicht in das Zivilgesetz (*mecelle*) aufgenommen.[465] Deshalb versuchte sie z.B. gesetzlich eine fehlende Heiratsermächtigung mit Strafe zu belegen. Das vorläufige Gesetz vom 14. August 1913 legte fest: »Wer eine Ehe schließt (*nikāḥ 'aḳd edenler*), ohne von den zuständigen Behörden eine Ermächtigung erhalten zu haben, wird mit Gefängnis von drei Monaten bis zu zwei Jahren bestraft (...).« Das vorläufige Gesetz von 1914 änderte diese Vorschrift: »Für die Eheschließungen ist eine Ermächtigung durch das zuständige Gericht in jedem Falle

461 BOA. 13/Mayıs/1322, Dosya No: 469, Gömlek No: 85, ZB; BOA, 22/Temmuz/1324, Dosya No: 484, Gömlek No: 82, ZB. BOA. 02/B/1308, Dosya No: 1808, Gömlek No: 31, DH.MKT.; BOA. 03/M/1310, Dosya No: 1979, Gömlek No: 23, DH.MK.; BOA, 07/Ş/1311, Dosya No: 205, Gömlek No: 51, DH.MKT.; BOA, 20/Ra/1319, Dosya No: 2507, Gömlek No: 5, DH.MKT.; BOA, 24 Ağustos 1321, Dosya No: 372, Gömlek No: 87, ZB.; BOA. 24/R/1323, Dosya No: 981, Gömlek No: 18, DH.MKT.; BOA. 01/Haziran/1325, Dosya No: 377, Gömlek No: 67, ZB.

462 Ein Beispiel ist das Verfahren gegen die Imame, die Mehmed bin Abdullah von der Istanbuler Gendarmerie ohne richterliche Ermächtigung zweimal verheirateten, s. BOA. 10/Kasım/1322, Dosya No: 473, Gömlek No: 18, ZB.

463 BOA. 22/Ca/1321, Dosya No: 751, Gömlek No: 31, DH.MKT.

464 BOA,27/R/1266, Dosya No: 10, Gömlek no: 69, A.MKT.UM.; BOA, 27/Ca/1266, Dosya No: 12, Gömlek No: 61, A.MKT.UM.; BOA. 06/S/1276, Dosya No: 289, Gömlek No: 99, A.MKT.NZD.; BOA. 11/Ş/1312, Dosya No: 342, Gömlek No: 18, DH.MKT.

465 Für »Mecelle« s. Onar 1985, S. 580-587; Aydın, 1985, S. 128-135.

erforderlich. Der Ehemann, der heiratet, ohne eine Erlaubnis erlangt zu haben, wird mit Gefängnis von ein bis sechs Monaten bestraft, wer die Eheschließung vornimmt (*'akdı icrā' edenler*), mit Gefängnis von zwei Monaten bis zu einem Jahr [...].«[466] Allerdings hatte ebenso wie die nicht eingeholte Erlaubnis auch die Nichtanmeldung der Ehe beim Registeramt keinen Einfluss auf ihre Rechtsgültigkeit.[467] Möglicherweise konnte auch aus diesem Grund die Eheschließung trotz zahlreicher Maßnahmen nicht vollständig unter staatliche Kontrolle gestellt werden. Man kann aber aus den Akten ersehen, dass seit Anfang des 20. Jahrhunderts registrierte Eheschließungen zugenommen hatten.[468]

Ein zweites gravierendes Problem, das in den spätosmanischen Akten auftauchte, betraf die fehlende Unterhaltsleistung (*nafaka*) der Männer, die ihre Ehefrauen und Kinder verließen. Gemäß islamischem Recht musste der Mann mit der Eheschließung für den Unterhalt der Frau aufkommen. Dazu gehörten Essen, Kleidung und Wohnung. Die Unterhaltspflicht bestand unabhängig von der materiellen Versorgung der Ehepartner. Kam der Mann seiner Pflicht nicht nach, so konnte die Frau vor Gericht ihr Unterhaltsrecht anerkennen lassen.[469] Oft jedoch wurden die Unterhaltsverpflichtungen nicht erfüllt. Die Frauen forderten, dass ihre Ehemänner, die sie verlassen und andernorts wieder geheiratet hatten, ausfindig gemacht wurden und Unterhalt zahlten. In diesen Fällen waren es meist Männer, die in den Dokumenten zwar als polygam klassifiziert wurden, jedoch ihre Familien verlassen hatten und nicht polygam lebten. Obwohl es aufwändig war, sich an die Behörden der Haupt-

466 Jäschke 1955, S. 174.

467 Ders., S. 177.

468 BOA, I..DUIT, 29/Za/1328, Dosya No: 6, Gömlek No, 105; 29/Za/1328, Dosya No:6, Gömlek No:26; 29/Za/1328, Dosya No: 6, Gömlek No: 34; 29/Za/, Dosya No: 6, Gömlek No: 113; 29R/R/1332, Dosya No: 6, Gömlek No:31. Diese Entwicklung lässt sich bis 1339 nachweisen.

469 Aydın 1985, S. 32-35. Normalerweise war das nur möglich, wenn die Eheschließung offiziell registriert wurde.

stadt zu wenden, klagten Frauen aus allen Teilen des Landes schriftlich ihre Unterhaltsforderungen in Istanbul ein. Dies zeigt, wie schwierig die finanzielle Situation verlassener Frauen sein konnte.[470] Die eigentlich Lösung dieses Problems bestand gemäß der hanafitischen Rechtsschule, auf dem das osmanische Familienrecht basierte, in der Festsetzung eines täglichen Unterhaltssatzes für die Frau. Dessen Höhe wurde vom Kadi bestimmt und die Zahlung übernahm zunächst der Staat, der Ehemann blieb jedoch Schuldner.[471]

Ob Gerichte Unterhaltsforderungen der Frauen oft zu ihren Gunsten entschieden, muss im Einzelnen geprüft werden. Es finden sich einige Vorgänge, in denen dies offensichtlich der Fall war.[472] Da der Staat häufig mit Unterhaltsfragen konfrontiert wurde, kam es wahrscheinlich im 19. Jahrhundert zur Einführung eines monatlichen Unterhalts (*ma'āṣ*) an bedürftige Frauen.[473] Unter diesen gab es auch Ehefrauen polygamer Männer.[474]

470 Z.B. »Die Petition der Frau Fatma auf Unterhaltszahlungen von ihrem Mann Ahmed aus Trabzon, der nach Istanbul ging und dort nochmals heiratete, jedoch seiner Ehefrau in Trabzon keinen Unterhalt schickte«, s. BOA. 27/Za/1264, Dosya N0: 156, Gömlek No: 80, A.MKT; für weitere Beispiele, s. BOA. 27/Za/1264, Dosya No: 156, Gömlek No: 80, A.MKT; 15/R/1267, Dosya Nr. 32, Gömlek Nr. 97, A.MKT.DV.; 04/S/1268, Dosya Nr. 47, Gömlek Nr. 59, A.MKT.DV.; 25/R/1271, Dosya No: 77, Gömlek No: 93, A.MKT.DV.; 15/S/1273, Dosya Nr. 257, Gömlek Nr. 41, A.MKT.UM.; 01/Z/1277, Dosya Nr. 192, Gömlek Nr. 80, A.MKT.DV.; 11/C/1278, Dosya No: 524, Gömlek No: 80, A.MKT.UM.; BOA. 02/Z/1309, Dosya No: 1967, Gömlek No: 10, DH.MKT.

471 Aydın 1985, S. 107, Anm. 81.

472 So wurde z.B. entschieden, »dass Ahmed b. Hızır aus Siird, der seine Ehefrau verlassen hat, dieser Unterhalt zahlen muss«, s. BOA. 29/Kasım/1324, Dosya No: 412, Gömlek N0: 67, ZB. S. auch Mutaf 2002, S. 29; Kaya 2008, S. 88-90.

473 Ortaylı 1992, S. 464.

474 Z.B. »Die Leistung des Notwendigen für Emine und Rabia Hanım, Ehefrauen des Kaymakam von Osmaniye, Münir Efendi, die die Zuweisung einer Unterhaltszahlung unter Berufung auf ihre Bedürftigkeit fordern«, s. BOA. 4/M/1306, Dosya No: 1541, Gömlek No: 51, DH.MKT.; oder sie verlangen auch für ihre Kinder Unterhalt, BOA. 06/C/1306, Dosya No: 222, Gömlek No: 22, Y.A.HUS.

Einige Dokumente zeigen, dass der ersten und zweiten Ehefrau Unterhaltszahlungen zugesprochen wurden.[475] Ehefrauen polygamer Männer beantragten auch die Erhöhung ihrer Unterhaltszahlungen, da sie nicht ausreichten.[476] Auch Ehefrauen, deren polygame Männer bereits verstorben waren, wollten Beihilfen zugesprochen bekommen, wenn sie in einer schwierigen Situation waren.[477]

Besonders das einseitige Scheidungsrecht des Mannes war, wie zahlreiche Dokumente zeigen, für Frauen in polygamer Ehe ein Problem. Da das islamische Recht und vor allem die hanafitische Rechtsschule die Möglichkeiten der Frau, sich scheiden zu lassen, stark einschränkte, war den Frauen, trotzdem sie verlassen worden waren, eine Scheidung grundsätzlich unmöglich.

Das islamische Recht kennt drei Formen der Scheidung: die erste beinhaltet die Scheidung durch eine einseitige Willensbekundung des Ehemanns, bei der es keines Gerichtsurteils bedarf. Auch wenn alle drei Scheidungsformen als *ṭalāḳ* bezeichnet werden, so wird der Begriff noch am ehesten für diese Form der einseitigen Scheidung von Seiten des Mannes verwendet. Die zweite Möglichkeit erfolgt im gegenseitigen Einverständnis beider Ehepartner, die *muḫāla'a*. Sie erlaubt der Ehefrau die Scheidung, indem sie auf den Unterhalt verzichtet und dem Ehemann einen bestimmten Geldbetrag oder Besitzanteil (*māl*) zugesteht.[478] Weder *ṭalāḳ* noch *muḫāla'a* müssen durch die Gerichtsregis-

475 BOA. 29/L/1323, Dosya No: 1035, Gömlek No: 86, DH.MKT.; 07/B/1307, Dosya No: 1703, Gömlek No: 108, DH.MKT.

476 BOA. 26/Z/1268, Dosya No: 248, Gömlek No: 9077, I.MVL; BOA. 02/B/1316, Dosya No: 29, Gömlek No: 1316/b-04, I.ML.

477 »Aufgrund ihrer Lage beantragten die Ehefrauen des verstorbenen Sadreddin Çelebi Efendi, Aişe Sıddıka, Dilber und Safiye sowie ihre Tochter Hibetullah Unterhaltszahlungen«, s. BOA. 24/C/1304, Dosya No: 18, Gömlek No: 30, MV. ; für weitere Beispiele, s. BOA. 23/Za/1208, Dosya No: 28, Gömlek No: 1397, C..HR.; BOA. 13/Ş/1269, Dosya No: 79/Gömlek No: 35, A.MKT.NZD.; BOA. 17/S/1313, Dosya No: 410, Gömlek No: 1, DH.MKT.

478 Aktan 1992, S. 412.

ter erfasst werden. Die dritte Form der Scheidung erfolgt bei Vorliegen bestimmter Gründe durch einen Gerichtsbeschluss. Dies wird *tefrīḳ* oder *ḳażā'ī boşanma* genannt. In diesem Falle muss im Gegensatz zu den anderen beiden Scheidungsformen der Ehemann der Scheidung nicht zustimmen. Die richterliche Entscheidung reicht aus.[479] Doch unter dem Einfluss der hanafitischen Rechtsschule geschah es in der osmanischen Gesellschaft nur selten, dass Frauen durch die Anrufung des Gerichts die Möglichkeit zur Scheidung erhielten,[480] da die hanafitische Rechtsschule der Ehefrau nur bei sexuellen Problemen des Ehemannes das Recht zur Scheidung gewährte. Frauen, deren Ehemänner verschwanden, ohne ausreichenden Unterhalt zu gewährleisten, konnten sich nicht scheiden lassen. Die anderen Rechtsschulen gaben der Frau bei bestimmten Krankheiten des Mannes, bei fehlenden Unterhaltszahlungen, beim Verschwinden des Mannes sowie bei schlechter Behandlung das Recht zur Scheidung.[481]

Obwohl der Mann das Recht zur einseitigen Eheauflösung hatte, wurden solche Scheidungen sowohl von Seiten der Religion als auch der Gesellschaft kritisch und ablehnend betrachtet. Vor allem auch aufgrund der finanziellen Konsequenzen, wie der Auszahlung der Mitgift und der Unterhaltsleistungen, die mit diesem Schritt einhergingen,[482] ließen sich die Männer selten scheiden. Die Unterhaltszahlungen waren in manchen Fällen sehr hoch.[483] Nach den Quellen

479 Aydın 1996a, S. 167-168.

480 Aydın 1996b, S. 14; Kurt 1998, S. 56-57; Kaya 2008, S. 97.

481 Aydın 1985, S. 116-117.

482 Spricht der Mann einseitig die Scheidung aus, muss er die vereinbarte, später zu zahlende Mitgift (*mehr-i müǐeccel*) und den Unterhalt für die dreimonatige Karenzzeit zahlen, s. Mutaf 2002, S. 20. Außerdem muss er für einen Sohn bis zur Pubertät, für eine Tochter bis zu ihrer Heirat Unterhalt zahlen, s. Kurt 1998, S. 46. Allgemein hierzu auch Aydın 1985, S. 49-51, 103 und 107.

483 Z.B. »Die Ehefrau hat einen Scheidungsprozess gegen Veli Bey angestrengt. An dessen Ende wird ein sehr hoher Betrag an Unterhalt gefordert,

ließen sich die Männer, die zum zweiten Mal heirateten und ihre erste Ehefrau verließen, nur selten von dieser scheiden. Obwohl die Ehe rechtlich weiter bestand, hatten die Ehepartner keinerlei Kontakt. Das zeigt, dass gegen Ende des Osmanischen Reichs eine Polygamieform existierte, die als serielle Polygamie bezeichnet werden kann.

Trotz der ablehnenden Haltung des Ehemannes gegenüber einer Scheidung und den begrenzten Scheidungsmöglichkeiten für Frauen, gingen die Frauen vor Gericht.[484] Nach den Quellen war ihr wichtigster Scheidungsgrund der Unterhalt. Wenn der Ehemann keinen Unterhalt zahlte, beantragte die Frau die Scheidung.[485] Nur sehr selten verzichteten sie auf diese Forderung und beließen es bei einer Aufkündigung der Ehebeziehung, um so die Scheidung zu erreichen,[486] was noch einmal die materielle Abhängigkeit vieler Frauen deutlich macht.

Auch Polygamie war, trotz Erlaubnis des Islams, ein Scheidungsgrund. So forderte z.B. eine Frau die Scheidung, weil ihr Mann sie verlassen und an einem anderen Ort nochmals geheiratet hatte, die Scheidung aber ver-

die Bezahlung des Betrags vom Fiskus wird erbeten«, s. BOA. 29/Z/1310, Dosya No: 26, Gömlek No: 2, Y.PRK.AZJ.

484 Aydın 1985, S. 116-117.

485 BOA. 12/M/1268, Dosya No: 45, Gömlek No: 67, A.MKT.DV.; Es gibt zahlreiche Dokumente, in denen Frauen auf Unterhalt klagten und die Scheidung verlangten, s. BOA. 12/L/1316, Dosya No: 2169, Gömlek No: 88, DH.MKT. Weitere Beispiele, BOA. 05/Z/1305, Dosya No: 1558, Gömlek No: 76, DH.MKT.; BOA. 15/Z/1304, Dosya No: 1443, Gömlek No: 118, DH.MKT.; BOA. 30/Za/1305, Dosya No: 1530, Gömlek No: 56, DH.MKT.; BOA. 05/N/1308, Dosya No: 1828, Gömlek No: 55, DH.MKT.; BOA. 13/Ra/1309, Dosya No: 1878, Gömlek No: 122, DH.MKT.; BOA. 02/C/1319, Dosya No: 2532, Gömlek No: 102, DH.MKT.; BOA. 17/S/1324, Dosya No: 1067, Gömlek No: 56, DH.MKT.

486 Z.B. wollte die Tochter Hacı Hüseyins die Scheidung von Çerkesoğlu Hüseyin Efendi aus Tokat, der sie verlassen hatte, und sie verzichtete auf Unterhalt und Ehevertrag, s. BOA. 08/B/1266, Dosya No: 15, Gömlek No: 65, A.MKT.UM.

weigerte.[487] Manchmal kam die Scheidungsforderung auch von der zweiten Frau des Mannes.[488] Andere begründeten ihren Antrag mit ehelicher Unverträglichkeit.[489] Welcher Art diese waren, kann man aus den Quellen nicht erfahren. Einige Forscher betrachten eheliche Unverträglichkeit als wichtigsten Scheidungsgrund, wobei sie die nochmalige Eheschließung bzw. Polygamie des Mannes als Ursache annehmen.[490] Aber auch eheliche Unterdrückung oder erzwungene Eheschließung stellten Gründe dar.[491] Es gibt in den Akten Hinweise auf Frauen, die sich scheiden ließen,[492] aber keine weiteren Angaben zu Gründen und Formen. Um dies herauszufinden, müsste der Scheidungsprozess in den Akten verfolgt werden. Ein Beispiel zeigt deutlich, dass der Ehemann die Forderung der Ehefrau auf Scheidung akzeptierte.[493]

Doch waren die Scheidungsforderungen von Frauen vor Gericht meist nicht erfolgreich.[494] Abgesehen von einigen Ausnahmen, in denen sie sich an einen Richter wenden

487 »İsmailoğlu Kerim Hoca, der im Landkreis Kirmasti des Vilayets Hüdavendigar nochmal geheiratet hat, hat die Scheidungsforderung seiner in Şumnu zurückgelassenen Frau Beyzâde Hanım zurückgewiesen«, s. BOA. 20/Ra/1309, Dosya No: 1882, Gömlek No: 33, DH.MKT.

488 »Hatice Hanım, deren Tochter der Postdirektor von Plevne als zweite Frau heiratete, ihr Gold nahm und sie dann quälte, fordert die Rückgabe des Goldes und die Scheidung ihrer Tochter«, s. BOA. 14/C/, Dosya No: 137, Gömlek No: 90, A.DVN.

489 BOA. 03/Ca/1276, Dosya No: 148, Gömlek No: 6, A.DVN.; weitere Beispiele BOA. 10/M/1326, Dosya No: 1233, Gömlek No: 14, DH.MKT.

490 Savaş 1992, S. 524-525.

491 BOA. 10/Za/1275, Dosya No: 141, Gömlek No: 67, A.DVN.; BOA. 25/Za/1275, Dosya No: 142, Gömlek No: 21, A.DVN.

492 Z.B. BOA. 22/S/1268, Dosya No: 89, Gömlek No: 8, A.MKT.UM.; für weitere Beispiele s. BOA. 09/Za/1276, Dosya No: 159, Gömlek No: 75, A.MKT.DV.; BOA. 03/M/1281, Dosya No: 22, Gömlek No: 27, TŞRBNM.; BOA. 22/Z/1306, Dosya No: 1649, Gömlek No: 51, DH.MKT.; BOA. 22/M/1319, Dosya No: 2482, Gömlek No: 56, DH.MKT.

493 BOA. 07/8/1923, Dosya No: 80, Gömlek No: 15, HR.IM.

494 Für Beispiele aus dem 17. Jahrhundert aus Balıkesir, s. Mutaf 2002, S. 20-24, und aus Bursa Kaya 2008, S. 97.

konnten,[495] griff der Staat normalerweise nicht ein. Da bei einer Eheschließung die Anwesenheit eines offiziellen Beamten nicht zwingend war, konnte sie auch nur durch den Willen des Ehemannes oder im gegenseitigen Einverständnis aufgelöst werden.[496] Um das zu vermeiden, legte der Staat durch das Gesetz über die Bevölkerungsregister (*sicill-i nüfūs ḳānūnu*) von 1332/1914 sogar fest, dass nicht die Imame, sondern die Ehemänner selbst die Pflicht hätten, ihre Scheidung einem Registerbeamten anzuzeigen.[497] Viele Frauen gerieten dadurch in Schwierigkeiten, weil sie ihre Männer durch Krieg oder Arbeitsmigration verloren hatten und diese ihre Anzeigepflicht nicht mehr erfüllten. Gleichzeitig nahmen die Frauen verstärkt am Arbeitsleben teil und die feministische Bewegung wurde durch das zunehmende weibliche Selbstbewusstsein beschleunigt. Nicht nur ökonomische, soziale und kulturelle Faktoren, sondern auch die Polygamiedebatte der reformorientierten Intellektuellen und die Politik der Jungtürken beförderten die Bemühungen um die Kodifizierung eines neuen Familiengesetzes. Um die Probleme, die in Verbindung mit dem Familienrecht erkennbar waren, zu lösen, musste der Staat eine Familienrechtsverordnung vorbereiten.

Das Amt des Scheich ül-Islam erließ im Familienrecht neue Verordnungen. Es veröffentlichte Vorschläge zum Unterhalt (*nafaḳa*) unter dem Titel »Kitābü'n-nafaḳāt«, die vom Rechtsgelehrten Ali Haydar Efendi zwischen 1914 und 1916 formuliert wurden. »Kitābü'n-nafaḳāt« wurde aber nicht in Kraft gesetzt. Es wurde ein Rechtsgutachten (*fetvā*) auf der Grundlage der hanbalitischen Rechtsschule vorbereitet, das Frauen, deren Männer verschwunden waren, nach vierjähriger Wartezeit die Wiederheirat erlaubte. Dies bestä-

495 Z.B verlangte Nazlı aus Girit (Kreta) die Scheidung von ihrem Mann Rüstem, weil sie als Kind mit ihm verheiratet worden war, s. BOA. 16/B/1262, Dosya No: 13, Gömlek No: 7, HR.MKT.

496 Cin 1976, S. 123.

497 Aydın 1996b, S. 151.

tigte 1916 Sultan Mehmet Reşat. Hier zeigt sich, dass die hanafitische Rechtsschule nicht ausreichte, die Probleme im osmanischen Familien- bzw. Eherecht zu lösen. Deshalb wurde die neue Familienrechtsverordnung von 1917 in Eile verkündet, wahrscheinlich auch, um das Amt des Scheich ül-Islam von solchen Tätigkeiten fernzuhalten.[498]

Die neue Familienrechtsverordnung (*Ḥuḳūḳ-ı ʻĀʼile Ḳarārnāmesi*) von 1917

Unter der Leitung des Abgeordneten von İsparta, Seydişehri Mahmud Esat Efendi, bereitete eine Kommission, der Hafız Şevket Efendi, Sait Bey, Ali Baş Hampa Efendi und Mustafa Efendi angehörten, die neue Familienrechtsverordnung vor. Sie bestand aus der Kodifikation des islamischen Familienrechts zu Eheschließung und Scheidung und umfasste zwei Teile mit insgesamt 30 Kapiteln. Der erste Teil behandelte die Eheschließung (*münākeḥāt*), der zweite die Scheidung (*müfāreḳat*). Die 157 Paragraphen umfassende Familienrechtsverordnung (*Ḥuḳūḳ-ı ʻĀʼile Ḳarārnāmesi*)[499] wurde am 8 Muḥarrem 1336/25 Oktober 1917 von Sultan Mehmet V. Reşat in Kraft gesetzt. Da man befürchtete, dass das neue Familiengesetz im Parlament zu großen Auseinandersetzungen führen würde, wurde es nur als vorläufiges Gesetz erlassen.[500] Damit wurde zum ersten Mal im Osmanischen Reich das Familienrecht, das wesentlich auch die Rechte der

498 Aydın 1996a, S. 178- 179; Kılıç 2008, S. 205-207 und 209.

499 Zum Originaltext des *Ḥuḳūḳ-ı ʻĀʼile Ḳarārnāmesi* (HAK) s. T.B.M.M. Cerīde-i Żabıṭ, İstanbul 1333, Bd. 4: 1, S. 49-82; Çeker 1999; Aydın 1985, S. 245-281 und S. 151, Anm. 1 mit älteren Literaturangaben. Zu den rechtlichen, wirtschaftlichen, sozialen und kulturellen Gründen der Verordnung gibt es viele Untersuchungen. Zu ausführlichen Darstellungen des *Ḥuḳūḳ-ı ʻĀʼile Ḳarārnāmesi*, s. Aydın 1985, S. 151-240 mit weiteren Literaturangaben; Fındıkoğlu 1991, S. 17-52; Ünal 1991, S. 371-398; Cin 1988, S. 292-305 und 1976, S. 122-136; Akyılmaz 2002, S. 365-374.

500 Aydın 1996a, S. 179-180.

Frau bestimmte, kodifiziert. Diese neue Familienrechtsverordnung übernahm Bestimmungen aller vier sunnitischen Rechtsschulen, um notwendige Neuerungen im Eherecht einzuführen. Eheschließung und Scheidung der nichtmuslimischen Bevölkerung wurden gemäß ihrer eigenen religiösen Bestimmungen geregelt. Die christlichen und jüdischen Geistlichen durften jedoch nicht mehr bei Eheschließungen, Scheidungen und den daraus entstehenden Folgen richterlich tätig werden. Hier wurden lediglich die Neuerungen die Ehe bzw. Polygamie betreffend genannt. Die Verordnung von 1917 gewährleistete vor allem die staatliche Kontrolle über Eheschließung und Scheidung, gewährte der Frau in einigen Fällen das Scheidungsrecht, beschränkte die Polygamie und setzte ein Mindestalter für die Ehe fest.[501]

Eheschließung

Trotz früherer Versuche, Eheschließungen unter staatliche Kontrolle zu bringen, erfolgte ein wirklicher Eingriff in die Eheschließung von Seiten des Staates erst durch diese Verordnung. Auf zweierlei Weise sicherte sich der Staat die Kontrolle: Erstens musste die Eheschließung zur Feststellung eventueller Ehehindernisse öffentlich angezeigt (*iʿlān etmeḳ*) werden, was auf eine neue Denkart hinweist, da im islamischen Recht keine Anzeigepflicht bestand. Dies diente dazu, dass im Fall von Ehehindernissen Verwandte oder Dritte vor Gericht Einspruch erheben konnten. Zweitens musste im Fall, dass niemand Einspruch gegen die Eheschließung erhob, bzw. ein solcher nicht als gegeben anzusehen war, die Ehe entweder persönlich vor Gericht oder in Anwesenheit eines gerichtlich Bevollmächtigten geschlossen werden. Die Namen der Eheleute, Zeugen sowie Umfang der Mitgift und, soweit vorhanden, die Bedingungen, die mit der Eheschließung verbunden waren (*taḳyīd-i*

501 Dazu Cin 1988, S. 294-295; Aydın 1985, S. 216-217.

şarṭlar), wurden in einem Ehevertrag aufgezeichnet. Eheschließungen mussten in Anwesenheit eines Richters oder Vertreters vorgenommen und registriert werden. Die Verordnung stellte die Notwendigkeit der Eheschließung und -registrierung vor einem offiziellen Beamten fest und begründete dies folgendermaßen: »Seit einiger Zeit wurden in den Ländern des Osmanischen Reichs Eheschließungen sehr ungeordnet vollzogen. Wo auch immer zwei Zeugen anwesend waren, wurde die Eheschließung sofort vorgenommen. Daher muss nicht nur die Eheschließung, sondern auch die Scheidung einem Richter mitgeteilt werden. Außerdem wird das Mindestalter für die Ehe für Jungen von 12 auf 18, für Mädchen von 9 auf 17 Jahre erhöht, d.h. Jungen dürfen nicht vor Vollendung des 18. und Mädchen vor Vollendung des 17. Lebensjahres verheiratet werden.«[502]

Scheidung

Die Verordnung hatte für eine Scheidung Bestimmungen festgelegt, die für das hanafitische Recht als Reform gelten konnten. Durch Anleihen aus der malikitischen Rechtsschule wurden Prinzipien akzeptiert, die die schwierige Situation der Frauen erleichterten. Grundsätzlich war das Scheidungsrecht dem Ehemann vorbehalten. Mit den Artikeln 119–131 gewährte die Verordnung unter der Überschrift »Das Recht, Scheidung zu wählen« (*ḫıyār-ı tefrīḳ*) der Frau in bestimmten Situationen die Möglichkeit, durch Anrufung eines Richters die Ehe zu beenden.

Obwohl die hanafitische Rechtsschule der Frau nur im Fall eines der Weiterführung der Ehe entgegenstehenden Mangels des Ehemannes (z.B. Impotenz) das Scheidungsrecht zusprach, wich die Familienrechtsverordnung gemäß dem Erlass des Sultans von 1916 in diesem Falle von der Vorgabe ab und räumte der Ehefrau das Recht auf Schei-

502 Cin 1988, S. 296 und 299; Jäschke 1955, S. 175; Aydın 1996b, S. 153.

dung ein, wenn der Ehemann unter Geisteskrankheit, Lepra, Syphilis oder ähnlichen Krankheiten litt.[503] Außerdem bestätigte sie in Anlehnung an die Malikiten, Schafiiten und Hanbaliten die Verpflichtung des Ehemanns, Unterhalt für seine Frau und Kinder zu leisten. Geschah dies nicht, konnte die Frau sich mit der Scheidungsforderung an einen Richter wenden. Der Erlass des Sultans stellte klar, dass fehlende Unterhaltszahlungen die Frau ins Elend stürzen konnten.[504] Weiter erachtete es die Verordnung auch als unbefriedigend, wenn der Ehemann ausreichende Mittel zurückließ und dann verschwand. Ein Ehemann, der seine Familie verließ, erhielt dadurch nicht das Recht, seine Frau jahrelang warten bzw. in Ungewissheit zu lassen. In einer solchen Situation formulierte die Verordnung ein Scheidungsrecht der Frau: »Jemand, dessen Ehepartner zwar genügend Besitztümer zurücklässt, um den Unterhalt zu bestreiten und dann verschwindet, hat das Recht, sich an einen Richter zu wenden und von ihm ein Scheidungsurteil zu erlangen«.[505]

Eine weitere wichtige an das malikitische Recht angelehnte Neuerung bestand darin, dass die Frau bei familiärer Unverträglichkeit das Recht auf Scheidung bekam. Gemäß der Verordnung benannte der Richter im Falle einer auf Unverträglichkeiten zwischen den Eheleuten basierenden gerichtlichen Anrufung durch einen der Ehepartner je einen Schlichter aus beiden Familien.[506] Der daraus entstehende Eherat (*ʿā'ile meclisi*) sollte versuchen, die beiden Seiten zu versöhnen. Wenn dies misslang und die Schuld beim Ehemann festgestellt wurde, beschloss der Eherat die Scheidung. Lag die Schuld bei der Frau, wurde ebenso verfahren, jedoch unter der Voraussetzung, dass die Mitgift bzw. ein Teil davon beim Ehemann verblieb. Wenn Uneinigkeit zwischen den Schlichtern herrschte, wurde ein neues Schlicht-

503 HAK 1333, § 122, S. 58; Aydın 1996b, S. 154.
504 HAK 1333, § 126, S. 58; Aydın 1996b, S. 154.
505 HAK 1333, § 127, S. 58.
506 HAK 1333, § 130, S. 58.

ergremium berufen. Ihre Entscheidung war bindend, ein Einspruch nicht möglich.[507] Die grundlegende Änderung, die die Familienrechtsverordnung brachte, lag darin, dass das Scheidungsrecht der Frau in besonderen Fällen (*ḳażā'ī boşanma*) durch Bestimmungen aus allen vier sunnitischen Rechtsschulen erweitert und erleichtert wurde.[508]

Beschränkung der Polygamie

Die Familienrechtsverordnung von 1917 hatte Polygamie nicht verboten. Doch bestimmte sie, dass die Frau im Rahmen des Ehevertrags die Bedingung stellen konnte, dass ihr Ehemann »nicht weitere Frauen heiratet und wenn er dies tut, von einer der beiden geschieden werden muss.«[509] Wenn der Mann diese Bedingung akzeptierte, konnte er, solange seine Frau gesund war, keine zweite Frau heiraten, sondern musste zuvor geschieden werden. Eine solche Bedingung war nach der hanafitischen Rechtsschule nicht gültig und bindend. Den weitesten Rahmen für die Setzung von Bedingungen in Verträgen bot die hanbalitische Rechtsschule. Die Frau konnte bei der Eheschließung die Monogamie ihres Ehemannes als Bedingung festsetzen. Die Familienrechtsverordnung nahm diesen Aspekt auf.[510] So konnte die Frau bei der Eheschließung verhindern, dass eine konkurrierende Frau in ihre Familie eintrat. Fındıkoğlu wertet dies als gleichbedeutend mit der Abschaffung der Polygamie.[511] Diese Bestimmung war ein wichtiger Schritt, die Polygamie rechtlich zu beschränken. Gleichzeitig war es auch für das traditionelle osmanisch-islamische Recht eine bedeutende

507 Aydın 1985, S. 200-204, 258-260; Cin 1976, S. 125-133.
508 Aydın 1996b, S. 154.
509 HAK 1333, § 38, S. 51.
510 Linant de Bellefonds 1965, II, S. 91.
511 Fındıkoğlu 1991, S. 36.

Veränderung.[512] In einer Zeit, in der die Konservativen in einer sehr radikalen Form bereit waren, gegen den Reformgeist zu opponieren, markierte diese Bestimmung einen wichtigen Schritt auf dem Weg zur monogamen Ehe.[513]

Diese Verordnung wurde Wegbereiter für Reformen in anderen islamischen Staaten. Einige knüpften die zweite Ehe an die Erlaubnis der ersten Frau oder an die eines Richters und unterstützten somit die Beschränkung der Polygamie.[514] Aber inwieweit hat diese Verordnung tatsächlich zum späteren Verbot der Polygamie beigetragen? Da sie kurze Zeit später wieder aufgehoben wurde,[515] ist es nicht möglich, die Resultate ihrer Anwendung in der Praxis zu sehen. Allerdings untersuchte Hussami ihre Anwendung in Syrien mit dem Ergebnis, dass dort kaum eine Frau diese Bedingung an die Eheschließung geknüpft hatte.[516]

Abschließend lässt sich sagen, dass der Eingriff des Staates in das Eherecht durch die Verordnung von 1917 für die damalige osmanische Gesellschaft von großer Bedeutung war. Dies wird auch in den Quellen deutlich.[517] Die Regierung hatte sich bemüht, Lösungen bezüglich Eheschließung bzw. Polygamie und Scheidung zu finden. Jäschke formulierte dies folgendermaßen: »Das provisorische Gesetz von 1917 und der Entwurf von 1924 zeugen von den (...) Bemühungen der Jungtürken, der Frau ein gewisses Anrecht auf Einehe zu gewähren«.[518] Einige Forscher sahen dieses Gesetz als wichtigen Anfang für die Kodifikation des türkischen Familienrechts.[519]

512 Duben/Bahar 1998, S. 163.
513 Ünal 1991, S. 397.
514 Anderson 1976, S. 50; Linant de Bellefonds 1965, S. 137; Chehata 1969, S. 111-112.
515 Ünal 1991 S. 382.
516 Aydın 1996a, S. 185, Anm. 68.
517 Ünal 1991, S. 396-397.
518 Jäschke 1955, S. 188.
519 Cin 1988, S. 304; Ünal 1991, S. 398.

Die Familienrechtsverordnung war nur bis zum 20. Ramażān 1337/19. Juni 1919 in Kraft. Durch die Intervention des Hochkommissariats der Entente, die seit dem 16. März 1919 Istanbul besetzt hatte, wurde das Gesetz wieder aufgehoben. Zwei Gründe können für die Aufhebung durch das Hochkommissariat der Entente eine Rolle gespielt haben: zum einen der Widerstand der geistlichen Führer der griechischen, armenischen und jüdischen Religionsgemeinschaften gegen die Aufhebung ihrer seit Jahrhunderten praktizierten Gerichtsbarkeit, zum anderen die Ablehung der Aufnahme von Bestimmungen aus anderen als der hanafitischen Rechtsschule durch einige muslimische Konservative.[520] Obwohl die Familienrechtsverordnung von 1917 weniger als zwei Jahre in Kraft war, blieb sie wahrscheinlich bis zum Zivilgesetz 1926 mit kurzen Unterbrechungen in der Türkei wirksam. Aber der die Muslime betreffende Teil der Familienrechtsverordnung galt in Jordanien bis 1952, in Syrien bis 1953 und in Libanon gilt er bis heute für sunnitische Muslime. Auch in Palästina unter englischem Mandat galt die Familienrechtsverordnung, und in Israel wird sie heute für Muslime bei Personenstandsangelegenheiten angewendet.[521]

520 Aydın 1996a, S. 186-187.
521 Ünal 1991, S. 382-383.

6 Die Polygamiediskussion bis zur Aufhebung der Polygamie

Die neue Familienrechtsverordnung von 1917, die auch die Polygamie begrenzte, wurde unterschiedlich aufgenommen. Reformorientierte Intellektuelle und Frauen hielten sie für nicht ausreichend, weil sie die Polygamie nicht explizit verbot.[522] Gegner der Modernisierung kritisierten sie in Bezug auf die Erleichterung der Scheidung, da die Polygamieerlaubnis, die der Koran gegeben habe, nicht von der Zustimmung der Frau abhängig gemacht werden könne.[523] Die Diskussion darüber wurde bis zur endgültigen Aufhebung der Polygamie in der Republikzeit heftig geführt, allerdings mit dem Unterschied, dass allmählich das islamisch-osmanische Familienrecht grundsätzlich in Frage gestellt wurde und sich die Polygamiedebatte zu einer Reformdebatte zum Familien- bzw. Eherecht entwickelte, an der die Frauen in großem Umfang beteiligt waren. Die osmanischen Feministinnen wurden aktiver und forderten von der Regierung die Teilhabe der Frau an der Politik, aktives und passives Frauenwahlrecht und die Gleichberechtigung bei Eheschließung, Scheidung und Erbschaft.[524]

Im Grunde ging es in dieser späten Polygamiedebatte um die Frage, ob man ein angepasstes westliches Zivilgesetz übernehmen oder das islamische Familienrecht beibehalten sollte, wobei diese Frage von den Kontrahenten im islamischen Kontext unterschiedlich diskutiert wurde.

522 Cin 1988, S. 301.
523 Kurnaz 1992, S. 90.
524 Zihnioğlu 2003, S. 132–149.

Als der Literat Cenap Şehabettin (1870–1934) unter dem Titel »Yarınḳi Efkār-ı İslāmiyye« (Islamische Meinung von morgen) in der Zeitschrift *Peyām-Ṣabāḥ* 1921 seine Ablehnung zur Verschleierung und Polygamie veröffentlichte,[525] kritisierten ihn der Scheich ül-Islam Mustafa Sabri, der dazu beitrug, dass die neue Familienrechtsverordnung 1919 aufgehoben wurde, und der Religionsgelehrte İskilipli Mehmet Âtıf Hoca (1876–1926).[526] In *ʿAlemdār, Maḥfel* und *Peyām-Ṣabāḥ* führten die Kontrahenten heftige Diskussionen.[527] Mustafa Sabri stellte sich gegen eine Trennung von Staat und Religion und damit auch gegen die Reformen. 1922 verließ er das Land, ging nach Kairo und starb dort 1954. 1935 veröffentlichte er in Kairo ein Werk über Frauen bzw. Verschleierung und Polygamie, die er als wichtige soziale Themen identifizierte, die Orient und Okzident voneinander trennten.[528] Er kritisierte die Ansichten der westlich und türkisch argumentierenden Intellektuellen über Frauen und speziell über die Polygamie. Besonders kritisierte er Haşim Nahits (1880–1962)[529] Werk *Türkiye İçin Necāt ve iʿtilā' Yolları* (Die Wege zur Rettung und Stärkung der Türkei),[530] das Neuerungen und Reformen in der Religion vorschlug und eine liberale Einstellung gegen die Verschleierung sowie größere Bewegungsfreiheit der Frau in der Öffentlichkeit vertrat. Seiner Ansicht nach sollte in diesem Jahrhundert die Eheschließung auf eine gesicherte

525 Çalışkan 2002, S. 197.
526 Strohmeier 2002, S. 629- 650.
527 Çalışkan 2002, S.197–198.
528 *Kadınla İlgili Görüşüm ve Bu Görüşün Batı Taklitçisi Sözlerle Karşılaştırılması* 1999, S. 21–40.
529 Uyanık, Necmi, »Yenileşme yolunda bir Türk aydını ve ondaki Fransa tesiri uzerine bazı tesbitler« (Some remarks over a Turkish intellectual on the way of modernity and French influence on him), in: *Uluslararası Sosyal Araştırmalar Dergisi* (The Journal of International Social Research, Vol. 2/6, 2009, S. 666–681) (http://www.sosyalarastirmalar.com/cilt2/sayi6pdf/uyanik_necmi.pdf; aufgerufen 3.3.2010).
530 Hâşim Nâhid 1331.

gleichberechtigte gesetzliche Basis gestellt werden. Polygamie sollte nicht nur wegen der in der Scharia genannten Gerechtigkeitsbedingungen, sondern auch aus ökonomischen Gründen verboten werden. Überdies empfinde auch die Frau Sinnlichkeit und sei kein Wesen, das der Mann nach Belieben benutzen könne. Mustafa Sabri schrieb in einer Gegendarstellung[531] zu diesem Werk, dass es keine Gleichberechtigung zwischen Frau und Mann gebe. Er verteidigte die Polygamie mit den bekannten Argumenten der ehelichen Zielsetzungen, der Verhinderung von unehelichen Beziehungen und Prostitution sowie der Vermehrung der Bevölkerung nach dem Krieg. Mustafa Sabri beschuldigte auch Cenap Şehabettin, den Islam zu leugnen, weil er anhand der die Polygamie betreffenden Suren 4/3 und 4/129 behauptete, dass im Islam Polygamie nicht möglich sei. Nach Mustafa Sabri musste ein Muslim nicht polygam sein, aber er durfte die Polygamieerlaubnis im Koran nicht leugnen, da er dann als nicht gläubig galt.[532] Dies legt nahe, dass es für die *'ulemā'* mehr um die Religion als die Polygamie ging. Sabri war gegen die Aufhebung von Bestimmungen des Islams und damit auch gegen die Reformen und die Nachahmung des Westens in jeder Hinsicht. Er stellte sich besonders gegen den Feminismus. Wie Mustafa Sabri leistete auch Mehmet Âtıf Hoca Widerstand gegen die Republik, war gegen die Trennung von Staat und Religion und bis zu seiner Verurteilung zum Tode im Jahre 1926 Gegner der revolutionären Bestrebungen und Erneuerungsbewegungen im Lande. Er schrieb mehrere Artikel über Frauen und ihre Aufgaben im Islam. Er begründete die Legitimität der Polygamie mit den erwähnten Argumenten. Der Weltkrieg sei ein gutes Beispiel für die Notwendigkeit, die Geburtenzahl zu erhöhen.[533] Auch er kritisierte Cenap Şehabettin in der Zeitung *Maḥfel* wegen dessen Forderung, die Polyga-

531 Muṣṭafā Ṣabrī, H. 1338.
532 Muṣṭafā Ṣabrī, H. 1338, s. Teiltranskription 1992, S. 1118–1123.
533 *İskilipli Atıf Efendi ve Tüm Eserleri*, o.J., S. 287.

mie aufzuheben. Die Polygamieerlaubnis im Koran könne grundsätzlich durch niemanden geändert, geschweige denn aufgehoben werden. Kurz gesagt enthalte der Islam Bestimmungen, die in jeder Zeit die Vollkommenheit der Menschheit garantierten und nicht von den Menschen geändert werden könnten. Weder eine Regierung noch die Rechtsgelehrten könnten die Scharia beschneiden.[534]

Trotz solcher Kritik versuchten reformorientierte Intellektuelle wie Cenap Şehabettin durch neue Auslegungen zu zeigen, dass Polygamie weder zum System des Glaubens (*uṣūl-i aḳā'id*) noch zu den vorgeschriebenen Handlungen (*fürū'-i 'amel*) gehörte. Das kritisierte Mehmet Âtıf Hoca scharf, weil seiner Ansicht nach Cenap Şehabettin die inhaltliche Eindeutigkeit des Koranverses ablehnte. Polygamie sei durch den Koranvers »Nikahlayınız« (Eheliche!)[535] Bestandteil des Glaubenssystems, und jeder Muslim sei verpflichtet, dem Wort Gottes zu folgen. Deswegen würde das Verlangen nach Aufhebung oder Änderung der Polygamie bedeuten, dem Islam den Krieg zu erklären. Der Vers »Nikahlayınız« sei ein Befehl. Da die niedrigste Stufe eines Befehls die Zulässigkeit einer Sache sei, bestehe die Notwendigkeit, die Polygamie in den Teil der zulässigen Schariabestimmungen einzuordnen. Diejenigen, die wie Cenap Şehabettin nicht die Fähigkeit hätten, in der Religion eine Neuauslegung durch *ictihād* auf der Basis des Korans und der Sunna vorzunehmen, sollten es lassen. Obwohl die Aussage des Propheten und der Koranvers eindeutig zeigten, dass Polygamie rechtmäßig sei, behaupte Cenap Şehabettin, das Verbot der Polygamie sei eine der Notwendigkeiten der Sunna. Mehmet Âtıf Hoca bezeichnete dies als eine neue Methode der Auslegung. Die Zulässigkeit der Polygamie bedeute die Erlaubnis für etwas, die man tun oder nicht tun könne. Daran müsse jeder Muslim glauben. Was Gott erlaube und für zulässig erklärt habe, könne auch der Prophet

534 Ebd., S. 517–522.
535 Gemeint kann Sure 4/3 und 24/32 sein.

nicht verbieten. Trotz der Erlaubnis könne man Polygamie unterlassen, sie aber nicht, wie Cenap Şehabettin es auslege, verbieten. Nur Gott könne die Bestimmungen des islamischen Gesetzes aufheben.[536]

Obwohl die Reformgegner wie Scheich ül-Islam Mustafa Sabri und Mehmet Âtıf Hoca die Aufhebung der Polygamierlaubnis im Koran nicht für möglich hielten, nahm in der Öffentlichkeit besonders von Seiten der Frauen der Widerstand gegen sie zu. Die Frauen ärgerten sich, dass Polygamie nur beschränkt und nicht verboten wurde. In der Zeitschrift *Genc Ḳādīn* erschienen zwei Artikel unter dem Titel »Ta'addüd-i zevcāt mes'elesi« (Die Polygamiefrage), in denen die zuständigen Behörden gebeten wurden, Polygamie vollständig zu verbieten. Aber auch sie kritisierten nicht den Islam aufgrund der Polygamieerlaubnis, sondern lehnten die Polygamie mit der Begründung ab, dass Gerechtigkeit gegenüber mehreren Frauen nicht mehr möglich sei und der Islam daher eigentlich die Polygamie verbiete.[537] Außerdem sei mit der Zeit die Polygamieerlaubnis missbraucht und zu einem großen Problem im Familienleben geworden. Die Lebensbedingungen würden sich ändern und die Polygamie verursache viele gesellschaftliche Nachteile, Unmoral, die Vernachlässigung der Frau durch den Mann u.a. Einige Frauen sahen auch in der Vermehrung der Bevölkerung ein bedeutendes gesellschaftliches Problem, lehnten aber im Gegensatz zu den Konservativen Polygamie ab, weil es kaum möglich sei, unter den heutigen Bedingungen auch nur ein Kind großzuziehen. Außerdem gebe es für die Frauen keinen Grund mehr, Polygamie zu akzeptieren, wenn der Mann an einem anderen Ort arbeite, denn heute könnte er aufgrund der verbesserten Infrastruktur seine Frau mitnehmen. Nach ihrer Meinung gab es keine zwingenden Gründe mehr für die Praxis der Polygamie und deshalb sollte sie verboten werden. Als Frauen seien

536 *İskilikpli Atıf Efendi ve Tüm Eserleri*, o.J., S. 528-533.

537 »Ta'addüd-i zevcāt mes'elesi«, 10 Nīsān 1335, S.113-114.

sie verpflichtet, im Interesse der Gesellschaft und Familie die zuständigen Behörden auf das Problem der Polygamie aufmerksam zu machen.[538] Die feministische Zeitung *Ḳādīnlar Dünyāsı* fragte: »Wie kann die Frau gleichberechtigt sein, wenn der Mann sich nach eigenem Gutdünken scheiden lassen und noch einmal heiraten kann, während die Frau ihren zukünftigen Mann nicht einmal vor der Heirat sehen und kennenlernen darf. Das ist für die Frauen eine Katastrophe.«[539]

Die Frauen organisierten Konferenzen, schrieben in Frauenzeitschriften und anderen Zeitungen Die Feministin Nezihe Muhittin organisierte am 17 Ḳānūn-ı s̱ānī 1340/17. Januar 1924 im Türk Ocağı eine Frauenkonferenz, um den Familiengesetzentwurf zu diskutieren. In der Eröffnungsrede wandte sie sich scharf gegen die Regelungen zu Polygamie, Scheidungsrecht und Heiratsalter. Sie wandte sich in ihrer Forderung an die Regierung: »Wir erwarten von unserer säkularen Republik, dass sie bei Eheschließung, Scheidung und Erbschaft die Frauen und Männer gleichberechtigt behandelt.«[540] Andere Frauen unterstützten sie. So schrieb Nebihe Necmettin in *Ṭanīn* einen offenen Brief an Nezihe Muhittin und erklärte, dass die türkischen Frauen, die in der zivilisierten Welt lächerlich gemacht würden und in einer schlechten Situation seien, um ihre Rechte kämpfen würden. Sie forderte ein Verbot von Polygamie und einseitigem Scheidungsrechts des Mannes, und verlangte, dass eine Scheidung nur vor einem Gericht bei gleichberechtigter Anwesenheit der Eheleute erfolgen dürfe.[541] Nach intensiven Diskussionen forderten die Frauen, dass im Familiengesetz die Bestimmungen der Scharia bezüglich Polygamie

538 »Ta'addüd-i zevcāt mes'elesi«, 24 Nīsān 1335, S. 129–130.

539 Demirdirek 1993, S. 123–124: Während der Zeit der parlamentarischen Diskussionen 1923 und 1924 über das Zivilgesetz und damit über Polygamie und Scheidung erschien *Kadınlar Dünyası* nicht mehr.

540 Zihnioğlu 2003, S. 143.

541 Nebīhe Necmeddīn, 21 Kānūn-ı s̱ānī 1340, S. 3.

und Scheidungsrecht aufgehoben werden. Danach bildeten sie auf Empfehlung des Staatsanwalts des Sondergerichts, Vasıf Bey, eine Kommission, um sich mit den Fragen der Familiengesetzgebung zu beschäftigen. Die Kommission bestand aus aktiven Feministinnen wie Nezihe Muhittin, Halide Edip, Selma Rıza, Sabihe Zekeriya Sertel, Nakiye Hanım u.a. Außerdem wurde ein Beratungsausschuss mit fünf Männern gewählt, unter ihnen der Arzt Rıfkı Bey und der Rechtsanwalt Ali Haydar Özkent. Schließlich reichte die Kommission im Parlament ein Memorandum ein. Viele Zeitungen berichteten von dem Entwurf des Familiengesetzes und veröffentlichten einschlägige Artikel von Frauen.[542] Anscheinend nutzten aber alle Bemühungen der Frauen nichts, denn ein Jahr später fragte die Frauenzeitung *Ḳādīn Yolu* bei einem Interview den Justizminister Mahmut Esat Bozkurt (1892–1943), ob ihr Memorandum bezüglich des Familiengesetzes in der Diskussion im Parlament berücksichtigt worden sei. Darauf antwortete der Justizminister, dass es zu seiner Zeit ein solches Memorandum nicht gegeben habe, er würde es aber nachprüfen. Selbstverständlich würden so schlechte Sitten wie die Polygamie, die soziale und familiäre Nachteile und Schmerzen bringe und für die Türken eine Schande sei, aufgehoben. Er sei absolut gegen Polygamie, und sie würde nicht in das Familiengesetz aufgenommen.[543]

Trotzdem debattierten die Frauen über den neuen Familiengesetzentwurf, so in der Frauenzeitschrift *Süs,* die zwischen 1923 und 1924 erschien.[544] Neben unterhaltsamen und literarischen Texten wurde über die Frauenbewegung, die Gründung der Frauenpartei (*Ḳādīnlar Ḫalḳ Fırḳası*), die »Beyaz Konferanslar« und die Versammlungen des Türk

542 Zihnioğlu 2003, S. 143–144.
543 »Muḥterem ʿadliyye vekīlimizle mülāḳat«, 16 Temmūz 1341, S. 4.
544 *İstanbul Kütüphanelerindeki Eski Harfli Türkçe Kadın Dergileri Bibliyografyası (1869–1927)* 1992, S. 340–356.

Ocağı zu den Familiengesetzen bzw. zum Familienrecht und den Debatten darüber berichtet.

Die Debatten über den Familiengesetzentwurf begannen in *Süs* mit Nachrichten über die Regierungsmaßnahmen Ende 1923 bzw. mit dem Vorschlag des Justizministers (Mehmet) Seyit Bey (1873-1925), die Familienrechtsverordnung von 1917 zu revidieren. Der erste Artikel in *Süs* stammte von Halide Nusret und behandelte das Recht der Frauen auf Scheidung und die Polygamie in der Rubrik »Dedikodu« (Klatschspalte).[545] Nusret erläuterte als alleinstehende junge Frau ihre Ansichten über die Debatten zum Familiengesetz. Sie begann mit der Annahme, dass, wenn Frauen das Scheidungsrecht hätten, Scheidungen um 60 % zunehmen würden. Außerdem würde die Lage der Männer einfacher, wenn die Frauen das Scheidungsrecht hätten. Bei Problemen würden die Männer sie auffordern, doch ihre Rechte wahrzunehmen. Ihr Ideal einer Ehe war, vor der Heirat eine Übereinkunft zu unterzeichnen, in der Alkohol und Betrug, aber auch anderes verboten wurden. Dies war eine recht originelle Überlegung zu diesem Thema. Im Interesse von Frauen, Familie und Ansehen in den zivilisierten Nationen lehnte auch sie die Polygamie entschieden ab.[546]

Die 33. und 34. Ausgabe von *Süs* waren Sondernummern, die dem Familiengesetz gewidmet waren. Anlass für diese Sonderausgaben war die erwähnte Frauenkonferenz unter Leitung von Nezihe Muhittin am 17. Januar 1924 in Türk Ocağı mit 300 Teilnehmern, zu der Annoncen in den Zeitungen *Vaṭan* und *İlerī* eingeladen hatten. Eine Woche später erschien die Nummer 33 von *Süs* mit dem Abdruck der vollständigen Rede Nezihe Muhittins.[547] Nicht nur die Veröffentlichung dieser Rede, sondern auch ein Fragebogen machten beiden Ausgaben zu Sondernummern zum Familiengesetz. Der Fragebogen unterschied sich von anderen

545 Çon 2007, S. 141-142 und 154.
546 Ders., S. 317-318.
547 »Ḥuḳū-ı ʿāʾile nüsḫa-i maḫṣūṣesi«, 26 Ḳānūn-ı s̱ānī 1340, S. 3-5.

dadurch, dass er sich nicht an den Leser, sondern zuerst an wichtige Intellektuelle, Ärzte und Literaten richtete, bevor er zusammen mit deren Antworten allgemein zugänglich gemacht wurde.[548]

Folgende Fragen wurden gestellt: a) Von welchen Bedingungen soll eine Scheidung abhängig sein?; b) Soll Polygamie akzeptiert werden?; c) Unter welchen Bedingungen sollen Ehen geschlossen werden?; d) Welches Heiratsalter ist für Mann und Frau geeignet?[549] Mit unterschiedlicher Radikalität wurde in allen Antworten die Gleichheit von Mann und Frau bei Scheidungen unter der Kontrolle von Gerichten vertreten. Fast alle betrachteten Polygamie als eine für moderne Menschen überholte Institution, und die Vermehrung der Bevölkerung könne kein Grund sein, da eine größere Zahl von Menschen bei sonst kranken und armen Generationen sinnlos sei. Sie passe überdies nicht zum heutigen moralischen Gewissen der Gesellschaft. Die Frauen sollten bei der Scheidungsfrage, bei Eheschließung und Polygamie ein Mitspracherecht besitzen. Das Familiengesetz sollte für alle türkischen Frauen überall gelten. Es sollte die Scheidung beschränken und die Frau vor Benachteiligungen schützen. Auf jeden Fall sollte Polygamie aufgehoben werden. Nach dem Schriftsteller und Diplomaten Ahmet Hikmet Müftüoğlu[550] durfte nur in Ausnahmefällen nach richterlicher Erlaubnis und ärztlicher Diagnose Polygamie möglich sein, wenn die Frau keine andere Unterstützung hatte und der Mann reich war, oder aber wenn die Frau unfruchtbar oder geisteskrank, invalid oder blind oder unheilbar krank war.

548 Zihnioğlu 2003, S. 143 und 292 Anm. 55; Çon 2007, S. 145.
549 »Ḥuḳū-ı ʿâʾile nüsḫa-i maḫṣūṣesī«, 26 Ḳânūn-ı s̱ānī 1340, S. 2.
550 Zu Ahmet Hikmet Müftüoğlu, s. Mende, Leyla von, »›Europäisierungsmißstände‹ um 1900. Eine Kurzgeschichte des osmanischen Schriftstellers Ahmet Hikmet Müftüoğlu« (http://www.europa.clio-online.de/site/lang_de/ItemID_485/mid_11428/40208214/default.aspx; aufgerufen 1.6.2011).

Es zeigte sich eine allgemeine Tendenz, das Heiratsalter für Mädchen auf 18, für Jungen auf 20 Jahre festzusetzen. Im Falle einer Scheidung sollte die Vormundschaft in der Regel der Mutter übertragen werden, wenn es keine ethischen oder physischen Hindernisse gab. Die Väter sollten finanzielle und moralische Hilfe leisten.[551]

In den nächsten Nummern von *Süs* antworteten weitere Leserinnen und Leser auf die Umfrage. Auch sie lehnten Polygamie mit der Begründung ab, sie sei nicht zeitgemäß und schädlich für die soziale Ethik und das Familienglück. Auch die Lebensbedingungen in den Städten seien ein Grund für das Verbot, wenn auch in der Landwirtschaft Polygamie im Zusammenhang mit der Notwendigkeit zusätzlicher Arbeitskräfte nachvollziehbar sei.[552]

Der letzte Artikel zum Familiengesetz findet sich in der Ausgabe Nr. 48 und stammt von Su'ad Safâ. Sie soll diesen aus New York geschickt haben, geschrieben aus der Perspektive einer im Westen lebenden jungen Türkin. Su'ad Safâ konzentrierte sich auf die negativen Seiten der Polygamie, die vielleicht in Wüstengegenden sinnvoll sei, aber nicht für die Türkei im Jahre 1924. Sie könne keineswegs zur Bevölkerungsvermehrung beitragen, denn wenn das so wäre, hätten die Araber keinen Platz mehr, und Amerika, das Polygamie verboten habe, würde nicht zu Geburtenkontrolle ermutigen. Sie riet, den anatolischen Bauern mit modernen Maschinen zu helfen statt mit durch Polygamie gewonnenen Arbeitskräften. Insgesamt wurden in *Süs* die unterschiedlichsten Ansichten zum Ausdruck gebracht; eindeutig war jedoch die allgemeine Haltung gegen Polygamie.[553]

Auch andere Zeitungen wie z.B. *Vaḳit,* die wahrscheinlich vor allem von der Mittel- und Oberschicht gelesen wurde, führten Umfragen zum Verbot von Polygamie durch. Solle Polygamie erlaubt sein, wenn die erste Frau keine Kinder

551 »Ḥuḳū-ı ʻā'ile nüsḫa-i maḫṣūṣesī«,26 Ḳānūn-ı s̲ānī 1340, S. 2–12.
552 Çon, 2007, S. 341–349; 351–352; 354–355.
553 Ders., S. 153–154, Anm. 489 und 490.

bekommen könne? Sei Polygamie ein Mittel zur Vermehrung der Bevölkerung? Könne Polygamie in Istanbul und in den Provinzen im Landesinneren durch unterschiedliche Gesetze geregelt werden? Auf diese Umfrage reagierten mindestens zwanzig Leser. Von diesen lehnten etwa zwei Drittel die Polygamie ab und akzeptierten keinen der für die Polygamie vorgebrachten Gründe. Auch plädierten sie für ein einheitliches Gesetz. Mehr als zwei Drittel der Leser waren allerdings auch der Meinung, dass eine medizinisch festgestellte Unfruchtbarkeit die Zweitehe des Mannes erlaube. Daraus lässt sich schließen, dass sich die öffentliche Meinung zwar Ende des 19. und Anfang des 20. Jahrhunderts in Istanbul grundsätzlich gegen Polygamie aussprach, diese aber akzeptierte, wenn es einen zwingenden Grund gab.[554]

Im Unterschied zur früheren Polygamiedebatte nahmen auch Mediziner an der Diskussion zur Vorbereitung eines neuen Familiengesetzes teil. Sie lehnten Polygamie aus verschiedenen Gründen nicht automatisch ab. Ihre Argumente dagegen oder dafür unterschieden sich inhaltlich von den Argumenten der übrigen Intellektuellen. Die wichtigste Begründung der Mediziner lautete, dass Polygamie aufgrund der menschlichen Natur nicht durch Gesetz aufgehoben werden konnte. Sie argumentierten z.T. unterschiedlich, wie z.B. der Arzt Kadri Raşit Pascha,[555] der Polygamie als menschliche Wunde definierte, die nicht durch ein Gesetz geheilt werden könnte. Sie sei sicherlich eine Sache der Erziehung. Der Mensch sei gemäß seiner Natur ein Tier. Befreie man den Menschen von seiner Tiernatur, könne Polygamie behoben werden.[556] Am ausführlichsten schrieb der

554 Duben/Behar 1998, S. 163-164 nach *Vakit*, Nr. 2195, 25 Şubat 1340/1924 (bei Duben/Behar 1925), S. 4.

555 Kahya, Esin, »Fransa'da ihtisas yapmış olan Türk hekimlerinden bazıları«, S. 259-260, s. (http://dergiler.an.edu.tr/dergiler/26/1029/12454.pdf; aufgerufen 2.1.2012).

556 »Ḥuḳū-ı ʿâʾile nüsḫa-i maḫṣūṣesī«, 26 Ḳānūn-ı s̱ānī 1340, S. 12.

Arzt Mazhar Osman (1884–1951),[557] der die erste moderne psychiatrische Klinik in Istanbul gründete, in seiner Zeitschrift *Ṣiḥḥī Ṣaḥīfeler* (Gesundheitsblatt) über Polygamie. Er zitierte den Psychiater Auguste Forel (1848–1931)[558] und schrieb, dass Männer von Natur aus zu Polygamie tendierten, Frauen hingegen meist monogam seien, wenn man von minderwertigen oder psychisch kranken Frauen absehe. Man wisse sogar von Huren, die in ihrem Leben nur einen Mann geliebt hätten. In der Welt nehme Polygamie zu, ob richtig oder falsch, Polyandrie dagegen, die es bei einigen Stämmen in Australien gebe, verschwinde. In Nordamerika bekämpfe man offiziell die Polygamie, aber trotzdem betrage die Zahl der Mormonen, die polygam lebten, über eine Million.[559]

Deshalb warnte er die Reformer davor, unüberlegt das europäische Modell einer gesetzlich nicht genehmigten Polygamie und Scheidung zu übernehmen, um zu den zivilisierten Nationen zu gehören, denn die europäischen Gelehrten und Denker beklagten ihrerseits, dass ihre Formen der Polygamie und Scheidung kaum reformierbare Traditionen seien. Nach Mazhar Osman kann das Gesetz den Mann nicht zwingen, mit einer Frau zu leben, die nicht in der Lage sei, Geschlechtsverkehr zu haben. In solchen Fällen gebe es Frauen, die ihre Männer verließen, aber es gebe viele Frauen, die gezwungenermaßen diesen Zustand akzeptierten und sich nicht scheiden ließen, wenn ihre Männer eine zweite Frau heirateten. Ihm seien solche Fälle nicht nur unter muslimischen Frauen oft begegnet, sondern auch unter ausländischen Frauen, die mit Muslimen

557 Şahinbaş Erginöz, Gaye, »Halk arasında efsaneleşmiş Türk hekimi Ord. Prof. Dr. Mazhar Osman Uzman 1884–1951«, in: *Nobel Medicus online Dergi* (http://www.nobelmedicus.com/contents/201061/90-96.htm.; aufgerufen 20.5.2011).
558 »August Forel: Arzt, Naturforscher, Sozialreformer, 1848–1931« (http://www.edimuster.ch/abstinenz/forel.htm; aufgerufen 1.7.2011).
559 Topaloğlu 1977, S. 114–123.

verheiratet waren.[560] Außerdem sei es Ziel der Ehe, Kinder zu bekommen. Nicht jeder Mann sei stolz darauf, mehrere Frauen zu haben. Es gebe viele Männer, die aufgrund ihrer Erziehung monogam lebten. Aber es sei ebenso natürlich, dass ein Mann in seinem ganzen Leben nicht nur eine Frau verehre. Ein weiteres Problem liege in der geringeren Zahl der Männer. Zwar gebe es keine großen Unterschiede bei den Geburtenzahlen von Mädchen und Jungen, doch durch Krieg und anderer Mühen im Lebenskampf sei die Zahl der Männer geringer. Deswegen begegne man in Europa unverheirateten Frauen mit drei Kindern. Mazhar Osman zeigte es am Beispiel Frankreichs. Dort sei die Zahl der Frauen viel höher als die der Männer und dies sei für die Frauen ein großes Problem, weil sie dadurch zur Prostitution gezwungen würden. Die unehelichen Kinder würden rechtlich nicht anerkannt und im Leben in jeder Hinsicht benachteiligt.

Außerdem sei bekannt, dass durch lediges Leben mehr Geschlechtskrankheiten entstünden. Polygamie und frühe Heirat verhindere dagegen Geschlechtskrankheiten. Er behauptete nicht, dass die Polygamie eine umfassende Lösung für die sozialen Sorgen biete und das einzige Mittel gegen unnatürliche Fortpflanzung sei. Vielleicht begrenze sie die Unzucht, aus der Welt schaffen könne sie sie aber nicht.

Mazar Osman teilte nicht die oft vertretene Meinung der Konservativen, dass Polygamie die Bevölkerung vermehre. Nach ihm sorgten andere Faktoren für die Zunahme der Bevölkerung, nämlich Hygiene, Ökonomie und Friedenszeiten. Traditionen und hohe Lebenshaltungskosten hätten die Polygamieerlaubnis faktisch aufgehoben, so dass nur wenige Menschen von dieser Erlaubnis Gebrauch machen könnten. Es gebe aber Situationen, in denen Polygamie eine Lösung zur Vermehrung der Bevölkerung sein könne. In Anatolien würden 18-jährige Jungen zum Militärdienst eingezogen, und 10% von ihnen kämen als 45-jährige Männer zurück. Deshalb solle man die Polygamie erlauben. Er

560 Ders., S. 107-114.

habe von seinen Kollegen auf dem Lande gehört, dass es oft keine Männer gebe, die Leichen zu begraben, so dass Frauen dies tun müssten. In den Städten erlaube die wirtschaftliche Situation keine Polygamie, aber in den Dörfern gebe es so wenige Männer, dass nur jedes achte Mädchen einen Mann heiraten könne.[561] Einige Ärzte wie Fahri Celalettin[562] behaupteten, dass Polygamie für die anatolische Bevölkerung sinnvoll sei, da die Zahl der Männer wegen der Kriege abgenommen habe und dies für die Fruchtbarkeit und Ehre der Frauen eine Gefahr bedeute. Er lehnte die Kontrolle der Gerichte über Eheschließung und Scheidung wie im Westen ab und akzeptierte die Adoleszenz als Alterslimit für eine Heirat.[563]

Mazhar Osman nahm auch Stellung zum Heiratsalter. Man wolle, dass der Mann nicht vor 20, die Frau nicht vor 18 heiraten dürfe, aber in Anatolien sei durch frühe Heirat der kriegsbedingte Verlust an jungen Menschen einigermaßen ausgeglichen worden. Im Alter von 23 Jahren habe der anatolische Mann zwei bis drei Kinder gezeugt. Danach habe er Militärdienst leisten und seine Frau zurücklassen müssen, die ihm im Alter beistehen solle. Nach dreizehn oder vierzehn Jahren sei er körperlich versehrt vom Militär zurückgekehrt. Dann halfen die Kinder, die er früh gezeugt habe.[564] Außerdem beginne in warmen Ländern die Zeugungsfähigkeit sehr viel früher. Es sei aber kein Zwang, jung zu heiraten, was gegenwärtig auch eher selten der Fall sei, man solle am besten medizinischen Rat einholen. Unter bestimmten Bedingungen könne ein Arzt einem 15-Jährigen erlauben zu heiraten, einem 30-Jährigen dies jedoch verbieten. Kurz gesagt seien Polygamie, Scheidung und frühe

561 Ders., S. 114–123.
562 Aydın, Bilge, *Fahri Celâlettin Göktulga'nın Öykülerinde Anomi ve Geçmişe Kaçış*. Türk Edebiyatı Bölümü Bilkent Üniversitesi: Yüksek Lisans Tezi, Ankara, Mayıs 2003 (http://www.yorumla.net/sairler-yazarlar/34389-fahri-celal-f-celalettin.html; aufgerufen 3.3.2011).
563 Çon 2007, S. 149, Anm. 476.
564 Topaloğlu 1977, S. 114–123.

Heirat kein Zwang und solange sie eine religiöse und gesetzliche Erlaubnis blieben, könne man sie respektieren, da sie auch als soziale Regeln zu betrachten seien, die dazu beitrügen, Unzucht zu vermeiden.

Wenn Mazhar Osman aufgrund der erwähnten hygienischen, soziologischen und ökonomischen Bedingungen ein gesetzliches Verbot der Polygamie bezweifelte, so war er doch der Meinung, dass Frauen generell, aber auch gerade in Bezug auf die Polygamie das Scheidungsrecht erhalten sollten. Nur sollte man sich wegen bloßer Neuerungen nicht bemühen, ein Gesetz, das der natürlichen Veranlagung des Menschen entspreche, aufzuheben, doch sollte man dem Naturgesetz folgend der Ehefrau das Scheidungsrecht überlassen, wenn ein Mann eine zweite Frau heirate.[565] Es sei eine Dummheit, die Ehe fortzusetzen, wenn man kein Glück gefunden habe. Sie sei ein Vertrag zwischen zwei Personen und wer glaube, durch die Ehe Schaden erlitten zu haben, solle das Recht haben, diese aufzulösen. Bei der Scheidung solle nicht eine Seite benachteiligt werden, denn für eine Vertragsauflösung sei eine seelische und materielle Entschädigung nötig. Nach ihm konnten auch Eifersucht und Stolz Gründe für eine Scheidung sein, obwohl solche Gefühle primitiv seien. Zwar denke er nicht so, aber Eifersucht sei relativ und von Gewöhnung abhängig. Ein Orientale könne es nicht ertragen, wenn jemand die Stimme seiner Frau höre. Ein Okzidentale bleibe gleichgültig, auch wenn man vor seinen Augen mit seiner Frau scherze. Die europäische Frau, die in den ersten Ehejahren ihren Mann allein besitzen wolle und sogar auf den Hund eifersüchtig sei, akzeptiere mit der Zeit die Mätresse ihres Mannes. In Anatolien wolle die Frau, dass ihr Mann noch einmal heirate, weil sie die Arbeitskraft in der Landwirtschaft brauche, aber in Istanbul dulde sie keine zweite rechtmäßige Frau neben sich, auch wenn diese häßlich und alt wäre und ihr Mann sie nur wegen ihres Reichtums geheiratet habe. Doch

565 Ders., S. 107-114.

schließe sie die Augen, wenn ihr Mann für seine Mätresse Geld verschwende.[566]

Natürlich sei die monogame Ehe wünschenswert, natürlich sei es schön, wenn ein Mann mit einer Frau sein Leben gemeinsam und in Liebe teile, aber leider entsprächen die Realitäten nicht immer den Wünschen. Da die Polygamie kein Zwang sei, sondern nur eine zivilisierte und erleichternde Erlaubnis, solle man nicht zuerst die negativen Auswirkungen der Polygamie aufgreifen. Das heutige städtische Leben erlaube sowieso keine Polygamie. In Istanbul könne man Männer mit zwei Frauen an den Fingern abzählen, in Anatolien sei die Zahl der Männer durch die Kriege so dezimiert, dass es in der Landwirtschaft eine Hilfe und Notwendigkeit sei, eine zweite oder dritte Frau zu haben.[567]

In der folgenden Ausgabe von *Ṣıḥḥī Ṣaḥīfeler* verteidigte sich Mazhar Osman gegen Kritiker aus den Reihen der Reformer. Polygamie und Zeugung gehörten zu seinem Beruf und er habe seit Jahren Erfahrung und Wissen angesammelt. Darum habe er darüber geschrieben, ohne sich in die politischen Kabalen einmischen zu wollen. Er sei bereit, wissenschaftliche Erklärungen zum Familiengesetz bzw. zur Polygamie abzugeben, aber nicht in den Tageszeitungen, sondern in der medizinischen Fachzeitschrift *Ṣıḥḥī Ṣaḥīfeler*. Monogamie sei ein wünschenswertes Ideal , aber Polygamie solle auch nicht als großes Problem betrachtet werden. Sie könne soziale Probleme lösen und manchmal im Leben unverzichtbar sein.[568]

566 Ders., S. 114–123.
567 Ders., S. 107–114.
568 Ders., S. 114–123.

Das neue Zivilgesetz von 1926

Nachdem Ende April 1920 die türkische Nationalversammlung in Ankara einberufen und damit die Türkei de facto zur Republik geworden war, stellte nur etwa ein halbes Jahr später am 30.10.1336/30.12.1920 der Abgeordnete von Burdur, İsmail Subhi, im Parlament den Antrag, die Familienrechtsverordnung von 1917, die im Jahre 1919 durch den Scheich ül-Islam Mustafa Sabri aufgehoben worden war, wieder in Kraft zu setzen. Er schlug vor, dass die Paragraphen der Familienrechtsverordnung, die Eheschließung und Scheidung behandelten, vorher durch die Ausschüsse Justiz und Schariaangelegenheiten geprüft werden sollten. Seinem Vorschlag wurde zugestimmt.[569] Am 10.3.1337/10.3.1921 wurde ein Gesetzesentwurf des Ministerrats zum Familienrecht im Parlament vorgelegt. Der Parlamentsvorsitzende *(re'īs)* teilte mit, dass der Entwurf zur Überprüfung an den Justizausschuss überstellt werde. Der Einwand des Abgeordneten Şevket B. aus Sinop wurde vom Vorsitzenden mit der Begründung abgelehnt, dass dies ein neuer Gesetzesentwurf sei.[570] Das zeigt, dass der neue Entwurf des Familiengesetzes durch den Justizausschuss nochmals überprüft werden sollte.

Nach dem Unabhängigkeitskrieg wurde zu Beginn des Jahres 1923 ein Ausschuss gebildet, um das Zivilgesetz vorzubereiten. Dieser bestand aus zwei Kommissionen, einer für das Personenstandsrecht (*aḥvāl-i şaḫṣiyye*) und einer für das Eigentumsrecht, das absolute Verfügungsrecht und die obligatorischen Pflichten sowie das Vertragsrecht (*vācibāt*). Die Kommission für Personenstandsrecht begann mit den Vorbereitungen für das Familiengesetz gemäß der Scharia.[571] Tatsächlich wurde im Januar 1923 dem Parlament ein Vorschlag zum Familienrecht vorgelegt. Gleichzeitig legte der

569 T.B.M.M. Zabıt Ceridesi 1942, Bd. 5, S. 216.
570 T.B.M.M. Zabıt Ceridesi 1942, Bd. 9, S. 48.
571 Cin 1988, S. 306-307.

Ausschuss für Schariaangelegenheiten einen Bericht vor. Außerdem schlug etwa zur selben Zeit der Abgeordnete von Erzurum, Salih Efendi, ein Gesetz zu Heiratspflicht und Polygamie vor.[572] Nach den Parlamentspapieren wurde am 12.2.1339/12.2.1923 ein Entwurf vorgelegt. Dieser sollte an die Ausschüsse für Justiz und Schariaangelegenheiten weitergeleitet werden. Es scheint aber, dass er nur an den Ausschuss für Justiz geschickt wurde, denn zehn Monate später, am 15.12.1339/15.12.1923, betonte der konservative Abgeordnete von Konya, Musa Kazım Bey, dass der Entwurf des Familiengesetzes auch mit der Scharia zu tun habe und er deshalb auch an den Ausschuss für Schariaangelegenheiten geschickt werden müsse. Darauf antwortete der damalige Justizminister Seyit Bey, dass der Gesetzesentwurf zum Familienrecht so schnell wie möglich in Kraft treten solle, weil er auch Bestimmungen für Nichtmuslime enthalte. Schicke man ihn von Ausschuss zu Ausschuss, würde man Zeit verlieren. Doch die Parlamentsmehrheit wollte, dass der Gesetzesentwurf auch an den Ausschuss für Schariaangelegenheiten geschickt werde. Darauf forderte Seyit Bey, dass der Ausschuss den Entwurf schnell erörtern sollte.[573]

Es scheint, dass es im Parlament zwei widerstreitende Gruppen gab. Ein Teil der Abgeordneten wollte die Familienrechtsverordnung von 1917 mit Änderungen wieder in Kraft setzen, der andere wollte das französische oder schweizerische Zivilgesetz übernehmen, aber der zweite Vorschlag wurde zunächst im Parlament nicht diskutiert.[574] Wahrscheinlich war es immer noch problematisch, von der Aufhebung islamischer Rechtsbestimmungen offen zu sprechen.

Am 16.2.1340/16.2.1924 bestätigte das Parlament, dass die Ausschüsse für Justiz und Schariaangelegenheiten ihre

572 T.B.M.M. Zabıt Ceridesi 1960, Bd. 27, S. 6–7.
573 T.B.M.M. Zabıt Ceridesi 1968, Bd. 4, S. 282 und 221–222.
574 Zihnioğlu 2003, S. 292, Anm. 53.

Stellungnahmen bezüglich des Familiengesetzes ausfertigen sollten, um es wieder in Kraft zu setzen.[575] Aber auch dieser neue Entwurf hob die Polygamie nicht auf, was damit begründet wurde, dass diese die Prostitution verhindere und zur Vermehrung der Bevölkerung beitrage. Anders als in der Familienrechtsverordnung von 1917 konnte die Frau im Rahmen des Ehevertrags nicht die Bedingung stellen, dass ihr Ehemann keine weitere Frau heiraten dürfe, sondern von einer der beiden geschieden werden müsse. Trotz kleiner Änderungen entsprach dieses Gesetz dem von 1917, d.h. es wurde gemäß der Scharia formuliert.[576] Es war nicht möglich, einen Entwurf für das Familiengesetz unabhängig von der Scharia zu formulieren. Solange Kalifat und Schariagerichte bestanden, konnte man nicht von religiösem zu laizistischem Recht übergehen. Deshalb wurde auch dieser Entwurf im Parlament nicht erörtert.

Am 3. März 1924 wurde das Kalifat aufgehoben und damit auch die Tätigkeit des Ausschusses für Schariaangelegenheiten beendet. Am 8. April 1924 wurden schließlich die Schariagerichte aufgehoben. Der neue Justizminister Mahmut Esat Bozkurt nahm den erwähnten Entwurf des Familiengesetzes zurück, um ein modernes Familiengesetz vorzubereiten. Am 19. Mai 1924 wurden zwei neue Ausschüsse gebildet, um das Zivilgesetz so zu bearbeiten, dass es mit einem modernen Rechtsstaat vereinbar war. Bei der Vorbereitung der neuen Gesetze wollte man sich an den westlichen Gesetzen orientieren. Zwischen 1924 und 1925 bereitete der Ausschuss für Personenstandsrecht den Entwurf eines Familiengesetzes vor, der 142 Paragraphen umfasste. Auch diesmal unterschied sich der Entwurf nicht sehr von der Familienrechtsverordnung von 1917. Obwohl die Polygamie eingeschränkt wurde - nach § 12 ist die Grundform der Ehe die Monogamie - durfte ein Mann eine zweite Frau heiraten, wenn er die Notwendigkeit nachweisen und

575 T.B.M.M. Zabıt Ceridesi 1968, Bd. 6, S. 329.
576 Berkes 2004, S. 528-529.

zu beiden Frauen gerecht sein konnte. Außerdem besagte § 13, dass es verboten sei, zwei Frauen, die miteinander verwandt oder Milchschwestern waren, zu heiraten. Beide Paragraphen zeigen, dass Polygamie nicht verboten wurde, doch kritisierten islamisch orientierte Abgeordnete auch diesen Entwurf.[577] Am 3.12.1340/3.12.1924 wurde das Gesetz unter dem Namen »Hukuku Aile Kanunu« (Familiengesetz) an den Justizausschuss weitergeleitet.[578] Aber auch das wurde nicht in Kraft gesetzt. Der Justizminister Mahmut Esat Bozkurt dankte dem Ausschuss und sagte, es sei für die türkische Nation besser, die Gesetze des Westens zu übernehmen, da Mustafa Kemal das Familiengesetz nicht gemäß den Bestimmungen des islamischen Rechts, sondern als Zivilrecht gestalten wolle. Danach entschied die Regierung, das schweizer Zivilgesetz mit kleinen Änderungen zu übernehmen, da man es für das modernste und liberalste unter den europäischen Gesetzen hielt. Viele türkische Juristen, darunter auch Justizminister Mahmut Esat Bozkurt, hatten in der französischen Schweiz studiert und waren von dort beeinflusst. Ihrer Meinung nach wurde die Frau in der Ehe im komplizierten französischen und deutschen Zivilgesetz dem Mann unterworfen. Im schweizerischen Zivilgesetz seien die Rollen in der Familie eindeutiger geregelt.

Während man in der Öffentlichkeit über das neue Familiengesetz, das auch die Polygamie verbieten sollte, heftig diskutierte, begann die Vorbereitung des heutigen türkischen Zivilgesetzes. Am 11. September 1924 wurde eine Kommission gebildet, um das schweizerische Zivilgesetz ins Türkische zu übersetzen. Der Ministerrat beschloss am 20.12.1925, diesen Entwurf dem Parlament vorzulegen. Am 5.11.1925 gründete Mustafa Kemal die Juristische Fakultät in Ankara, um Richter für das neue Recht auszubilden.[579] Das türkische Zivilgesetz wurde am 17.2.1926 dem Parlament

577 Cin 1988, S. 307-308.
578 T.B.M.M. Zabıt Ceridesi 1968, Bd. 10, S. 433.
579 Cin 1988, S. 308-309.

vorgelegt. Justizminister Mahmut Esat Bozkurt erklärte im Parlament, dass er das Gesetz, das im Parlament seit einer Woche diskutiert wurde, vorlegte, um es von den Abgeordneten billigen und bestätigen zu lassen. Er berichtete, dass die wichtigsten Teile des aus 900 Paragraphen bestehenden Zivilgesetzes Familienstruktur, Erbschaft, Rechte usw. regele. Die türkischen Frauen seien im bisherigen Familien- und Erbrecht nicht gut behandelt worden, aber dieses neue Zivilgesetz werde der Frau eine Stellung geben, die ihrer würdig sei. Dieses Gesetz sei für die Neugestaltung der türkischen Nation lebenswichtig, und wenn es nicht so schnell wie möglich umgesetzt werde, habe die Neugestaltung keine Bedeutung mehr. Manche Abgeordnete stimmten diesem Entwurf mit der Begründung zu, dass Eheschließung, Scheidung und alle übrigen Familienangelegenheiten zum weltlichen Gesetz gehörten. Der Protokollant (*maṣbaṭa muḥarriri*) Şükrü Kaya hielt fest, dass in zivilisierten Ländern solche persönlichen Angelegenheiten durch Gesetze geregelt würden. Leider sei in der Türkei ein solches Gesetz bisher nicht kodifiziert. Es gebe nicht einmal Bestimmungen und Regeln. Konkurrierende Meinungen, Auslegungen und Überlieferungen und die hieraus resultierende rechtliche Unsicherheit seien charakteristisch für die vier islamischen Rechtsschulen. Die Gerichte hätten viele Prozesse geführt wegen Vaterschafts-, Vormundschafts- und Scheidungsunklarheiten. Jede Epoche habe ihre eigenen Gesetze. Der Absolutismus habe im Namen der Religion mit fehlerhaften religiösen Vorstellungen die Menschen beherrscht, und seine Gesetze seien dadurch inspiriert worden. Der Absolutismus habe von der Fehlerhaftigkeit der Gesetze gewusst, sie aber nicht revidiert. Jetzt habe man die Republik proklamiert und Kalifat und Sultanat aufgehoben. In diesem Zusammenhang müsse man fortschrittsfeindliche Bestimmungen, die vor allem die Frauen ihrer Rechte beraubt hätten, aufheben. Dieses neue Zivilgesetz gewähre den Frauen den ihnen zustehenden Rang. Der Ausschuss sei überzeugt, dass dieses Gesetz den Bedürfnissen der türkischen Nation entspreche. Deshalb sei das schweizerische Gesetz übernommen worden. Es festige die Familie, sei moralisch einwandfrei und unterstütze Kinder und Waisen. Außerdem sei es ein Gesetz der Zivilisation. Es schränke die Scheidung ein und verbiete Polygamie. Der Abgeordnete Emin Bey aus Tokat dankte Mustafa Kemal Pascha und dem Ministerpräsidenten İsmet Pascha, dass sie das neue Zivilgesetz in so kurzer Zeit im Parlament eingebracht hatten. Der Abgeordnete Besim Atalay aus Aksaray meinte, dass man die Republik nicht mit alten verfaulten Gesetzen des Sultanats regieren könne. Man könne die Gesetze nicht der Auslegung der Imame überlassen, sie würden die Probleme des Landes nicht kennen. Deswegen müssten die Gesetze geändert werden. Die Türkei sei in Wissenschaft und Technik dem Westen gegenüber zurückgeblieben und so sei es auch in der Gesetzgebung gewesen. Wenn sich das nicht ändere, würde die Türkei wie der Sudan, Marokko und Buhara ihre Existenz aufgeben. Deshalb solle man dem neuen Zivilgesetz zustimmen und den Weg für ein zeitgemäßes, national orientiertes und zivilisiertes Land frei machen. Der Abgeordnete Yusuf Kemal aus Sinop fügte hinzu, dass die Familienrechtsverordnung von 1917 nicht durch die Entscheidung des Parlaments zustandegekommen sei. Außerdem handele es sich um kein Gesetz, sondern eine Verordnung. Danach wurde am 17.2.1926 das neue Zivilgesetz zusammen mit den Einlassungen des Justizministeriums einstimmig akzeptiert.[580] Tatsächlich geht aus den Parlamentspapieren hervor, dass kein Widerstand gegen das neue Zivilgesetz bzw. Familiengesetz von islamisch-konservativ orientierten Abgeordneten, die gegen die Aufhebung des islamischen Familienrecht waren, geleistet wurde. Dies ist wahrscheinlich darauf zurückzuführen, dass das Parlament von den Republikanern dominiert wurde.

Im April 1926 wurde das Zivilgesetz im Amtsblatt veröffentlicht. Das islamische Recht war bereits seit dem 17.2.1926 aufgehoben. Darauf folgte das Verbot der Polyga-

580 T.B.M.M. Zabıt Ceridesi 1977, Bd. 21-22, S. 229-234.

mie, Mann und Frau waren vor dem Gesetz gleichgestellt, die Scheidung sollte nur gerichtlich erfolgen. Das Zivilgesetz betrachtete die Eheschließung als Angelegenheit des Staates. Das Paar musste nun mit zwei Zeugen vor einem offiziellen Beamten erscheinen, der diese Eheschließung durchführte und registrierte. Dies musste an das Einwohnermeldeamt weitergeleitet werden. Imame durften keine Ehen mehr schließen.[581] Im Mai 1926 wurde das Gesetz (Nr. 1/959) und das Protokoll des Justizausschusses zusammen mit den Ausführungsbestimmungen vom Amt des Ministerpräsidenten an den Vorsitzenden des Parlaments geschickt.[582]

Nach dem Gesetz von 1926, Kapitel 2, Befähigung und Hindernisse für eine Eheschließung, § 93 hieß es: »Wenn jemand noch einmal heiraten will, muss er (oder sie) beweisen, dass seine frühere Ehe durch Tod, Scheidung oder durch Nichtigkeitserklärung beendet ist.« Kapitel 4, Eheschließungen, die juristisch nichtig sind, § 112 lautet: »Eine Ehe ist nichtig, wenn bei Eheschließung einer der Eheleute bereits verheiratet ist.«[583] Damit wurde Polygamie gesetzlich aufgehoben.

581 Cin 1988, S. 309-310.
582 T.B.M.M. Zabıt Ceridesi 1977, Bd. 25, S. 14-20.
583 T.B.M.M. Kavanin Mecmuası 1941, Bd. 4, S. 132 und 135.

7 Schlussfolgerung

Die Begegnung und Auseinandersetzung mit Europa löste in der islamischen Welt im 19. und 20. Jahrhundert eine umfangreiche Reformdiskussion aus. Ein Ziel bestand darin, die rechtliche Stellung der Frau zu verbessern. Dabei wurde auch die Polygamie Objekt der Modernisierungsbemühungen im Osmanischen Reich und in der weiteren islamischen Welt, wie z.B. in Ägypten oder unter den Muslimen in Russland. Ein Auslöser für die Polygamiediskussion war aber auch die beginnende feministische Bewegung in der ganzen Welt, besonders in Europa und die damit verbundene Kritik am Islam allgemein und der Polygamie im Besonderen. Die islamischen Reformer forderten zunächst ganz allgemein, das Tor der unabhängigen Rechtsfindung wieder zu öffnen und die Scharia den modernen Lebensbedingungen anzupassen. In diesem Kontext griffen die reformorientierten Interpreten das traditionelle Verständnis der Rolle der Frau auf und interpretierten auch die die Polygamie betreffenden Suren neu. Konservativ ausgerichtete Intellektuelle verteidigten den Islam und damit auch die Polygamieerlaubnis kompromisslos, wobei sie notwendige Korrekturen im Islam nicht leugneten. Die Polygamiedebatte wurde bis in das 20. Jahrhundert hinein mit unterschiedlicher Intensität geführt. Es wurden verschiedene Lösungsansätze diskutiert und umgesetzt, weil die überwiegend islamischen Länder unterschiedliche historische und politische Erfahrungen gemacht hatten und anders mit der Verwestlichung bzw. Modernisierung umgingen. Die Säkularisierung der Türkei führte dazu, dass das islamische Zivilrecht abgeschafft und durch ein westliches ersetzt wurde, während andere islamische Staaten des Vorderen Orients islamisches Recht und islamische Gerichtsbarkeit nicht vollständig aufgaben, sondern für bestimmte Bereiche beibehielten.

Die Thematisierung der Polygamie im osmanisch-türkischen Diskurs seit der Tanzimat-Ära zeigt die Intensität des Modernisierungsprozesses bis zur Gründung der Republik. Neben der alles überragenden Forderung nach einer verbesserten Bildung für Frauen wurde auch den Themen Eheschließung, Brautschau, Heiratsalter, Polygamie und Scheidungsrecht Aufmerksamkeit geschenkt, doch wurde die Polygamie erst seit dem Ende des 19. Jahrhunderts intensiv diskutiert. Die Defizite in der Frauenbildung waren offensichtlich, Polygamie ließ sich nicht quantifizieren.

Die Diskussionen um das Thema Polygamie geben wichtige Hinweise darauf, wie die osmanischen Intellektuellen mit dem Begriff »Modernisierung« innerhalb der Transformations- bzw. Verwestlichungsproblematik umgingen und was sie in diesem Zusammenhang unter dem Begriff verstanden. Die osmanischen Intellektuellen benutzten im 19. und 20. Jahrhundert den Begriff »Zivilisation« als Synonym für Modernisierung. Nach Göle spiegelte der Begriff das Selbstbild des Westens und bedeutete in diesem Zusammenhang gleichzeitig Verwestlichung. In diesem Fall drückte sich in der »Modernisierung« das vorherrschende westliche kulturelle Modell aus, das die Moderne als höhere Lebensform bezeichnete und das es zu übernehmen galt. Hinzu kam das Verständnis von Zivilisation als Entwicklungsprozess mit universalem Geltungsanspruch. Deshalb verstanden vor allem die säkularen osmanischen Intellektuellen unter dem Begriff »modern/zeitgemäß« also die »Moderne« als Abgrenzung zur Vergangenheit. Unter dem Begriff »traditionell« verstanden sie die existierenden Gewohnheiten und religiösen Bestimmungen. Die säkularen osmanischen Intellektuellen verwendeten in diesem Fall den Begriff »zivilisiert« bzw. »modern« immer dann, wenn es um die Änderungen oder Transformationen des Eherechts ging, »traditionell«, wenn das islamische Eherecht beibehalten werden sollte.

Man kann von drei Phasen in der Polygamiediskussion sprechen. Auslöser der ersten war im 19. Jahrhundert vor allem die westliche Kritik am Islam hinsichtlich der Polygamieerlaubnis. Daher war die erste Phase vordringlich eine Auseinandersetzung mit den europäischen Vorstellungen. Zwar regte die Kritik des Westens dazu an, die Stellung der Frau bzw. die Polygamie zu diskutieren, veranlasste aber auch fast alle osmanischen Intellektuellen, den Islam zu verteidigen, statt sich mit der Polygamie kritisch auseinanderzusetzen. Die westlich beeinflussten Reformer kritisierten zwar die traditionelle Ehe, versuchten jedoch, ihre Argumente gegen Polygamie islamisch zu legitimieren. Daraus ergaben sich manche Widersprüche, weil sie noch zwischen Modernisierung und Islam standen, über den sie ihre kulturelle Identität definierten. Sowohl Reformer als auch Konservative argumentierten innerhalb der eigenen Tradition und machten regionale oder traditionell bedingte Erscheinungen für Perversionen im Islam verantwortlich.

Auch Frauen lehnten Behauptungen der Europäer bezüglich der Verbreitung von Polygamie ab. Die Frauen seien in der Lage, ihre Rechte selbst zu verteidigen. Der Islam habe Polygamie nicht erfunden, vielmehr begrenzt. In diesem Zusammenhang wurde oft auf das Christentum und seine Einstellung zur Polygamie eingegangen. Die außerehelichen Beziehungen seien eine Art illegitimer Polygamie und führten zudem zu einer Diskriminierung der unehelichen Kinder in der Gesellschaft. Sie verteidigten die Polygamieerlaubnis im Islam mit klassischen Argumenten wie der Vermeidung einer außerehelichen Beziehung und unehelicher Kinder, der Natur des Menschen bzw. des Mannes sowie Krankheit, Invalidität oder Unfruchtbarkeit der Frau. Manche Konservative nannten die Fortpflanzung als Ziel der Ehe und unterschieden sich damit von den Reformern, die daneben auch die Liebesehe verteidigten. Trotzdem hoben alle Intellektuellen, unabhängig von ihrer Ausrichtung, immer wieder die Einschränkungen hervor, die an die Polygamieerlaubnis geknüpft waren.

Überwiegend modern-islamisch orientierte Intellektuelle leiteten aus den die Polygamie betreffenden Suren 4/3 und 4/129 und der dort geforderten gerechten und gleichen Behandlung der Frauen eine tatsächliche im Islam verankerte Monogamie ab. Auch einige Religionsgelehrte entwickelten neue Interpretationen der Polygamie; von Konservativen hingegen wurde das Problem der Gerechtigkeitsbedingung meist gar nicht angesprochen.

Verbesserte Bildungschancen und zunehmende Individualisierung der Gesellschaft ließen seit Ende 19. Jahrhunderts eine andere Haltung zur Polygamiefrage erkennen. Nun wurde die Polygamie von den Muslimen selbst, auch von Frauen wie z.B. Fatma Aliye, dahingehend in Frage gestellt bzw. hinterfragt, ob sie in einer zivilisierten bzw. modernen Gesellschaft überhaupt erlaubt sein dürfe. Fatma Aliye begründete, beeinflusst von den westlichen feministischen Tendenzen, ihren Widerstand gegen die Polygamie mit den Frauenrechten. Sie behauptete, dass eine veränderte Rolle der Frau nicht im Widerspruch zum Islam stand, doch fiel es ihr schwer, die Frauenrechte mit dem Islam in Einklang zu bringen. Sie sah das Ziel der Ehe nicht in der Fortpflanzung, sondern in einer gleichberechtigten Beziehung zwischen zwei Partnern. Trotz der Erlaubnis zur Polygamie behauptete sie, dass der Islam immer zeitgemäß sei und unter zeitgenössischen Bedingungen Polygamie nicht erlauben würde. Ihre Einstellung zum Scheidungsrecht der Frau legitimierte sie islamisch, da es im Islam neben der Polygamie auch die Scheidung gebe. Sie wollte die Eheschließung durch ein Gesetz regeln lassen, um diese besser kontrollieren und willkürliche Polygamie vermeiden zu können. Damit begann sie, über die Kodifizierung des islamischen Eherechts zu sprechen, die auch im 20. Jahrhundert bis zur Republik ein Streitthema blieb. Ihre Ansichten wurden von Konservativen, wie z.B. Mahmut Esat, wegen vermeintlicher Unvereinbarkeit mit dem Islam abgelehnt. Das zeigt, dass zu diesem Zeitpunkt für die Umsetzung von Reformen im Familienrecht die religiöse Interpretation noch entscheidend war.

In der zweiten Phase zu Beginn des 20. Jahrhunderts gewann die Polygamiefrage aufgrund des erstarkenden Feminismus und der voranschreitenden Säkularisierung an Bedeutung. Mit ihrer Politik zu Beginn des 20. Jahrhunderts unterstützten die Jungtürken die Interessen von Frauen und Familien. Sie initiierten verstärkt Bildungsangebote und verschiedene Aktivitäten für Frauen, weil sie die Befreiung der Frau als ideologisch zentrales Instrument für die Entwicklung zu einem Nationalstaat betrachteten. Doch waren die Frauen nicht nur Objekte der nationalen Politik, sondern auch aktive Subjekte im Kampf für ihre Emanzipation. In der II. Meşrutiyet-Ära entwickelten die verschiedenen Protagonisten ein schärferes Profil. Der säkulare Einfluss auf die westlich orientierten Reformer wurde größer und führte bis hin zur Ablehnung der Polygamie. Das wachsende türkische Identitätsbewusstsein wiederum führte zu einer Ablehnung der Polygamie als »untürkisch«, und die türkisch orientierten Reformer konnten sich als Teilhaber an der politischen Macht teilweise durchsetzen. Die modern-islamisch orientierten Intellektuellen versuchten, aus den Suren 4/3 und 4/129 ein Monogamiegebot abzuleiten und die Traditionalisten unter ihnen beschäftigten sich damit, die Erlaubnis zur Polygamie im Koran zu rechtfertigen. Dennoch wird aus ihren Äußerungen zu Frauen betreffenden Themen deutlich, dass Intellektuelle unterschiedlichster ideologischer Strömungen manchmal ähnliche Argumentationsstrukturen verfolgten oder trotz ideologischer Nähe unterschiedliche Lösungsansätze vertraten. Im Gegensatz zur ersten Phase war die westliche Kritik am Islam bei den männlichen Intellektuellen nicht mehr so entscheidend, vielmehr entwickelte sich eine interne Reformdebatte über das Eherecht.

Aufgrund ihrer gemeinsamen säkularen Orientierung gab es in der Frage der Polygamie zwischen westlich und türkisch orientierten Intellektuellen keine großen Unterschiede. Beide Gruppen waren im Gegensatz zu den islamisch orientierten Intellektuellen eher bereit, die Religion für die Lage der Frauen verantwortlich zu machen. Zunächst jedoch griffen sie die Religion nicht direkt an, sondern zogen es vor, von Missbrauch zu sprechen. Oder sie argumentierten soziologisch und stellten fest, dass die Polygamie ein Instrument zur Legalisierung der Odalisken in patriarchalischen Gesellschaften gewesen und einer bestimmten historischen Entwicklungsstufe zuzuordnen war. Ziya Gökalp ging sogar von einer ursprünglichen Idealform der Ehe bei den Muslimen bzw. Türken aus, sei es die polygame unter den Bedingungen des Islams oder die monogame, die im Laufe der Zeit durch unterschiedliche Fremdeinflüsse und Gegebenheiten pervertiert wurde. Westlich und türkisch orientierte Intellektuelle kritisierten die Polygamie mit der Begründung, sie sei keine auf Liebe gegründete Ehe. Für einige spielten auch religiöse Unterdrückung und Traditionen eine Rolle. Für die radikalen Reformer wiederum diente Polygamie nur zur Befriedigung der Sexualität. Eng verbunden mit der Darstellung der Frau als Sexualobjekt in einer polygamen Ehe war die Kritik an Konkubinat und Sklaventum. Die meisten von ihnen sahen die Ursachen für Polygamie vor allem im Eherecht bzw. in der Eheschließung im Islam. Einige allerdings nahmen soziale und ökonomische Faktoren an.

Zur Bekämpfung der Polygamie schlugen sie in erster Linie die Kodifizierung eines neuen Familiengesetzes vor. Auf welcher Grundlage das geschehen sollte, wurde bei westlich orientierten Intellektuellen nicht immer deutlich. Ihren Aussagen zufolge sollte durch religiöse Reformen ein neues Familiengesetz geschaffen werden, das auf den gleichen Bedingungen für beide Geschlechter basierte und den Bedürfnissen der Zeit entsprach. Einige sprachen von der Übernahme europäischer Zivilgesetze. Obwohl sich die türkisch-nationalen mit den westlich orientierten Intellektuellen gegen die islamischen Intellektuellen in der Frage der Kodifizierung eines neuen Familiengesetzes bzw. Eherechts einig waren, tendierten sie im Gegensatz zu einigen westlich orientierten Intellektuellen nicht dazu, europäische Zivilgesetze zu übernehmen, sondern befürworteten die Herausbildung eines modernen Islams, der sich auf den privaten Glauben und entsprechende Rituale beschränkte.

Für islamisch orientierte Intellektuelle war es selbstverständlich, dass die Grundlage eines Familienrechts die Scharia bildete, doch gab es Meinungsverschiedenheiten zwischen den religiösen Modernisten und Traditionalisten. Ein Merkmal des modernen Islams, der von den Modernisten vertreten wurde, war das Argument, dass die Sunna ignoriert werden und man sich direkt auf den Koran berufen solle. Den Koran richtig zu verstehen, bedeute Gleichberechtigung und Zeugenschaft der Frau, Monogamie, Ablehnung der Sklaverei und die Neubestimmung des Zinsbegriffs. Die Modernisten leiteten Monogamie aus der modernen Auslegung der Suren 4/3 und 4/129 ab. Nach ihnen blieben im Islam die Zivilrechte der Frau von einer Eheschließung unberührt. Polygamie basiere auf einem falschen Verständnis von Islam und fehlender Bildung bei Frauen und Männern. Einige Modernisten und türkisch orientierte Intellektuelle sahen als Ursache auch die fehlende Teilhabe der Frau am Arbeitsleben und ihre finanzielle Not, manche nannten die kriegsbedingten Verluste von Männern. Einige religiöse Modernisten tolerierten Polygamie in besonderen Fällen oder befürworteten sie, wenn es z.B. galt, außereheliche Beziehungen zu vermeiden. Manche rechtfertigten die Polygamieerlaubnis im Islam sogar mit den klassischen Argumenten von Fortpflanzung, männlicher Natur, Verhinderung von Prostitution und materieller Versorgung der Frau.

Gegner der Modernisten kritisierten vor allem diejenigen, die aus einer modernen Auslegung der Suren 4/3 und 4/129 Monogamie ableiteten. Eine Bestimmung, die wie die Polygamie eindeutig auf dem Koran beruhe, abzulehnen, bedeute, sich gegen Gott und den Propheten zu stellen. Zudem sei Polygamie keine religiöse Pflicht. Deshalb rechtfertigten sie die Polygamieerlaubnis mit den erwähnten klassischen Argumenten. Für die osmanischen *'ulemā'* ging es nicht nur darum, die Polygamieerlaubnis zu rechtfertigen, sondern auch um das Festhalten an der Scharia. Hieraus wird ersichtlich, dass es für die Traditionalisten im Gegensatz zu den Modernisten nicht möglich war, auch innerhalb des Islams im Eherecht Veränderungen herbeizuführen.

Schließlich entwickelte sich die Polygamiedebatte in dieser Zeit zu einer Debatte über die Frauenrechte und war gleichzeitig ein ideologischer Kampf unter den Intellektuellen. Dabei spielte die tatsächliche Verbreitung der Polygamie keine Rolle, was zeigt, dass vor allem die reformorientierten Intellektuellen die generellen Defizite im islamischen Eherecht erkannten, die die Verbesserung des rechtlichen Zustands der Frauen erheblich beeinträchtigten und damit insgesamt die Modernisierung des Landes behinderten. Möglicherweise wurden deshalb Vorschläge für ein Polygamieverbot nicht mehr ausschließlich von säkularen Intellektuellen, sondern auch vereinzelt von Religionsgelehrten mit unterschiedlichen Rechtfertigungen unterbreitet. Es ist bemerkenswert, dass ein Religionsgelehrter wie Mansurizâde Sait auf der Basis des islamischen Rechts ein Verbot der Polygamie verlangte. Obwohl das zu einer hitzigen Debatte vor allem unter den islamisch orientierten Intellektuellen führte, kam sein Vorschlag einer Beschränkung der Polygamie gemäß dem islamischen Recht wenig später zum Tragen. Er trug dazu bei, dass die Familienrechtsverordnung von 1917 trotz des Widerstands der religiös orientierten Traditionalisten zustande kam. Daneben waren aber auch die Ansichten der türkisch-nationalistischen Intellektuellen für die Formulierung dieses Gesetzes entscheidend, vor allem Ziya Gökalps Vorstellungen, die der Ideologie der Herrschenden entsprachen. Die Polygamiediskussion Anfang des 20. Jahrhunderts zeigte auch, dass sich die an ihr beteiligten Intellektuellen einer eindimensionalen Kategorisierung im Sinne von westlich/säkular vs. religiös/konservativ entziehen.

Die Frauen waren während der II. Mesrutiyet-Ära in der Diskussion zurückhaltender als die Männer. Obwohl sie den Anstoß für eine feministische Bewegung gaben, ihre Rechte in der Ehe in ihren Zeitschriften verteidigten, die traditionellen Ehesitten und die Polygamie besonders im Zusammenhang mit der Haussklaverei kritisierten und eine Veränderung des Personalstatuts, vor allem bezüglich des einseitigen Scheidungsrechts und des Heiratsalters verlangten, thematisierten sie Polygamie wenig. Dafür gab es mehrere Gründe: Nach *Ḳādīnlar Dünyāsı* war das Konstrukt der Polygamie für Frauen zwar bedrohlich, aber sehr selten. Überdies habe die Anzahl berufstätiger Frauen und damit ihre finanzielle Unabhängigkeit in den großen Städten zugenommen. Die städtischen Frauen seien zu Beginn des 20. Jahrhunderts nicht mehr bereit, Polygamie zu akzeptieren. Nicht nur aus feministischen, sondern auch aus wirtschaftlichen, psychischen und sozialen Gründen sei Polygamie nicht mehr möglich und gehöre der Vergangenheit an.

Andererseits hatten es die Frauen zu Beginn des 20. Jahrhunderts aber nicht leicht mit ihrer Kritik an der Polygamie. Sie wurden in islamisch orientierten Zeitungen kritisiert, obwohl sie ihre Argumente mit den die Polygamie betreffenden Suren abstimmten. Daher verlangten sie nur sehr vorsichtig die Abschaffung der Polygamie und hofften, dass sie allein durch die wachsende Bildung der Frauen ganz verschwinden werde. Im Gegensatz zu den männlichen Intellektuellen kämpften die Frauen immer noch gegen die Veröffentlichungen von Europäerinnen, die den Harem als Ort der Sexualität definierten. Sie verteidigten sich gegenüber ihren westlichen Mitstreiterinnen damit, dass sie sich ihrer Rechte bewusst seien und eine zweite Frau, gleichgültig ob legitim, Geliebte oder Sklavin, nicht zulassen würden. Überdies stellte der Harem für sie den Frauenbereich in einer monogamen Familie dar.

Die konservativen muslimischen Frauen vertraten die traditionellen Sitten der Eheschließung, waren aber auch gegen eine Ehe ohne Liebe und ohne Zustimmung der Frau. Sie bezogen keine Stellung zur Polygamie, wahrscheinlich, weil sie in der Regel aus der Mittelschicht oder kleinen Familien stammten und Polygamie sie somit nicht betraf. Außerdem wollten sie sehr wahrscheinlich als Konservative die Polygamierlaubnis des Korans nicht in Frage stellen. Die vielfältigen Diskussionsthemen der Frauen widerlegen die häufige Behauptung, dass die Polygamie ein zentrales Thema im feministischen Diskurs war.

Nach der Aufhebung der Familienrechtsverordnung von 1917 im Jahre 1919 erhielt Polygamie wieder verstärkte Aufmerksamkeit. Besonders Frauen beklagten die Aufhebung, weil Polygamie durch sie zumindest beschränkt worden war. Zuerst wollten sie die Familienrechtsverordnung revidieren, doch nahm vor der Gründung der Republik nicht nur unter den säkularen und konservativen Intellektuellen, sondern auch unter den Frauen die Auseinandersetzung um ein über die Verordnung hinausgehendes Polygamieverbot zu. Erklärbar ist dies mit fortschreitenden Emanzipationsbestrebungen und allgemeiner gesellschaftlicher Säkularisierung. Kern der Auseinandersetzung war die Frage, ob ein der Gesellschaft angepasstes westliches Zivilgesetz übernommen oder das islamische Familienrecht beibehalten werden sollte. Die Vertreter der *'ulemā'* beschuldigten die reformorientierten Intellektuellen, den Islam zu leugnen. Für sie musste ein Muslim nicht polygam sein, aber er durfte die Polygamieerlaubnis auch nicht ablehnen. Dies zeigt, dass es für die *'ulemā'* mehr um Religion als um die Polygamie an sich ging. Sie waren gegen die Aufhebung islamischer Bestimmungen und die Nachahmung des Westens in jeder Hinsicht. Besonders ablehnend verhielten sie sich dem Feminismus gegenüber. Für sie konnten weder eine Regierung noch Rechtsgelehrte die Scharia beschneiden. Damit wandten sie sich gegen eine Trennung von Staat und Religion.

Die Frauen organisierten Konferenzen und verlangten von der Regierung u.a. die Revision der Familienrechtsverordnung von 1917 und die Aufhebung der Polygamie sowie des einseitigen Scheidungsrechts des Mannes. Sie führten Umfragen durch, in denen festgestellt wurde, unter welchen Bedingungen eine Scheidung möglich sein sollte, ob Polygamie akzeptiert werden könnte, wie Ehen geschlossen werden sollten und welches Heiratsalter angemessen sei. Mit unterschiedlicher Radikalität wurde von allen, die sich dazu äußerten, die Gleichstellung von Mann und Frau im Eherecht gefordert. Fast alle lehnten die Polygamie als nicht akzeptable Praxis für den modernen Menschen ab.

Umfragen in Zeitungen zeigten, dass die Mehrheit der Leser Polygamie ablehnte. Allerdings war auch eine Mehrheit dafür, dass nach einer ärztlichen Feststellung der Unfruchtbarkeit der Frau ein Mann eine zweite Frau heiraten dürfe. Mediziner nahmen ebenfalls an der Diskussion zur Vorbereitung eines neuen Familiengesetzes teil. Auch sie lehnten Polygamie aus verschiedenen sozialhygienischen und medizinischen Gründen nicht kategorisch ab.

Durch die Einberufung der türkischen Nationalversammlung 1920 wurde die Türkei de facto zur Republik. So begann die dritte Phase der hier untersuchten Polygamiediskussion, die in die Revision der Familienrechtsverordnung von 1917 mündete. Es scheint im Parlament zwei widerstreitende Gruppen gegeben zu haben. Die eine bevorzugte das Familiengesetz von 1917 mit Änderungen, die andere das französische oder schweizerische Zivilgesetz. Trotz mehrerer Versuche war es erst möglich, ein Familiengesetz unabhängig von der Scharia zu formulieren, als 1924 das Kalifat und die Schariagerichte aufgehoben wurden. Im selben Jahr wurde eine Kommission gebildet, um das schweizerische Zivilgesetz ins Türkische zu übersetzen. Diesen Entwurf akzeptierte das Parlament am 17. Februar 1926 einstimmig als neues Zivilgesetz. Damit war Polygamie verboten, und Mann und Frau wurden im Eherecht gleichgestellt.

Die Polygamiediskussion zeigt, dass die Modernisierung der osmanischen Gesellschaft im Familien- bzw. Eherecht nur durch die Aufhebung des islamischen Eherechts für möglich gehalten wurde. Modernisierung bedeutete in diesem Falle die Übernahme des westlichen Zivilrechts. In diesem Prozess der rechtlichen Transformation war es der Staat, der, beeinflusst von jahrzehntelangen öffentlichen Debatten über Unvereinbarkeit und Rückständigkeit im Eherecht, die rechtliche Transformation einleitete und die Staatsgewalt durch Reformen erweiterte. Erst dies machte die Übernahme des westlichen Zivilgesetzes bzw. Familienrechts möglich.

Entscheidend dafür war nicht die Verbreitung der Polygamie, sondern das islamische Eherecht insgesamt. Das heute noch gültige Eherecht von 1926, das die Polygamie verbietet, wäre ohne die seit der Tanzimat-Ära geführte Polygamiedebatte, in der Frauen und Männer das islamische Eherecht auch kritisch hinterfragten und die Gesellschaft auf Probleme im islamischen Eherecht aufmerksam machten, nicht möglich gewesen. Deshalb muss die osmanisch-türkische Auseinandersetzung um die Polygamie in der Spätphase des Osmanischen Reichs als zentraler Bestandteil der Reformdebatte bezeichnet werden.

Quellen und Literatur

Unveröffentlichte Quellen

Başbakanlık Osmanlı Arşivi (BOA)
Gesichtete Fonds:

A. DVN: Sadâret Divan (Beylikçi) Kalemi Belgeler
A. MKT: Sadâret Mektubî Kalemi
A. MKT. DV: Sadâret Mektubî Kalemi Deâvi Evrakı
A. MKT. UM: Sadâret Mektubî Kalemi Umum Vilayât Evrakı
A. MKT. NZD: Sadâret Mektubî Kalemi Nezâret ve Devâir Evrakı
A. MKT. MHM: Sadâret Mektubî Kalemi Mühimme Evrakı
C. HR: Cevdet Hariciye
DH.MKT: Dahiliye Sadâret Mektubî Kalemi
HAT: Hatt-ı Hümayun Tasnifi
İ. DH.: İrade Dahiliye
İ. DUİT: İradeler Dosya Usulü
İ. MVL: İrade Meclis-i Vâlâ
MV: Meclis-i Vükelâ Mazbataları
Y. A. HUS Yıldız: Sadâret Hususî Maruzat
Y. PRK. AZJ: Yıldız Perakende Arzuhal ve Jurnaller
A. RES: Yıldız Sadâret Resmî Maruzat
ZB: Zabtiye Nezareti Belgeleri

Veröffentlichte Quellen

Parlamentsakten

T.B.M.M. (Türkiye Büyük Millet Meclisi) Cerīde-i żabıṭ, Bd. 4:1, Maṭba'a-i āmire, İstanbul 1333 [1917]

T.B.M.M. Zabıt Ceridesi, Bd. 5. T.B.M.M. Matbaası, Ankara 1942

T.B.M.M. Zabıt Ceridesi, Bd. 9. T.B.M.M. Matbaası, Ankara 1942

T.B.M.M. Zabıt Ceridesi, Bd. 27. T.B.M.M. Matbaası, Ankara 1960

T.B.M.M. Zabıt Ceridesi, Bd. 4. T.B.M.M. Matbaası, Ankara 1968

T.B.M.M. Zabıt Ceridesi, Bd. 6. T.B.M.M. Matbaası, Ankara 1968

T.B.M.M. Zabıt Ceridesi, Bd. 10. T.B.M.M. Matbaası, Ankara 1968

T.B.M.M. Zabıt Ceridesi, Bd. 21–22. T.B.M.M. Matbaası, Ankara 1977

T.B.M.M. Zabıt Ceridesi, Bd. 25. T.B.M.M. Matbaası, Ankara 1977

T.B.M.M. Kavanin Mecmuası, Bd. 4. T.B.M.M. Matbaası, Ankara 1941

Primärliteratur

Monographien

Ahmed Ağaoğlu: *İslâmlıkta Kadın*. Türkische Übersetzung von Hasan Ali Ediz, Nebioğlu Yayınevi, İstanbul o.J. [Orginal Russisch, Tiflis 1901].

Aḥmed Cevād: *Bizde Ḳādīn*. Ḳader maṭba'asī, Dersa'ādet Sulṭānhamam 1328 [1912–13] (Transkription: İsmail Doğan, *Bizde Kadın. Ahmet Cevat'ın Aynı Adlı Eseri Üzerine Bir Değerlendirme*. Milli Egitim Bakanlïğï, İstanbul 2003).

Aḥmed Midḥat, *Avrūpa Ādāb-ı Mu'āşereti yaḫūd Ālāfrānġa*. İstanbul 1312 [1896-97].
Aḥmed Mümtāz: *Mevḳi'-i Nisvān Ḥaḳḳında Naẓariyyāt ve Ḥaḳāyiḳ*. Mürettibīn-i 'oṯmāniyye maṭba'asī, Dersa'ādet 1325 [1909-10].
Aḥmed Rıżā': *Vaẓīfe ve Mes'uliyyet*. Teil 3: Ḳādīn. Paris 1324 [1908-09], S. 33-56 (Transkription: Ahmed Rıza, »Vazife ve Mesuliyet. ›Kadın‹«, in: *Sosyo-Kültürel Değişme Sürecinde Türk Ailesi*, T.C. Başbakanlık Aile Araştırma Kurumu, Ankara 1992, Bd. 3, S. 1035-1041).
Celāl Nūrī: *Ḳādīnlarımız*. Maṭba'a-i ictihād, İstanbul H. 1331[1912-13]. (Transkription: Celal Nuri, *Kadïnlarımız*. von Özer Ozankaya, T.C. Kültür Bakanlığı Yayınları 1565. Yayımlar Dairesi Bakanlığı. İnsanlık Tarihi Dizisi 3, Ankara 1993).
Celal Nuri: »Türk Kadınının Vaziyet-i Hazırası«, in: *Sosyo-Kültürel Degişme Sürecinde Türk Ailesi*, T.C. Başbakanlık Aile Araştırma Kurumu, Ankara 1992, Bd. 3, S. 1060-1068.
Celāl Nūrī: *Tārīḫ-i Tedenniyāt-ı 'Oṯmāniyye. Bil-Cümle Ḥuḳūḳ Ṭab' ve Tercümesi*. Maṭba'a-i ictihād, o.O. H.1330 [1911-12].
Emine Semiye: »İslamiyette Feminizm«, (Brief, 5 Mai 1326/18. Mai 1910 an Halil Hamid) (Transkription: Halil Hamid, »İslâmiyette Feminizm«, in: *Sosyo-Kültürel Değişme Sürecinde Türk Ailesi*, T.C. Başbakanlık Aile Araştırma Kurumu, Ankara 1992, Bd. 3, S. 1050-1052).
Fāṭïma 'Aliyye: *Nisvān-ı İslām*. İstanbul 1309 [1891/92] (vereinfachte Ausgabe, s. Fatma Aliye, 2009). (*Nisvān-ı İslām* wurde zweimal ins Französische und einmal ins Arabische übersetzt, von Mm. Olga de Lebedeva, *Les femmes musulmanes*, Paris 1896; von Nazime Roukie, *Les musulmanes contemporanies*. Alphouse Lemerre, Paris 1894; arabisch u.d.T. Ta'rīb-i Nisā' al-Müslimīn. Maṭba'a-i cem'iy el-el-fünūn, Bairūt 1309).
Fāṭïma 'Aliyye/Maḥmūd Es'ad: *Ta'addüd-i Zevcāt Ẓeyl*. Ṭāhir Beg maṭba'asï, Ḳosṭanṭiniyye1316 [1898/99] (Transkription: Rana von Mende-Altaylı, *Fāṭïma 'Aliyye*

- *Maḥmūd Es'ad: Ta'addüd-i Zevcāt Ẕeyl – Continuation of the Debate on Polygamie. A modern Turkish version, Transcription, and facsimile*. Klaus Schwarz Verlag, Berlin 2010 (Studien zur Sprache, Geschichte und Kultur der Türkvölker, Bd. 9); Canbaz, Firdevs, *Çokeşilik Taaddüd-i Zevcat. Fatma Aliye – Mahmud Esad*. Hece Yay., Ankara 2007).

Ḫalīl Ḥāmid: *İslāmiyyetde Feminizm yaḫūd 'Ālem-i Nisvānda Müsāvāt-ı Tāmme*. Ḳeteon maṭba'ası, İstanbul 1326 [1910]. [Daraus u.d.T aus diesem Werk. Halil Hamid, »İslamiyette Feminizm«, in: *Sosyo-Kültürel Değişme Sürecinde Türk Ailesi*, T.C. Başbakanlık Aile Araştırma Kurumu, Ankara 1992, III. Bd., S. 1050–1055].

Hāşim Nāhid: *Türkiyye İçin Necāt ve İ'tilā' Yolları*. Şems maṭba'ası, İstanbul 1331 [1912–13]. (Transkription: Necmi Uyanık und Ferudun Ata, *Haşim Nahit (Erbil), Türkiye için Necat ve İ'tilâ Yollari̇*. Tablet Yay., Konya 2006).

»Ḥuḳūḳ-ı 'Ā'ile Ḳarārnāmesi. Esbāb-ı Mucībe Layīḥası« (HAK), in: *T.B.M.M. Cerīde-i Żabıṭ*, Maṭba'a-i āmire, İstanbul 1333 [1917], Bd. 4:1, S. 49–82.

Mehmed Şemseddin: »İslam Hanımı«, in: *Sosyo-Kültürel Degişme Sürecinde Türk Ailesi*, T.C. Başbakanlık Aile Araştırma Kurumu, Ankara 1992, Bd. 3, S. 1102–1106.

Meḥmed Ẕihnī: *Münākeḥāt ve Müfāreḳāt. Ni'met-i İslām. Ḳısm-ı S̱ālis̱*. Şirket-i mürettebiyye maṭba'ası, o.O. 1324 [1908–09].

Musa Carullah: *Kur'an-ı Kerim Ayet-i Kerimelerinin Nurları Huzurunda Hatun*. Transkription und Hrsg. Mehmet Görmez, Kitâbiyât Yayınları, Ankara 1999 (1. Aufl.).

Muṣṭafā Ṣabrī: *Dīnī Müceddidler yāḫūd Türkiyye İçin Necāt ve İ'tilā' Yollarında Bir Rehber*. Şehzādebāşı Evḳāf maṭba'ası, İstanbul H. 1338/1340 [1922]. (Teiltranskription: »Aile Hayatı, Tesettür Meselesi, Kadın Hukuku. Haşim Nahid- Şeyhülislâm Musrafa Sabri«, in: *Sosyo-Kültürel Değişme Sürecinde Türk Ailesi*, T.C. Başbakanlık Aile Araştırma Kurumu, Bd. III, Ankara 1992, S. 1106–1123).

Namık Kemal: *Osmanlı Modernleşmesinin Meseleleri. Siyaset / Hukuk/Din/İktisat/Matbuat*. Bütün Makaleleri 1. Transkription und Zusammenstellung Nergiz Yılmaz Aydoğdu und İsmail Kara. Dergâh Yayınları, İstanbul 2005.
Nāẓım (me'mūrīn-i rüsūmiyyeden), *İslām Ḫānımları ve 'Ālem-i İslāmiyyetde Ḥayāt-ı 'Ā'ile*. 'Ā'ile kütübḫānesi, Nr.1, Mürettebiyye maṭba'ası, İstanbul 1318 [1900–1901].
Nuṣret Fu'ād (eṭibbā'-yi 'askeriyyeden): *İzdivāc ve Şerā'it-i Ṣıḥḥhiyyesi ve İctimā'iyyesi*. Şems maṭba'ası, 2. Aufl., Dersa'ādet 1329, H. 1332 [1913–14].
Qāsim Amīn: *Ḥürriyet-i Nisvān (Taḥrīr al-Mara'a)*. Übersetzt von Zekī Meġāz. Maṭba'a-i ḫayriyye ve şürekāsī, Dersa'ādet 1329 [1913–14].
Ruşen Zeki: »Bizde Hareket-i Nisvan«, in: *Sosyo Kültürel Değişme Sürecinde Türk Ailesi*, T.C. Başbakanlık Aile Araştırma Kurumu, Bd. 3, Ankara 1992, S. 1055–1060.
Said Halim Paşa: »Hürriyet-i Nisvâniye«, in: *Sosyo-Kültürel Değişme Sürecinde Türk Ailesi*, T.C. Başbakanlık Aile Araştırma Kurumu, Ankara 1992, Bd. 3, S. 1068–1072.
Ṣalāḥaddīn 'Āṣım: *Türk Ḳādīnlıgınıñ Tereddīsī yāḫūd Ḳārīlāşmaḳ*, Hrsg. Türk Yūrdī kitābḫānesī, İstānbūl, o.J. Transkription Metin Martı, Salahaddin Asım, Osmanlıda Kadınlığın Durumu. Arba Yayınları: 33, İstanbul 1989.
Ş[emseddīn] Sāmi: *Ḳādīnlar*. Mihrān maṭba'ası, İstanbul 1296 [1879].
Şeyh Abdülâzîz Çaviş, *Anglikan Kilisesine Cevap*. Übersetzt von Mehmed Akif und vereinfacht von Süleyman Ateş, Diyanet İşleri Başkanlığı Yayınları, Ayyıldız Matbaası A. Ş., Ankara 1974.
Şeyhülislâm Mustafa Sabri: *İslam'da Münakaşaya Hedef Olan Sebepler*. Transkription Osman Nuri Gürsoy, Sebil Yayınevi, İstanbul 1976.
Tüccarzāde İbrāhim Ḥilmī: *Avrūpālılaşmaḳ-Felāketlerimiziñ Esbābı*. Maṭba'a-i ḫayriyye, İstanbul 1332 (Tüccarzade İbrahim Hilmi, *Avrupalılaşmak*. Hrsg. Osman Kafadar, Faruk Öztürk, Gündoğan Yayınları, Ankara 1997).
Ziya Gökalp: *Makaleler*, Hrsg. Şevket Beysanoğlu, Kültür Bakanlığı Yayınları: 359, İstanbul 1980.

Osmanische Zeitungen

Abdullah Cevdet: »Kadınlarda gaye-i hayat, in: *İctihad*, Nr. 28, 1. Ağustos 1327 [14.8.1911], S. 798–800 (Transkription: Albayrak 2002, S. 359–362).

Ahmet Naim: »Taaddüt-i zevcat İslamiyet'te men' olunabilir mi imiş? Mansurizade Said Bey Efendi'ye«, in: *Sebilürreşad*, Bd. 12, Nr. 298, 15 Mayıs 1329 [28.5.1913], S. 216–221, (Transkription: Albayrak 2002, S. 471–483).

»'Ā'ile Ḳarārnāmesi. Ḳarārnāme aḥkāmī i'āde olunmalıdır«, in: *Vaḳit*, Nr. 1046. 4. Jg., 24 Ṣafer 1339/7 Teşrīn-i ṣānī 1336 [7.11.1920].

Aişe Makbule: »Sebilürreşad ceride-i İslamiyesine«, in: *Sebilürreşad*, Bd. 11, Nr. 280, 9 K. sani 1329 [22.1.1914)], S. 308–309 (Transkription: Albayrak 2002, S. 199–203).

Aliye Cevat: »Aile –3–«, in: *Kadınlar Dünyası*, 51–100. *Sayīlar (Yeni Harflerle)*. Hazırlıyanlar. Vorbereitet und Transkription Tülay Gençtürk Demircioğlu/Fatma Büyükkarcı Yılmaz. Kadın Eserleri Kütüphanesi ve Bilgi Merkezi Vakfı, İstanbul 2009 (Kadınların belleği dizisi No. 4), S. 435–438.

Aḳsekīlī Aḥmed Ḥamdī: »İslāmiyyet ve ta'addüd-i zevcāt, I«, in: *Sebīl ür-Reşād*, Bd. 11, Nr. 275, 19 Muḥarrem 1332 / 5 Kānūn-ı evvel 1329 [18.12.1913], S. 226–228.

Ermeneḳlī M. [Muṣṭafā] Ṣafvet: »İslāmiyyet'de izdivāc«, in: *Beyān ül-Ḥaḳ*, Bd. 4, Nr. 90, 13 Kānūn-ı evvel 1326/24 Zīl-ḥicce 1328 [26.12. 1910], S. 1694–1696.

F. Lütfiye: »İkdam'ın Londra muhabiri Mehmet Sa'di Bey'e«, in: *Sebilürreşad*, Bd. 12, Nr. 288, 6 Mart 1330 [19.3.1914], S. 28–29 (Transkription: Albayrak 2002, S. 217).

Fatma Zehra: »Muḥterem Sebilürreşad ceride-i İslamiyesi hey'et-i tahririyesi erkan-ı kiramına«, in: *Sebilürreşad*, Bd. 11, Nr. 278, 26 K. evvel 1329 [8.1.1914] S. 277–278 (Transkription: Albayrak 2002, S. 190–193).

Ḥalīm S̱ābit: »'Ā'ile tārīḫī. İslāmiyyet'den evvel ve soñra izdivāc I«, in: *Yeñi Mecmū'a*, Nr. 23, 13 Kānūn-ı evvel 1917 [13.12.1917], S. 453– 456.

Ḥalīm S̱ābit: »ʿĀʾile tārīḫī. İslāmiyyet'den evvel ve soñra izdivāc II«, in: *Yeñi Mecmūʿa*, Nr. 24, 20 Kānūn-ı evvel 1917 [20.12.1917], S. 461–464.
»Ḫānımlarıñ dünkī ictimāʿinde ḥuḳūḳ-ï ʿâʾile ḳarārnāmesi ḥaḳḳındaki fikirler iżhār edilmiştir«, in: *İlerī*, Nr. 2125, 18 Kānūn-ı s̱ānī 1340 [18.1.1924], S. 2.
Hatice: »Sıratımüstakim ceride-i İslamiyesine«, in: *Sıratımüstakim*, Bd. 5, Nr. 105.,28.6.1326 [10.9.1910], S. 12–13 (Tanskription: Albayrak 2002, S. 104–105.
»Ḥuḳū-ı ʿāʾile istimzācīnïg cevāblarï«, in: *Süs*, Nr. 34, 2 Şubāṭ 1340 [2.2.1924], S. 3–6 (Transkription: Çon 2007, S. 341–346).
»Ḥuḳū-ı ʿāʾile nüsḫa-i maḫṣūṣesī«, in: *Süs*, Nr. 33, 26 Ḳānūn-ı s̱ānī 1340, [26.1.1924], S. 2–12.
Hülya: »Dedikodu: Anadolu'da Hukû-ï ʿÂʾile«, in: *Süs*, Nr. 36, 15 Şubaṭ 1340 [15.2.1924], S.3 (Transkription: Çon 2007, S. 351–352).
İsmail Hakkı: »Dedikodu: Ḥuḳūḳ-ï ʿÂʾile Bahsi«, in: *Süs*, Nr. 38, 1 Mart 1340 [1.3.1924], S. 3 (Transkription: Çon 2007, S. 354–355).
Ḳılıçzāde Ḥaḳḳī: »Taʿaddüd-i nikāh – Taʿaddüd-i zevcāt«, in: *Ḥürriyyet-i Fikriyye*, Nr. 9, 3 Nīsān 1330 [16.4.1914], S. 14–16.
Kolağası [Resneli] Niyazi: »İslam kadınları ve Selma Hanım«, in: *Sıratımüstakim*, Bd. 1, Nr. 6, 18 Eylül 1324 [1.10.1908], S. 84–85 (Transkription: Albayrak 2002, S. 86–90).
L.V.: »Muhterem Sebilürreşad'a«, in: *Sebilürreşad*, Bd. 12, Nr. 288, 6 Mart 1330 [19.3.1914)] S. 29–30 (Transkription: Albayrak, 2002, S. 218–221).
Maḥmūd Esʿad: »Taʿaddüd-i zevcāt«, in: *Maʿlūmāt*, Bd. 7, Nr. 153, 20 Cemāẕīye'l-evvel 1316/2 Eylül 1314 [6.10.1898], S. 662–664.
Maḥmūd Esʿad: »ʿĀlem-i islāmiyyet. Taʿaddüd-i zevcāt« [Geçen nüsḫamızdan mā-baʿd], in: *Maʿlūmāt*, Bd. 7, Nr 154, 27 Cemāẕīye'l-evvel 1316/1 Teşrīn-i evvel 1314 [13.10.1898], S. 682–686.
Maḥmūd Esʿad: »ʿĀlem-i islāmiyyet. Taʿaddüd-i zevcāt« [Geçen nüsḫamızdan mā-baʿd], in: *Maʿlūmāt*, Bd. 7,

Nr. 155, 27 Cemāẕīye'l-aḫir 1316/8 Teşrīn-i evvel 1314 [20.10.1898], S. 707–711.
Manṣūrīzāde [M.] Sa'īd: »İslām ḳādīnı. Ta'addüd-i zevcāt İslāmiyyet'de men' olunabilir«, in: *İslām Mecmā'asī*, Bd. 1, Nr. 8, 25 Cümād el-āḫire 1332/8 Māyıs 1330 [21.5.1914], S. 233–238.
M. Şerafeddin: »Kadınlar«, (Übersetzung von Arthur Schopenhauer), in: *Sıratımüstakim*, Bd. 7, Nr. 173, 7 Kanun-ı evvel 1327 [20.12.1911], S. 263–267 (Transkription: Albayrak 2002, S. 544–551).
Melīḥa Cenā: »Cāriye mes'elesi«, in: *Ḳādīnlar Dünyāsı*, Nr. 32, 5 Māyıs 1329 [18.5.1913], S. 2.
Mes'adet Bedir-Khane: »La Polygamie et l'İslam«, in: *Ḳādīnlar Dünyāsı*, 7/20 Decembre 1913, no. 121, S. 1.
»On Milyon İslam hemşirelerimize«, in: *Sıratımüstakim*, Bd. 5, Nr. 109. 23 Eylūl 1326 [6.10.1910], S. 84–86 (Transkription: Albayrak 2002, S. 109–114).
»Muḥterem 'adliyye vekīlīmizle mülāḳat«, in: *Ḳādīn Yūlī*, Nr. 1, 16 Temmūz 1341[16.7.1925], S. 4.
Mūsā Kāẓım: »Ḥürriyyet-i Müsāvāt«, in: *Ṣırāṭ-ı Müstaḳīm*, Nr. 4, 21 Şa'bān 1326/4 Eylūl 1324/[17.9.1908], S. 52–54.
Muṣṭafā Ṣabrī: »Dīn-i İslām'da hedef-i münāḳaşa olan mesā'il den ta'addüd-i zevcāt«, in: *Beyān ül-Ḥaḳ*, Nr. 11, 20 Ẕilḳa'de 1326/1 Kānūn-ı evvel 1324 [14.12.1908], S. 226–231.
Mükerrem Belḳıs: »Bedbaḫt ḳādīnlar«, in: *Ḳādīnlar* Dünyāsı, 1. Jg., Nr. 76, 18 Ḥazīrān 1329 [Juni 1913], S. 4.
Nebīhe Necmeddīn: »Türk ūcāğında konferans. Nezihe Muḥiddīn Ḫanımefendīye«, in: *Ṭanīn*, Nr. 459, 21 Kānūn-ı s̱ānī 1340 [21.1.1924], S. 3.
»'Osmānlı ḳādīnlığınıñ istediği«, in: *Ḳādīnlar Dünyāsı*, Nr. 112, 5 Teşrīn-i evvel 1329/17 Ẕilḳa'de 1331 [18.10.1913], S. 2.
»Pek uyanık bir uyku«, in: *İctihād*, Nr. 55, 21 Şubāṭ 1328 [6.3.1913], S. 1226–1228 und Nr. 57, Mārt 1329 [März 1913], S. 1261–1264.

Rıżā' Tevfīḳ: »Ḳādīn mes'elesi etrafında«, in: *İctihād*, Nr. 94, 20 Şubāṭ 1329 [5.3.1914], S. 2097–2101.
Sitāre Eşref, Şehzādebaşı: »Maġdūriyyet-i nisvān«, in: *Ḳādīnlar Dünyāsı*, 20. Ḥazīrān 1329 [3.7.1913], Nr. 78, S. 3–4.
»Taʿaddüd-i zevcāt«, in: *Teraḳḳi-i Muḫadderāt*, 21 Eylūl 1285/27 Cümād el-āḫire 1286 [3.10.1869], Nr. 15, S. 1–2.
»Taʿaddüd-i zevcāt mes'elesi«, in: *Genc Ḳādīn I*, 10 Nīsān 1335 [10.4.1919], Nr. 8, S.113–114.
»Taʿaddüd-i zevcāt mes'elesi«,in: *Genc Ḳādīn I*, 24 Nīsān 1335[24.4.1919], Nr. 9, S. 129–130.
»Levant Herald ġazetesinde Fransa İmparatūriçesiniñ Dersaʿādete seyāḥatıne dā'ir görülen bir benddir«, in: *Teraḳḳi-i Muḫadderāt*, 9 Teşrīn-i s̱ānī 1285/17 Şaʿbān 1286 [21.11.1869], Nr. 22, S. 2.
Tevfīk Nādir: »Selmā Ḫānım efendī«, in: *Millet*, Nr. 37, 13 Şaʿbān 1326/28 Aġustūs 1324 [10.9.1908], S. 1–2 (Übersetzung aus dem Französischen von Selma Hanım).
Z. [Zīnetullah] N. [Nūşirevān]: »Ḳādīnlar ḥuḳūḳī«, in: *Türk Yūrdī*, 6 kānūn-ı evvel 1333 [10.9.1908], Jahr 6, Bd. 13, Nr. 149, S. 3655–3656.
Żīyā Gūkalp: »İçtimāʿiyyāt. 'Ā'ile aḫlāḳī 3, Ḳūnāḳ«, in: *Yeñi Mecmūʿa*, Nr. 12, 27 Eylūl 1917, S. 219–222.
Żīyā Gūkalp: »İctimāʿiyyāt. 'Ā'ile aḫlāḳī 3, Ḳūnāḳ«, in: *Yeñi Mecmūʿa*, Nr. 15, 18 Teşrīn-i evvel 1917 [18.10.1917], S. 281–285.
Żīyā Gūkalp: »İctimāʿiyyāt. 'Ā'ile aḫlāḳī 3, Ḳūnāḳ«, in: *Yeñi Mecmūʿa*, Nr. 16, 25 Teşrīn-i evvel 1917[25.10.1917], S. 301–304.
Żīyā Gūkalp: »İctimāʿiyyāt. 'Ā'ile aḫlāḳī 4, Ḳūnāḳdan yūvāya«, in: *Yeñi Mecmūʿa*, Nr. 17, 1 Teşrīn-i s̱ānī 1917 [1.11.1917], S. 321–324.
Żīyā Gūkalp: »İctimāʿiyyāt. 'Ā'ile aḫlāḳī 3, Ḳūnāḳ«, in: *Yeñi Mecmūʿa*, Nr. 13, 4 Teşrīn-i evvel 1917, S. 241–245.
Żīyā Gūkalp: »İctimāʿiyyāt. 'Ā'ile aḫlāḳī 3, Ḳūnāḳ«, in: *Yeñi Mecmūʿa*, Nr. 14, 11 Teşrīn-i evvel 1917, S. 261–265.

Sekundärliteratur

Abadan-Unat, Nermin: »Toplumsal değişme ve Türk kadını«, in: *Türk Toplumunda Kadın*, Araştırma, Eğitim, Ekin Yayınları, 2. erweiterte Aufl. İstanbul 1982 (1. Aufl. 1979).

Agmon, Iris: *Family & Court. Legal Culture and Modernity in Late Ottoman Palestine*. Syracuse University Press 2006 (Middle East Studies Beyond Dominant Paradigms).

Ahmed, Leila: *Women and Gender in Islam. Historical Roots of a Modern Debate*. Yale University Press, New Haven/London 1992.

Akdeniz, Safiye: »Tanzimat dönemi edebiyatçılarının kadın problemine yaklaşım biçimleri«, (http://cws.emu.edu.tr/en/conferences/2nd_int/pdf/safiye%20akdeniz.pdf; 3.4.2009).

Akkaya, Tülin: *Kadın Örgütlerinin Toplumsal Dönüşümündeki Rolleri*. Mimar Sinan Universitesi Sosyal Bilimler Enstitüsü: Yüksek Lisan Tezi (ungedruckt), İstanbul 1998.

Aksoy, Murat: *Başörtüsü Türban. Batılılaşma-Modernleşme, Laiklik ve Örtünme*. Kitap Yayınevi, İstanbul 2005.

Aksulu, Nurdan Melek: *Frauen im Osmanischen Reich. Deutschsprachige Quellen des 19.und 20.Jahrhunderts*. Kovac, Hamburg 2004 (Schriftenreihe Feminat Studien zur Frauenforschung 13).

Aktan, Hamza: »İslâm aile hukuku«, in: *Sosyo-Kültürel Değişme Sürecinde Türk Ailesi*, T.C. Başbakanlık Aile Araştırma Kurumu Yayınları 71, İstanbul 1992, S. 396–43.

Akyılmaz, Gül: »Osmanlı aile hukukunda kadın«, in: *Türkler* 10.2002, S. 365–374.

Albayrak, İsmail: *Klasik Modernizmde Kur'ân'a Yaklaşımlar*. Ensar Neşriyat, İstanbul 2004.

Albayrak, Sadık: *Meşrutiyet İstanbul'unda Kadın ve Sosyal Değişim*. Yeditepe Yayınevi, İstanbul 2002.

Alkan, Nevin Başaran: *Anadolu'da Çokeşlilik ve Kuma Olgusu*. İstanbul Universitesi Sosyal Bilimler Enstitüsü Kadın Çalışmaları Bilim Dalı: Yüksek Lisans Tezi (ungedruckt), İstanbul 2001.

Altan, Mehmet und Mehmet İpçioğlu, »Şeriye sicil kayıtlarına göre 1748-1749. yıllarında Konya'da aile«, in: *Selçuk Üniversitesi Sosyal Bilimler Enistitüsü Dergisi*, 21.2009, S. 519-532, (http://www.sosyalbil.selcuk.edu.tr/dergi/sayi21/ZZALTAN,%20MEHMET%20VD.pdf; 3.2.2010).

Altınöz, Vuslat Devrim: *The Ottoman Women's Movement: Women's Press, Journals, Magazines and Newspapers from 1875 to 1923*. A thesis submitted to the Faculty of Miami University in partial fulfillment of the requirements for the degree of Master of Arts, Department of History, Miami University Oxford, Ohio 2003, (http://etd.ohiolink.edu/view.cgi?acc_num=miami1060799831; 8.8.2008).

Ansay, Sabri Ş: *İslâm Hukuku*. Yeni Cezaevi Basımevi, Ankara 1946.

Ambros, Edith Gülçin: »O Mohammed, sie sagen wir sind mangelhaft! - Osmanische Dichterinnen nicht auf den Mund gefallen?«, in: *Middle Eastern Literatures*, 8.2005:1, S. 23-32.

Anderson, Norman: *Law Reform in the Muslim World*. Athlone Press, London 1976.

Aşa, H. Emel: *1928'e Kadar Türk Kadın Mecmuaları*. İstanbul Üniversitesi Sosyal Bilimler Enstitüsü: Yüksek Lisans Tezi (ungedruckt), İstanbul 1973.

Aşa, H. Emel: »İlk Türk kadın romancısı Fatma Aliye Hanım'ın romanlarında aile ve kadın«, in: *Sosyo-Kültürel Degişme Sürecinde Türk Ailesi*, Bd. 2. T.C. Başbakanlık Aile Araştırma Kurumu, Ankara 1992, S. 650-659.

Aşa, H. Emel: *Fatma Aliye Hanım (hayatı-eserleri-fikirleri)*. İstanbul Üniversitesi Sosyal Bilimler Enstitüsü Edebiyat Fakültesi Yeni Türk Edebiyatı Bilim Dalı: Doktora Tezi (ungedruckt) İstanbul 1993.

Avcı, Yasemin: »Osmanlı devleti'nde Tanzimat döneminde, ›otoriter modernleşme‹ ve kadının özgürleşmesi meselesi«, (Authoritarian modernity in the Ottoman Empire),

(http://dergiler.ankara.edu.tr/dergiler/19/1157/13608.pdf; 15.12.2010).
Aydın, Bilgen: *Fahri Celâlettin Göktulga'nın Öykülerinde Anomi ve Geçmişe Kaçış*. Bilkent Üniversitesi Türk Edebiyatı Bölümü: Yüksel Lisans Tezi (ungedruckt), Ankara 2003, (http://www.thesis.bilkent.edu.tr/0002265.pdf; 20.12.2009).
Aydın, Mehmet Akif: *İslam-Osmanlı Aile Hukuku*. Marmara Üniversitesi İlahiyat Fakültesi Yayınları 11, İstanbul 1985.
Aydın, Mehmet Akif: *İslam ve Osmanlı Hukuku Araştırmaları*. İz Yayıncılık, İstanbul 1996a.
Aydın, Mehmet Akif: »Osmanlı toplumunda kadın ve Tanzimat sonrası gelişmeler«, in: *Sosyal Hayatta Kadın*, Hrsg. İsmail Kurt und Seyid Ali Tüz, Ensar Neşriyat, İstanbul 1996b, S. 143–156.
Aytaç, Bedrettin: »The question of women in the works of Selma Riza and May Ziadeh«, in: *Ankara Üniversitesi Dil ve Tarih-Coğrafya Fakültesi Dergisi*, 42.2002:1–2, S. 67–77, (http://dergiler.ankara.edu.tr/dergiler/26/1012/12286.pdf; 16.7.2009).
Badran, Margot: *Feminism, Islam, and Nation: Gender and the Making of Modern Egypt*. Princeton University Press, Princeton 1995.
Barkan, Ö. Lütfi: »Edirne askeri kassamına ait tereke. defterleri (1545–1659)«, in: *Belgeler* (Türk Tarih Kurumu), 3.1966:5–6, S. 1–78.
Baron, Beth: *The Women's Awakening in Egypt: Culture, Society, and the Press*. Yale University Press, New Haven / London 1994.
Berkes, Niyazi: *Türkiye'de Çağdaşlaşma*. Yapı Kredi Yayınları, İstanbul 2004 (1. Aufl. 2002).
Berktay, Fatmagül: »Osmanlı'dan Cumhuriyet'e feminizm«, in: *Modern Türkiye'de Siyasi Düsünce*, İletişim Yayınları, İstanbul 2001, S. 348–361.
Berktay, Fatmagül: »Kadınların insan haklarının gelişimi ve Türkiye«, in: *Toplum ve Demokrasi Konferens Yazıları*, Bd. 7. İstanbul 2004, S. 1–30.

Bilmen, Ömer Nasuhi: *Hukuki İslâmiyye ve İstilahati Fikhiyye Kamusu*. Bilmen Yayınevi, İstanbul 1968.

Bretschneider, Peter: *Polygyny: A Cross-cultural Study*. Acta Universitatis Upsaliensis, Uppsala 1995 (Uppsala Studies in Cultural Anthropology 20).

Bulut, Faik: *İttihat ve Terakki'de Milliyetçilik Din ve Kadın Tartışmaları*. Bd. 1, Sus Yayınevi, [İstanbul] 1999.

Burton, Margaret Ernestine: *Women Workers in the Orient. Central Commitee on the United Study of Foreign Missions*, West Medford, Mass. [c. 1918].

Canbaz, Firdevs: *Fatma Aliye Hanım'ın Romanlarında Kadın Sorunu*. Bilkent Üniversitesi Ekonomi ve Sosyal Bilimler Enstitüsü, Türk Edebiyatı Bölümü: Yüksek Lisans Tezi, Ankara 2005, (http://www.thesis.bilkent.edu.tr/0002839.pdf; 2.3.2009).

Caporal, Bernard: *Kemalizimde ve Kemalizm Sonrasında Türk Kadını (1919-1970)*. (franz. Original: *La Femme Turque a travers le Kemalisme et le post-Kemalisme (1919-1970)*. Lille, 1982) Dizgi - Baskı - Yayımlayan: Yeni Gün Haber Ajansı Basın ve Yayıncılık A.S. 1999, (http://www.scribd. com/doc/30770355/KEMALIZIMDE-ve-Kemalizm-Sonrasında-Turk-Kadını; 16.11.2010).

Chehata, Chafik: »L'évolution moderne de droit de la famille en pays d'Islam«, in: *Revue des études Islamiques* 37.1969:1, S. 103-114.

Chmielowska, Danuta: »Tanzimat yazarlarından Nabi-Zade Nazım'ın ›Zehra‹ adlı eserinde geleneksel ve sosyal değişiklikler«, in: *Hacettepe Universitesi Edebiyat Fakiiltesi Dergisi*, 5.1988:2, S. 219-224, (http://turkoloji.cu.edu.tr/ YENI%20TURK%20 EDEBIYATI/yeni_Turk_ed_ana.php; 3.2.2009).

Cin, Halil: *Eski Hukukumuzda Boşanma*. Ankara Üniversitesi Basımevi, Ankara 1976.

Cin, Halil: *İslâm ve Osmanlı Hukukunda Evlenme*. Konya Selçuk Üniversitesi Yayınları 42, Konya 1988 (1. Aufl. 1974).

Cunbur, Müjgân: *Türk Kadını İçin*. Türk Kadınları Kültür Derneği Genel Merkez Yayınları 21, Ankara 1997.

Çakır, Serpil: »Meşrutiyet devri kadınlarının aile arayışı«, in: *Sosyo-Kültürel Değişme Sürecinde Türk Ailesi*, Bd. 1. T.C. Başbakanlık Aile Araştırma Kurumu, Ankara 1992, S. 238–251.

Çakır, Serpil: *Osmanlı Kadın Hareketi*. Metis Yay., İstanbul 1996 (1. Aufl. 1993).

Çakır, Serpil: »Feminism and feminist history-writing in Turkey: The discovery of Ottoman feminism«, in: *Aspasia* 1.2007, S. 61–83, (http://www.amargi.0rg.tr/files/S. Cakir_.Feminism_and_feminist_history-writing.pdf; 3.1.2010).

Çalışkan, Adem: »Cenâb Şehâbeddin'in bir münâcât'ı ve tahlili«, in: *Dinbilimleri Akademik Araştırma Dergisi*, 2.2002:2, S. 195–206, (http://www.dinbilimleri.com/ Makaleler/636480187_0202100531.pdf; 5.7.2011).

Çeker, Orhan: *Aile Hukûkû Kararnâmesi*. Mehir Vakfı Yayınları (3), o.O. 1999.

Çon, Esra: *A decollete journal for the Ottoman Turkish women «Süs» 16 June 1339 (1923) – 26 July 1340 (1924)* (Master of Arts in History, Boaziçi University) 2007, (http://www.docstoc.com/docs/45412202/206323; 30.12.2009).

Dağı, İhsan D.: »Osmanlı reform hareketleri ve Avrupa faktörü«, in: *Yeni Türkiye* 33.2000:6, S. 154–158.

Davis, Fanny: *Osmanlı Hanımı. 1718'den 1918'e Bir Toplumsal Tarih*. Yapı Kredi Yayınları 2377, İstanbul 2006 (engl.Original: *The Ottoman Lady: A Social History from 1718 to 1918*. Greenwood Press, New York/Westport/London 1986 [Contributions in Women's Studies 70]).

Demir, Nurmelek: »Osman Bey (Frederick Millingen)'e göre XIX. yüzyılda Türk kadınının toplumsal konumu«, in: *Ankara Üniversitesi Dil ve Tarih-Coğrafya Fakültesi Dergisi*, 46.2006:1, S. 41–51, (http://acikarsiv.ankara.edu.tr/browse/4670/5186.pdf; 26.11.2009).

Demirdirek, Aynur: *Osmanlı Kadınlarının Hayat Hakkı Arayışının Hikayesi*. İmge Yayınevi, Ankara 1993.
Demirel, Ömer: »1700-1730 Tarihlerinde Ankara'da ailenin nicelik yapısı«, in: *Belleten*, 54.1990 (= Nr. 211), S. 945-961.
Demirel, Ömer: Tuş, Muhiddin und Adnan Gürbüz, »Osmanlılarda ailenin demografik yapısı«, in: *Sosyo-Kültürel Değişme Sürecinde Türk Ailesi*, T.C. Başbakanlık Aile Araştırma Kurumu, Bd. 1, Ankara 1992, S. 97-161.
Doğan, İlyas: »Çağdaşlaşma-Modernleşme ve Osmanlı. Tanzimat sonrası Osmanlı aydınlarında çağdaşlaşma sorunu ve arayışlar«, (http://www.felsefeforumu.com/viewtopic. php?f=29&t=537; 10.1.2010).
Doğan, İsmail, *Osmanlı Ailesi - Sosyolojik Bir Yaklaşım*. Yeni Türkiye Yayınları, Ankara 2001.
Doğan, Necmettin: *The Origins of Liberalism and Islamism in the Ottoman Empire (1908-1914). A Sociological Perspective*. Dissertation Freie Universität Berlin 2006. (Veröffentlicht u.d.T. *Liberalism and Islamism in the Ottoman Empire (1908-1914): A Sociological Perspective*. Verlag Dr. Müller 2008).
Duben, Alan/Cem Behar: *İstanbul Haneleri. Evlilik, Aile ve Doğurganlık 1880-1940*. İletişim Yayınları, İstanbul 1998 (1.Aufl. 1996) (engl. Original Istanbul Households. Marriage, Family and Fertility, 1880-1940. Cambridge University Press, Cambridge 1991).
Durakbaşa, Ayşe: *Halide Edip Türk Modernleşmesi*. İletişim Yayınları, İstanbul 2000.
Düzbakar, Ömer: »Osmanlı toplumunda çok eşlilik: 1670-1698 yılları arasında Bursa örneği« (Polygyny in Ottoman society: The case of Bursa between 1670-1698), (http://dergiler.ankara.edu.tr/dergiler/19/1156/13601.pdf; 2.12.2010).
Düzbakar, Ömer: »The image of the Turkish women in Orientalists' travelbooks. From the ›others‹ point of view«, in: *Kaygı*, 10.2008, S. 145-155, (http://www20.uludag.edu.tr/~kaygi/dergi/articles/10_145-155.pdf; 2.3.2009).

Ebert, Hans-Georg: »Tendenzen der Rechtsentwicklung«, in: *Der Islam in der Gegenwart*, Hrsg. Werner Ende und Udo Steinbach, 3. Aufl., C.H. Beck, München 1991, S. 199–229.
Edib, Halide [Adıvar]: *Türkiye'de Şark, Garp ve Amerikan Tesirleri*. Doğan Kardeş Yayınları, İstanbul 1955.
Ellison, Grace: *An Englishwomen in a Turkish Harem*. Methuen & Co, London 1915.
Elmacı, Nuran: »Poligami: Çok eşli evlilikler«, in: *Türkiye'de Kadın Olmak*. Hrsg. Necla Arat, Say Yay. İstanbul 1996, S. 79–125.
Endres, Franz-Carl: *Türkische Frauen*. A. Hertz, München 1916.
Encyclopedia of women & Islamic cultures: *Family, Body, Sexuality and Health*. Hrsg. Joseph Suad/Julie Peteet. Brill, Leiden 2006, (http://books.google.de/books?id=bzXzWgVajnQC&printsec=frontcover&hl=de&source=gbs_ge_summary_r&cad=0#v=onepage&q&f=false; 3.12. 2011).
Erkan, Ümit: »1509 no'lu Rize şer'iyye sicili ışığında Rize ailesi ile ilgili bazı bulgular«, (http://www.osar.com/modules.php?name=News&file=print&sid=240331; 16.8.2010).
Ersoy, Mehmed Âkif: *Safahat*. Kritische Ausgabe von M. Ertuğrul Düzdağ, İz Yayıncılık, İstanbul 1991.
Esen, Nüket: *Türk Romanında Aile Kurumu (1870–1970)*. T.C. Başbakanlık Aile Araştırma Kurumu Başkanlığı, Ankara 1991.
Eskikurt, Ayşegül: *II. Meşrutiyet Dönemi Osmanlı Modernleşmesinin Kadınla İlgili Ayetlerin Yorumlarına Yansıması*. Sakarya Universitesi Sosyal Bilimleri Enstitüsü: Yüksek Lisans Tezi (ungedruckt), Haziran 2007, (http://www.belgeler.com/blg/160z/ii-merutiyet-dnemi-osmanli-modernlemesinin-kadinla-ilgili-ayetlerin-yorumlarina-yansimasi-the-reflection-of-ottoman-modernisation-on-the-comments-of-the-quranic-verses-related-to-the-women-in-the-time-of-the-ii-constitution; 14.9.2008).
Esmyol, Andrea: *Geliebte oder Ehefrau? Konkubinen im früheren Mittelalter*. Böhlau Verlag GmbH, Köln; Wei-

mar; Wien 2002 (Beihefte zum Archiv für Kulturgeschichte 52), (books.google.de/books?isbn=3412119016; 3.4.2012).

Establet, Colette/Jean-Paul Pascual: »Famille et démographie à Damas autour de 1700: Quelques données nouvelles«, in: *Histoire économique et sociale de l'Empire ottoman et de la Turquie (1326–1960)*. Actes du sixième congrès international tenue à Aix-en-Provence du 1er au 4 juillet 1992. Hrsg. Daniel Panzac, Peeters, Paris 1995, S. 427–445 (Collection Turcica 8).

Evren, Burçak/Dilek Girgin Can: *Yabancı Gezginler ve Osmanlı Kadını*. Milliyet Yayınları, Boyut Matbaacılık, İstanbul 1997.

Fatma Aliye: *Osmanlı'da Kadın. Cariyelik, Çokeşlilik ve Moda*. Vereinfacht und hrsg. von Orhan Sakin, Bizim Kitaplar, İstanbul 2009.

Faroqhi, Suraiya: *Kultur und Alltag im Osmanischen Reich vom Mittelalter bis zum Anfang des 20. Jahrhunderts*. C.H. Beck, München 1995.

Fındıkoğlu, Ziyaeddin Fahri: »Aile hukukumuzun tedvini meselesi«, in: *Aile Yazıları II. Kültürel Değerler ve Sosyal Değişme*, Hrsg. Beylü Dikeçligil/Ahmet Çiğdem, Başbakanlık Aile Araştırma Kurumu Yayınları, Ankara 1991, S. 17–52. (ursprgl. İstanbul Üniversitesi İktisat Fakültesi Yayınları 195.1958 [= Nr. 794], S. 688–738).

Fındıkoğlu, Ziyaeddin Fahri: *Essai sur la transformation du Code familial en Turquie. Étude de sociologie juridique appliqué*. Éditions Berger-Levrault, Paris 1936 (= Collection de l'Action. Revue trimestrielle turque de morale et de sociologie. Série B. Numéro 3. İş Mecmuası, İstanbul).

Fidan, Hafsa: Kur'an'da Kadın İmgesi. Vadi Yayınları, Ankara 2006

Findley, Carter Vaughn: »›Fatma Aliye‹: First Ottoman women novelist, pioneer feminist, in: *Histoire economique et sociale de l'Empire ottoman et de la Turquie (1326–1960). Actes du sixième congrés international tenu a Aix-en-Provence du 1er au 4 juillet 1992*. Hrsg.

Daniel Panzac. Peeters, Paris 1995, S. 783–794 (Collection Turcica 8).
Gender, Modernity and Liberty. Middle Eastern and Western Women's Writings: A Critical Sourcebook. Hrsg. Reina Lewis und Nancy Micklewright. I.B. Tauris, London/New York 2006.
Gerber, Haim: »Social and economic position of women in an Ottoman city, Bursa, 1600–1700«, in: *International Journal of Middle East Studies*, 12.1980, S. 231–244.
Gerber, Haim: *Economy and Society in an Ottoman City: Bursa, 1600–1700*. The Hebrew University, Jerusalem 1988.
Gerber, Haim: »Anthropology and family history: the Ottoman and Turkish families«, in: *Journal of Family History*, 14.1989, S. 409–421.
Göle, Nilüfer: »Modernleşme bağlamında İslami kimlik arayış«, in: *Türkiyede Modernleşme ve Ulusal Kimlik*, Hrsg. Sibel Bozdoğan und Reşat Kasaba. Tarih Vakfı Yayınları 55, İstanbul 1998, S. 70–81.
Göle, Nilüfer: *Modern Mahrem. Medeniyet ve Örtünme*. Metis Yay., İstanbul 2001 (7. Aufl.).
Göle, Nilüfer: »Die sichtbare Präsenz des Islam und die Grenzen der Öffentlichkeit«, (http://www.transcript-verlag.de/ts237/ts237_1.pdf; 2.1.2010).
Görgün-Baran, Aylin: »A sociological analysis of leadership in Turkish women (Fatma Aliye and Halide Edip Adıvar Cases)«, in: *American-Eurasian Journal of Scientific Research* 3.2008:2, S. 132–138.
Göyünç, Nejat: »›Hâne‹ deyimi hakkında«, in: *Aile Yazıları I. Temel Kavramlar Yapı ve Tarihi Süreç*. Hrsg. Beylü Dikeçligil und Ahmet Çiğdem, Başbakanlık Aile Araştırma Kurumu Başkanlığı,. Ankara 1991, S. 121–132 (ursprgl. İstanbul Üniversitesi Edebiyat Fakültesi Tarih Dergisi, 37.1970 (= Nr. 379), S. 331–348).
Gündüz, Mustafa: *II. Meşrutiyet'in Klasik Paradigmaları. İçtihad, Sebilü'r-Reşad ve Türk Yurdu'nda Toplumsal Tezler*. Lotus Yayınevi, Ankara 2007.

Güzel, Şehmus: »Tanzimat'tan Cumhuriyet'e toplumsal değişim ve kadın«, in: *Tanzimat'tan Cumhuriyet'e Türkiye Ansiklöpedisi*, Bd. 3, İletişim Yayınları, İstanbul 1985, S. 858–874.

Hablemitoğlu: *Şengül und Necip Hablemitoğlu, Şefika Gaspıralı ve Rusya'da Türk Kadın Hareketi (1893–1920)*. Toplumsal Dönüşüm Yayınları, İstanbul 2004 (2. Aufl.).

Hanıoğlu, Şükrü M.: *Bir Siyasal Düşünür Olarak Doktor Abdullah Cevdet ve Dönemi*. Üçdal Neşriyat, İstanbul 1981.

Hanioğlu, Şükrü, M.: *A Brief History of the Late Ottoman Empire*. Princeton and Oxford: Princeton University Press 2008

Hanıoğlu, Şükrü M.: (a) »Batılılaşma (garplılaşma)«, (www.uslanmam.com/.../275990-batililasma-garplilasma.html; 10.01.2010).

Hanıoğlu, Şükrü M., (b) »Seçkinler, modernlik ve dindarlık«, (http://www.zaman.com.tr/haber.do?haberno=64091; 21.11.2009).

Hanna, Nely: »Marriage and the family in 17th century Cairo«, in: *Histoire économique et sociale de l'Empire ottoman et de la Turquie (1326–1960)*. Actes du sixième congrès international tenue à Aix-en-Provence du 1er au 4 juillet 1992. Hrsg. Daniel Panzac, Peeters, Paris 1995, S. 349–358 (Collection Turcica 8).

Hartmann, Elke: *Heirat, Hetärentum und Konkubinat im klassischen Athen*. Campus Verlag, Frankfurt /Main, 2002, (http://www.amazon.de/Hetärentum-Konkubinat-klassischen-Historische-Studien/dp/3593370077; 2.1.2002).

Has-Er, Melin: *Tanzimat Devri Türk Romanında Kadın Kahramanlar.* Atatürk Kültür Merkezi Başkanlığı Yayınları: 246, Ankara 2000.

Havva'nın Örtülü Yüzü. The hidden face of Eve [Zed Books, 1980]. Aus dem Englischen von Sibel Özbudum, Anahtar Kitaplar Yayınevi, İstanbul 1991

İskilipli Atıf Efendi ve Tüm Eserleri. Hrsg. Sadık Hocaoğlu, Araştırma Yayınları, İstanbul 1990.

İstanbul Kütüphanelerindeki Eski Harfli Türkçe Kadın Dergileri Bibliyografyası (1869-1927). Kadın Eserleri Kütüphanesi ve Bilgi Vakfı, Metis Yayınları, İstanbul 1992.

Jayawardena, Kumari: *Feminism and Nationalism in the Third World*. Zed Books Ltd, London 1989.

Jäschke, Gotthard: »Die ›Imam-Ehe‹ in der Türkei«, in: *Die Welt des Islams*, N. S., 4.1955:2/3, S.164-201.

Jennings, Ronald C.: »Women in early 17th century Ottoman judical records. The sharia court of Anatolian Kayseri«, in: *Journal of the Economic and Social History of the Orient*, 18.1975, S. 53-114.

Jennings, Ronald C.: *Christians and Muslims in Ottoman Cyprus and the Mediteranean World*, 1571-1640. New York University Press, New York 1993.

Jennings, Ronald C.: »Divorce in the Ottoman sharia court of Cyprus, 1580-1640«, in: *Histoire économique et sociale de l'Empire ottoman et de la Turquie (1326-1960)*. Actes du sixième congrès international tenue à Aix-en-Provence du 1er au 4 juillet 1992. Hrsg. Daniel Panzac, Peeters, Paris 1995, S. 359-371 (Collection Turcica 8).

Kadınla İlgili Görüşüm ve Bu Görüşün Batı Taklitçisi Sözlerle Karşılaştırılması. Osmanlı İmparatorluğu Şeyhülislamlarından Mustafa Sabri'nin kalemi ve Bessam Abdul Vehhab El-Câbi'nin gayretiyle. Übersetzung von Mustafa Yılmaz, Esra Yayınları, Konya 1999.

Kadınlar Dünyası 51.-100. Sayilar (Yeni Harflerle). Transkribiert und hrsg. von Tülay Gençtürk Demircioğlu Fatma Büyükkarcı Yılmaz, Kadın Eserleri Kütüphanesi ve Bilgi Merkezi Vakfı, İstanbul 2009 (Kadınların Belleği Dizisi No: 4).

Kadıoğlu, Ayşe: »Cinselliğin İnkârı: Büyük toplumsal projelerin nesnesi olarak Türk kadınları«, in: *75 Yılda Kadınlar ve Erkekler*. Hrsg. Ayşe Berktay Hacımirzaoğlu, Tarih Vakfı, İstanbul 1998, S. 89-99 (deutsche Übersetzung u.d.T. »Die Leugnung des Geschlechts: Die türkische Frau als Objekt in grossen Gesellschaftsentwürfen«, in: *Die neue muslimische Frau. Standpunkte & Analysen*, Hrsg. Barbara Pusch, Ergon Verlag Würzburg,

Istanbul 2001. Beiruter Texte und Studien, Band 85, Türkische Welten 8).
Kansouh-Habib, Seheir: »Frauen: Die Sprache der schweigenden Mehrheit. Ein Blick auf hundert Jahre Protest, Widerstand und Kampf für Gleichheit« (Buchbesprechungen), in: *KAS-Auslandsinformationen* 11.2000, S. 71-100, (www.kas.de/wf/doc/kas_1672-544-1-30.pdf?040415174723; 16.11.2011).
Kandiyoti, Deniz: »End of empire: Islam, nationalism and women in Turkey«, in: *Women, Family and State*, Hrsg. Deniz Kandiyoti, Temple University Press, Philadelphia 1991.
Kaplan, Leyla: *Cemiyetlerde ve Siyasi Teşkilatlarda Türk Kadını (1908-1960)*. Atatürk Kültür: Dil ve Tarih Yüksek Kurumu, Atatürk Araştırma Merkezi, Ankara 1998.
Kara, İsmail: *Türkiye'de İslamcılık Düşüncesi*. Bd. I-II, Risale Yay., İstanbul 1987.
Kara, İsmail: *Din ile Modernleşme Aarasında. Çağdaş Türk Düşüncesinin Meseleleri*. Dergâh Yayınları, İstanbul 2003.
Karaca, Şahika: »Şemsettin Sami ve kadınlar. Şemsettin Sami and Women«, in: *Uluslararası Sosyal Araştırmalar Dergisi*. The Journal of International Social Research, 3.2010:13, S. 136-146, (www.sosyalarastirmalar.com/cilt3/sayi13kadinsayisi pdf/karaca_sahika.pdf; 2.1.2011).
Karacasu, Barış: »Bir Alman'ın dilinden memalik-i Osmaniyye'de cinsel yaşam«, in: *Tarih ve Toplum*, 35.2001 (= Nr. 208), S. 210-211.
Karakışla, Yavuz Selim: *Dersaâdet Telefon AnonimŞirket-i Osmâniyesi ve Müslüman Osmanlı Kadın Telefon Memureleri (1913)*. Artus Basım, İstanbul 2008.
Karslı, İbrahim H.: *Kur'an Yorumlarında Kadın. Sosyo-Kültürel Çevrenin Kur'an Yorumlarındaki Yansımaları*. Rağbet Yayınları, İstanbul 2003.
Kartal, Cemile Burcu: »II. Meşrutiyet'tin Cumhuriyet'e mirasi ›Makbul Kadînlar‹«, in: *İ.Ü. Siyasal Bilgiler Fakültesi Dergisi*, 38.2008, S. 215-238 (http://m.friendfeed-media.com/0fe5bb20eb0fa44d0b1429fe2157427b8a6e680a; 30.11.2010).

Kaya, Ali: »17. yüzyıl Bursa Şer'iye Sicillerinin İslam aile hukuku açısından tahlili«, in: *Uludağ Üniversitesi Ilâhiyat Fakültesi Dergisi*, 17.2008:1, 81–107.
Keleş, Erdoğan: *XIX. Yüzyıl Ortalarında Muğla'da Aile Yapısı*. (122, 123, ve 124 nu-maralı şeri'yye sicillerine göre). T.C. Muğla Üniversitesi Sosyal Bilimler Enstitüsü Tarih Anabilim Dalı: Yüksek Lisans Tezi (ungedruckt), Muğla 2002, (http://bliss.mu.edu.tr/tezdb/51009.pdf; 2.12.2010).
Keskin,Tülay: *Feminist/Nationalist Discourse in the First Year of the Ottoman Revolutionary Press (1908–1909): Readings from the Magazines of Demet, Mehasin and Kadın (Salonica)*. M.A Bilkent University, Ankara 2003, (http://www.thesis.bilkent.edu.tr/ 0002419.pdf; 10.2.2009).
Kılıç, Hüseyin: »Hukuk-i aile kararnamesi«, in: *Tarih ve Toplum*, 1989 (= Nr. 69), S. 40/168–41/169.
Kılıç, Muhammed Tayyib: *İslam Hukukunda Kanunlaştırma Olgusu. T.C Ankara Üni*. Sosyal Bilimler Enstitüsü Temel İslam Bilimleri (İslam Hukuku) Ana Bilim Dalı: Doktora Tezi, Ankara 2008, (acikarsiv.ankara.edu.tr/browse/4093/4571.pdf; 20.6.2011).
Kılıç Denman, Fatma: *İkinci Meşrutiyet Döneminde Bir Jön Türk Dergisi: Kadın*. Libra Kitapçılık ve Yayıncılık, İstanbul 2009.
Kızıltan, Mübeccel: »Öncü bir kadın yazar: Fatma Aliye Hanım«, in: *Fahir İz Armağanı, Journal of Turkish Studies - Türklük Araştırmaları Dergisi*, Harvard Üniversitesi, 1990, S. 283–322.
Kızıltan, Mübeccel: *Fatma Aliye Hanım: Yaşam: Yaşamı-Sanatı, Yapıtları ve Nisvân-ı İslam*. İstanbul 1993a.
Kızıltan,Mübeccel: »Türk kadın hakları mücadele tarihinde Fatma Aliye Hanım'ın yeri«, in: *Kuram*, 1.1993b, S. 83–93.
Kızıltan, Mübeccel und Tülay Gençtürk Demircioğlu: *Atatürk Kitaplığı Fatma Aliye Hanım Evrakı Kataloğu*. Bd. 1, İstanbul Büyükşehir Belediyesi (IBB) Yayınları. Modern Türkiye ve Atatürk, İstanbul 1993.

Krüger, Gundula: *Islamismus und Frauenbild im Spiegel des ägyptischen Wochenmagazins Rūz al-Yūsuf*. Dissertation zur Erlangung der Doktorwürde der Philosophie der Universität Hamburg 2006, (http://ediss.sub.uni-hamburg.de/volltexte/2006/2891/pdf/RY-Teil-A.pdf; 20.3.2011).

Krupp, Ute-Christine: *Vordenkerin des Feminismus. Neuerscheinungen zum 100. Geburtstag von Simone de Beauvoir*, (http://www.dradio.de/dlf/sendungen/buechermarkt/ 720144/; 11.4.2011).

Kurnaz, Şefika: *Cumhuriyet Öncesinde Türk Kadını (1839-1923)*. Milli Eğitim Bakanlığı Yayınları, İstanbul 1992.

Kurnaz, Şefika: *II. Meşrutiyet Döneminde Türk Kadını*. Milli Eğitim Basımevi, İstanbul 1996.

Kurnaz, Şefika: »Emine Semiye ile Nigâr Hanım'ın mektuplaşmaları«, in: *Turkish Studies. International Periodical for the languages, literature and history of Turkish or Turkic*, 2.2007:4, S. 631-646, (http://www.turkishstudies.net/sayilar/sayi6/39kurnaz%C5%9Fefika.pdf; 14.1.2011).

Kurt, Abdurrahman: »Aile, kadın, çocuk. Osmanlı'da kadının sosyo-ekonomik konumu«, in: *Yeni Türkiye*, 32.2000:6, S. 636-651.

Kurt, Abdurrahman: *Bursa Sicillerine Göre Osmanlı Ailesi (1839-1876)*. Uludağ Üniversitesi Basımevi, Bursa 1998.

Kurt, Abdurrahman: »Dini kaynakların çokeşliliğe ilişkin görüşleri ve Osmanlılarda çokeşlilik«, in: *T.C. Uluğdağ Üniversitesi İlahiyet Fakültesi*, 8.1999:8, S. 183-214 (http://home.uludag.edu.tr/users/ucmaz/PDF/ilh/1999-8(8)/M9.pdf; 3.2.2010).

Kurtoğlu, Ayşenur: »Tanzimat dönemi ilk kadın yayınında dinin yer alış biçimleri«, in: *Osmanlı'dan Cumhuriyet'e Kadının Tarihi Dönüşümü*, Hrsg. Yıldız Ramazanoğlu. Pınar Yayınları, İstanbul 2000, S. 21-52.

Kütükoğlu, Mübahat S.: »Cevdet Paşa ve aile içi münasebetleri«, in: *İstanbul Üniversitesi Edebiyat Fakültesi Tarih Araştırma Merkezi*. Ahmed Cevdet Paşa Semineri, 27-28 Mayıs 1985. Bildiriler, Edebiyat Fakültesi Basımevi, İstanbul 1986, S. 199-222.

Lewis, Reina: *Oryantalizmi Yeniden Düşünmek. Kadınlar, Seyahat ve Osmanlı Haremi.* Kapı Yayınları, İstanbul 2006 (engl.Original: *Rethinking Orientalism: Women, Travel and the Ottoman Harem.* I.B. Tauris, London - New York 2004).

Linant de Bellefonds, Y.: *Traité de droit musulman comparé.* Bd. 2: Le mariage, la dissolution du mariage. Mouton & Co., Paris, Den Haag 1965.

Lorenz, Charlotte: »Die Frauenfrage im osmanischen Reiche mit besonderer Berücksichtigung der arbeitenden Klasse«, in: *Die Welt des Islam,* 6.1918:3-4, S. 72-214.

Marcotte, Roxanne D., »Šahrūr, the status of women, and polygamy in Islam«, in: *Oriente Moderno. Rivista d'Informazione e di Studi per la Diffusione della Conoscenza della Cultura dell'Oriente Sopratutto Musulmano,* N.S. 20.2001:2-3 (= 81), S. 313-328.

Mardin, Şerif: *Türkiye'de Din ve Siyaset.* (Makaleler 3), Hrsg. Mümtaz'er Türköne/Tuncay Önder, İletişim Yayınları, İstanbul 2001a (erste Aufl. 1991).

Mardin, Şerif: *Jön Türklerin Siyasi Fikirleri 1895-1908.* İletişim Yayınları, İstanbul 2001b (erste Aufl. 1983).

Mardin, Şerif: »Tanzimat ve aydınlar«, in: *Tanzimat'tan Cumhuriyete'e Türkiye Ansiklopedisi,* Bd.1, İletişim Yayınları, İstanbul 1985, S. 46-54.

Marx, Ansgar: *Famile und Recht im Islam zwischen Tradition und Moderne* [Vortrag vom 19.6.2008], (www.irs-bs.de/pdf/ma_fam_islam.pdf; 20.8.2010).

Mende-Altaylı, Rana von: »Die Reaktion der osmanischen Frauenrechtlerin Fatma Aliye auf das muslimische Frauenbild in Reiseberichten europäischer Frauen«, in: *Der weibliche Blick auf den Orient. Reisebeschreibungen europäische Frauen im Vergleich,* Hrsg. Miroslawa Czarnecka u.a., Peter Lang, Bern 2011, S. 109-131. (Jahrbuch für Internationale Germanistik Reihe A - Band 102).

Meriç, Ümid: »İslamda aile«, in: *Aile Yazıları I. Temel Kavramlar Yapı ve Tarihi Süreç,* Hrsg. Beylü Dikeçligil und Ahmet Çiğdem, Başbakanlık Aile Araştırma Kurumu Başkanlığı, Ankara 1991, S. 423–441.

Meriwether, Margaret L.: *The Kin who Count: Family and Society in Ottoman Aleppo, 1770–1840.* University of Texas Press, Austin 1999.

Mikat, Paul: *Die Polygamiefrage in der früheren Neuzeit.* Opladen: Westdeutscher Verlag 1998 (Rheinisch-Westfälische Akademie der Wissenschaften. Geisteswissenschaften. Vorträge G 294).

Modernist Islam (1840–1940). A sourcebook, Hrsg. Charles Kurzman. Oxford University Press, Oxford – New York 2002, (http://www.amazon.com/Modernist-Islam-1840-1940-A-Sourcebook/dp/0195154681#reader_0195154681; 7.3.2010).

Mutaf, Abdülmecit: *XVII. Yüzyılda Balikesir'de Kadınlar.* Dokuz Eylül Üniversitesi Sosyal Bilimler Enstitüsü İslam Tarihi ve Sanatları (İslam Tarihi) Anabilim Dalı: Doktora Tezi (ungedruckt), İzmir 2002.

Okay, Orhan: *Batı Medeniyeti Karşısında Ahmed Midhat Efendi.* Milli Eğitim Gençlik ve Spor Bakanlığı Yayınları: 873, Milli Eğitim Basımevi, İstanbul 1989.

Okkenhaug, Inger-Maria/Ingvild Flaskerud: »Introduction«, in: *Gender, Religion and Change in the Middle East. Two Hundred Years of History,* Hrsg. Inger Marie Okkenhaug/Ingvild Flaskerud. Berg, Oxford, New York 2005, S. 1–2.

Onar, Sıddık Sami: »İslâm Hukuku ve Mecelle«, in: *Tanzimat'tan Cumhuriyet'e Türkiye Ansiklopedisi,* Bd. 2. İletişim Yayınları, İstanbul 1985, S. 580–587.

Ortaylı, İlber: »Anadolu'da XVI. yüzyılda evlilik ilişkileri üzerine bazï gözlemler«, in: *Osmanlı araştırmaları/The Journal of Ottoman Studies,* 1.1980, S. 33–40.

Ortaylı, İlber: »Ottoman family law and state in the nineteenth century«, in: *Ankara Üniversitesi Osmanlï Tarihi Araştïrma ve Uygulama Merkezi Dergisi (OTAM),* 1.1990:1, S. 321–332.

Ortaylı, İlber: »Osmanlı aile hukukunda gelenek, şeriat ve örf«, in: *Sosyo-Kültürel Değişme Sürecinde Türk Ailesi*, Bd. 2, T.C. Başbakanlık Aile Araştırma Kurumu Yayınları, Ankara 1992, S. 456–467.

Ortaylı, İlber: *Osmanlı Toplumunda Aile.* Pan Yayıncılık, İstanbul 2001.

Osmanlı Aile Hukukundaki Tanzimat Sonrasındaki Gelişmeler, (http://www.osar.com/ modules.php?name=Encyclopedia&op=content&tid=501538; 2.9.2010).

Özalpat, Didem: *İslam Devletlerinde Toplumsal Cinsiyet ve Hukuk: İran ve Mısır Örnekleri.* Ankara Üniversitesi Sosyal Bilimler Enstitüsü Kamu Hukuku Anabilim Dalı: Doktora Tezi, Ankara 2008, (http://www.belgeler.com/blg/1hae/islam-devletlerinde-toplumsal-cinsiyet-ve-hukukiran-ve-misir-ornekleri-gender-and-law-in-islamic-states-examples-of-iran-and-egypt; 1.11.2010).

Öztürk, Hüseyin: *Kınalızade Ali Çelebi'de Aile.* Başbakanlık Araştırma Kurumu Başkanlığı, Ankara 1991.

Öztürk, Sadi: »Osmanlıda çok evlilik«, in: *Türkler*, 10.2002, S. 375–384.

Öztürkmen, Arzu: »Turkish women in academia. Problems of legitimacy in trans/national perspective«, in: *Journal of Women's History*, 19.2007:1, S. 173–179.

Paçacı, Mehmet, »Oryantalizm ve çağdaş İslamcı söylem«, in: *İslâmiyât*, 4.2001:4, S. 91–110.

Paçacı, Mehmet: »Çağdaş dönemde Kur'an'a ve Tefsire ne oldu?«, in: *İslâmiyât*, 6.2003:4, S. 85–104.

Paret, Rudi: *Der Koran.* Verlag W. Kohlhammer, Stuttgart 1979.

Parla, Jale: *Babalar ve Oğullar.* İletişim Yayınları, İstanbul 1990.

Peirce, Leslie P.: *Harem-i Hümayun. Osmanlı İmparatorluğu'nda Hükümranlık ve Kadınlar.* Tarih Vakfı Yurt Yayınları, İstanbul 1996 (engl. Original: The Imperial Harem. Women and Sovereignty in the Ottoman Empire. Oxford University Press, London, New York 1993 [Studies in Middle Eastern History]).

Peters, Rudolph: »Erneuerungsbewegungen im Islam vom 18. bis zum 20. Jahrhundert und die Rolle des Islams in der neueren Geschichte: Antikolonialismus und Nationalismus«, in: *Der Islam in der Gegenwart*, Hrsg. Werner Ende/Udo Steinbach unter redaktioneller Mitarbeit von Michael Ursinus. Verlag C.H.Beck, München 1989 (zweite überarbeitete Auflage), S. 91-127.

Pınar De Rosay, Ceylan: *Ahmet Mithat Efendi'nin Eserlerinde Batılılaşma* (Westernization in Ahmet Mithat Efendi's works). Yıldız Teknik Üniversitesi Sosyal Bilimler Enstitüsü Siyaset Bilimi ve Uluslararası İlişkiler Anabilim Dalı: Yüksek Lisans Tezi, İstanbul 2006, (http://www.belgeler.com/blg/r3i/ahmet-mithat-efendinin-eserlerinde-batililasma-westernization-in-ahmet-mithat-efendis-works; 3.1.2012).

Rafeq, Abdul-Karim: »Registers of succession (Mukhallafat) and their importance for socio-economic history: Two Samples from Damascus and Aleppo, 1277/1861«, in: *CIEPO VII. Sempozyumu bildirileri*, Hrsg. Jean-Louis Bacqué-Grammont u.a.. TTK Yay. Ankara 1994, S. 479-491.

Rafeq, Abdul-Karim: »Damascene women in probate inventories, Two samples: 1169 A.H.-1755-56 & 1258-1842-43«, in: *Frauen, Bilder und Gelehrte. Studien zu Gesellschaft und Künsten im Osmanischen Reich - Arts, Women and Scholars. Studies in Ottoman Society and Culture*. Festschrift Hans Georg Majer, Hrsg. Sabine Prätor/Christoph K. Neumann. Simurg, İstanbul 2002, S. 265-279.

Rohe, Mathias: »Das neue ägyptische Familienrecht: Auf dem Weg zu einem zeitgemäßen islamischen Recht«, in: *Das Standesamt (StAZ)* 2001, S. 193-207, (http:// www.zr2.jura.uni-erlangen.de/islamedia/publikation/Aegyptisches%20Familienrecht. pdf; 10.8.2010).

Safa, Peyami: *Türk İnkilabına Bakışlar. Cumhuriyetin 15 inci Yılı Münasebetile*. Kanaat Kitabevi, Ötüken Neşriyat, İstanbul 1995.

Sagaster, Börte: *»Herren« und »Sklaven«: Der Wandel im Sklavenbild türkischer Literaten in der Spätzeit des Osmanischen Reiches.* Harrassowitz Verlag, Wiesbaden 1997.

Salakides, Georgios: »Women in the Kadi Sicilleri of Yenişehir = Larissa in the middle of the seventeenth century«, in: *Frauen, Bilder und Gelehrte. Studien zu Gesellschaft und Künsten im Osmanischen Reich – Arts, Women and Scholars. Studies in Ottoman Society and Culture.* Festschrift Hans Georg Majer, Hrsg. Sabine Prätor/Christoph K. Neumann. Simurg, İstanbul 2002, S. 209–228.

Savaş, Saim: »Fetva ve Şeriyye Sicillerine göre ailenin teşekkülü ve dağılması«, in: *Sosyo-Kültürel Değişme Sürecinde Türk Ailesi*, Bd. 2. T.C. Başbakanlık Aile Araştırma Kurumu Yayınları, Ankara 1992, S. 504–547.

Saygın, Tuncay und Mehmet Önal: »›Secularism‹ from the last years of the Ottoman Empire to the early Turkish republic«, in: *Journal for the Study of Religions and Ideologies*, 7.2008:20, S. 26–48.

Schlieker, Kerstin: *Frauenreisen in den Orient zu Beginn des 20. Jahrhunderts. Weibliche Strategien der Erfahrung und textuellen Vermittlung kultureller Fremde.* WiKu – Verlag für Wissenschaft und Kultur, Berlin 2003.

Scholz, Peter: *Islamisches Recht im Wandel am Beispiel des Eherechts islamischer Staaten.* Erschienen in: Sommersemester 2002, Fachbereichstag, Fachbereich Rechts¬wissenschaft der Freien Universität Berlin 2002, 46 ff., (http://www.gair.unierlangen.de/ Scholz_Islamisches_Recht_im_Wandel.pdf; 2.8.2010).

Schopenhauer, Arthur: *Parerga und Paralipomena. Kleine philosophische Schriften*, Hrsg. Herman Hirt. Otto Handel, Halle an d. S., o.J.

Sevinç, Necdet: *Eski Türkler'de Kadın ve Aile.* Türk Dünyası Araştırmaları Vakfı Yayını: 38, İstanbul 1987.

Souaiaia, Ahmed E.: »From transitory status to perpetual sententiae: Rethinking polygamy in Islamic traditions«, in: *HAWWA* 2.2004:3, S. 290–300.

Souaiaia, Ahmed E.: Contesting Justice. *Women, Islam, Law, and Society.* State University of New York Press, Albany 2008.

Strohmeier, Martin: »İskiliplī 'Atıf Hoca: Osmanischer 'ālim und ›Märtyrer‹ der islamistischen Bewegung in der Türkei« (İ.'A: Ottoman religious scholar and ›martyr‹ of the Islamist movement in Turkey), in: *Frauen, Bilder und Gelehrte. Studien zu Gesellschaft und Künsten im Osmanischen Reich - Arts, Women and Scholars. Studies in Ottoman Society and Culture.* Festschrift Hans Georg Majer, Hrsg. Sabine Prätor/Christoph K. Neumann. Vol. 2. Simurg, İstanbul 2002, 629–650.

Stowasser, B. F: *Women in the Qur'an, Traditions, and Interpretation.* Oxford University Press, London, New York 1994.

Sürücü, Gürsel: *Osmanlı Kadın Dergilerinde Kadının Dünyası (1908–1914) (Demet-Hanımlar Âlemi-Kadınlar Âlemi-Kadınlar Dünyası-Mehasin).* Eskişehir Anadolu Üniversitesi Sosyal Bilimler Enstitüsü Yakınçağ Anabilim Dalı: Yüksek Lisans Tezi, Ocak 2008, (http://www.belgeler.com/blg/1cc9/osmanli-kadin-dergilerinde-kadinin-dnyasi-1908-1914-the-women-s–world-in-ottoman-woman-magazines; 23. 11.2011).

Şahinoğlu, Şeyma: »Babanzâde Ahmed Naim ve son dönem Osmanlı fıkıh tartışmaları«, (www.bisav.org.tr/admin/uploads/yayinlar/babanzade.doc; 20.6.2009).

Şartepe, Sema: *Cumhuriyet Geçiş Dönemi Değişim Sürecinde Evlilik Kurumu Açısından Dinin ve Hukukun Rolü.* Gazi Üniversitesi Sosyal Bilimler Enstitüsü Temel İslam Bilimleri Ana Bilimi Dalı, İslam Hukuku Bilimi Dalı:Yüksek Lisans Tezi (ungerduckt), Ankara 2006, (http://www.belgeler.com/blg/srv/cumhuriyete-gei-dnemi-deiim-srecinde-evlilik-kurumu-aisindan-dinin-ve-hukukun-rol-the-role-of-religion-and-law-in-aspect-of-marriage-association-in-the-changing-procces-in-transition-to-republic-period; 2.1.2009).

Şen, Hasan: »İslâm'da dinî gelenek ve iktidar kıskacında felsefe« (Philosophy within the clamps of religious tradition and power in Islam), in: *Bilim, Ahlak ve Sanat Bağlamında Çağdaş İslam Algıları* (Contemporary perceptions of Islam in the context of science, ethics and art), Internationales Symposium, Samsun 26.–28. November 2010, (http://sempozyum.samsunilahiyat.com/-Makaleler/1544262793_006_HasanSen.pdf; 3.3.2011).

»Tanzimat sonrasında aile ve kadın üzerine yazılan bellibaşlı fikir kitapları«, in: *Sosyo-Kültürel Değişme Sürecinde Türk Ailesi*, Bd.3, T.C. Başbakanlık Aile Araştırma Kurumu, Ankara 1992, S. 982–987.

Taşkıran, Tezer: *Cumhuriyetin 50. Yılında Türk Kadın Hakları*. Başbakanlık Basımevi, Ankara 1973 (Başbakanlık Kültür Müsteşarlığı Cumhuriyetin 50. Yildönümü Yayınları:5).

Topaloğlu, Bekir: *İslâmda Kadın*. Yağmur Yayınevi, İstanbul 1977.

Toprak, Zafer, »Osmanlı'da alafranga. Evlenme ilanları«, in: *Tarih ve Toplum*, 9.1988 (= Nr. 50), S. 44/172–45/173.

Toprak, Zafer: »The family, feminism and the state during the Young Turk Period, 1908–1918«, in: *Varia Turcica 13*, Editions Isıs. İstanbul-Paris 1991, S. 441–452.

Toprak, Zafer: »II. Meşrutiyet döneminde devlet, aile ve feminizm«, in: *Sosyo-Kültürel Değişme Sürecinde Türk Ailesi*, Bd. 1. T.C. Başbakanlık Aile Araştırma Kurumu, Ankara 1992, S. 228–237.

Toska, Zehra: »Haremden kadın partisine giden yolda kadın dergileri, gündemleri ve öncü kadınlar«, in: *Defter*, 21.1994, S. 116–142.

Türkdoğan, Orhan: »Türk ailesinin genel yapısı«, in: *Sosyo-Kültürel Değişme Sürecinde Türk Ailesi*, Bd. 1. T.C. Başbakanlık Aile Araştırma Kurumu, Ankara 1992, S. 29–66.

Tucker, Judith E.: *In the House of the Law: Gender and Islamic Law in Ottoman Syria and Palestine*. University of California Press, Berkeley 1998.

Tuksal-Şefkatli, Hidayet, »Türkiye'de feministlerin din söylemi«, in: *İslâmiyât* 4.2001:4, S. 133–146.

Tuksal-Şefkatli, Hidayet: *Kadın Karşıtı Söylemin İslam Geleneğindeki İzdüşümleri*. Avrasya Yay, Ankara 2001 (2. Auflage).

Tunaya, Tarık Z.: *İslamcılık Akımı*. Simavi Yayınları, Ankara 1991.

Ubicini, Jean-Henri-Abdolonyme: *Türkiye 1850*. Bd. 1-2, Tercüman 1001 Temel Eser 64, İstanbul o.J. (franz. Orginal: *Lettres sur la Turquie, ou tableau statistique, religieux, politique, administratif, militaire, commercial, etc., de l'Empire ottoman, depuis le khatti-cherif de Gulkanè (1839)*. Bd. 1, 2, Librairie militaire, J. Dumaine, Paris 1853-54).

Ünal, Mehmet: »1917 Tarihli Hukuk-i Aile Kararnamesi«, in: *Aile yazıları 1. Temel Kavramlar Yapı ve Tarihi Süreç*, Hrsg. Beylü Dilekçigil/Ahmet Çiğdem, T.C. Başbakanlık Aile Araştırma Kurumu Başkanlığı Yayınları, Ankara 1991, S. 371-398 (ursprgl. *Türk Yurdu* 1987:Feb., Mai, S. 34-37, 24-33).

Ursinus, Michael: »Harem«, in: *Lexikon zur Geschichte Südeuropas*, Hrsg. Edgar Hösch/Karl Nehring/Holm Sundhaussen. Böhlau, Köln, Weimar 2004, S. 272.

Van Os, Nicole A.N.M.: »Osmanlı Müslümanlarında feminizm« (Feminism in Ottoman Müslims), in: *Modern Türkiyede siyasi düşünce: Cumhuriyet'e devreden düşünce mirası tanzimat ve meşrutiyet'in birikimi*, Hrsg. Mehmet Ö. Alkan. Bd. 1, İletişim yayınları, İstanbul 2001, S. 335-347.

Weintritt, Otfried: *Familie im Islam*. Breuninger Stiftung, Stuttgart 2002 (Der europäische Sonderweg. Ein Projekt der Breuninger Stiftung, Bd. 9).

Yakut, Esra: »XIX. yüzyılda Orta Anadolu bölgesin'de evliliğin ortaya çıkışı, sona ermesi ve sonuçları«, in: *Gazi Üniversitesi Hukuk Fakültesi Dergisi*, 12.2008, S. 237-266.

Yasmaoğlu, İpek: »Yüzyıl başında bir kısım Osmanlı hanımı ve talepleri öncü feministler«, in: *Toplumsal Tarih*, 1996:März, S. 12-17.

Yeğenoğlu, Meyda: *Haremdeki leydi: Montagu'nun mektuplarinda feminizm ve oriantalizm*. (Standort: Kadınlar merkezi Ktp. Istanbul, giriş Nr. 99/850). (engl. Original »Suplanting the Orientalist lack: European ladies in the harem«, in: Inscriptions: Orientalism and Cultural Differences, 6.1992).

Zihnioğlu, Yaprak: *Kadınsız İnkilap. Nezihe Muhiddin, Kadınlar Fırkası, Kadın Birliği.* Metis Yayınları, İstanbul 2003.

Zürcher, Erick Jan: *Savaş, Devrim ve Uluslaşma Türkiye Tarihinde Geçiş Dönemi: 1908-1928.* İstanbul Bilgi Üniversitesi Yayınları: 84 Tarih 12, İstanbul 2005.

Index

O

P

Q

R

S

T

U

V

W

Y

Z

Zentrum Moderner Orient
Geisteswissenschaftliche Zentren Berlin e.V.

STUDIEN

1 Joachim Heidrich (Hg.): **Changing Identities**. The Transformation of Asian and African Societies under Colonialism (1994)
2 Achim von Oppen / Richard Rottenburg (Hg.): **Organisationswandel in Afrika.** Kollektive Praxis und kulturelle Aneignung (1995)
3 Jan-Georg Deutsch: **Educating the Middlemen.** A Political and Economic History of Statutory Cocoa Marketing in Nigeria, 1936-47 (1995)
4 Gerhard Höpp (Hg.): **Fremde Erfahrungen**. Asiaten und Afrikaner in Deutschland, Österreich und in der Schweiz bis 1945 (1996)
5 Helmut Bley: **Afrika: Geschichte und Politik**. Ausgewählte Beiträge 1967-1992 (1997)
6 Gerhard Höpp: **Muslime in der Mark**. Als Kriegsgefangene und Internierte in Wünsdorf und Zossen, 1914-1924 (1997), *vergriffen* (*online http://www.zmo.de/publikationen/zmo_studien.html*)
7 Jan Georg Deutsch / Albert Wirtz (Hg.): **Geschichte in Afrika**. Einführung in Probleme und Debatten (1997) *vergriffen* (*online http://www.zmo.de/publikationen/zmo_studien.html*)
8 Henner Fürtig: **Islamische Weltauffassung** und außenpolitische Konzeptionen der iranischen Staatsführung seit dem Tod Ajatollah Khomeinis (1998)
9 Brigitte Bühler-Probst: **Mündliche Überlieferungen**. Geschichte und Geschichten der Wiya im Grasland von Kamerun (1999)
10 Katja Füllberg-Stollberg / Petra Heidrich / Ellinor Schöne (Hg.): **Dissociation and Appropriation** - Responses to Globalization in Asia and Africa (1999)
11 Jonker, Gerdien (Hg.): **Kern und Rand**. Religiöse Minderheiten aus der Türkei in Deutschland (1999), *vergriffen* (*online http://www.zmo.de/publikationen/zmo_studien.html*)
12 Reinhard Kößler / Dieter Neubert / Achim von Oppen: **Gemeinschaften in einer entgrenzten Welt** (1999)
13 Gerhard Höpp / Brigitte Reinwald: **Fremdeinsätze**. Afrikaner und Asiaten in europäischen Kriegen (2000), *vergriffen* (*online: http://www.zmo.de/publikationen/studien13.pdf*)
14 Petra Heidrich / Heike Liebau (Hg.): **Akteure des Wandels?** Lebensläufe und Gruppenbilder an Schnittstellen von Kulturen (2001)
15 Dietrich Reetz (Hg.): **Sendungsbewußtsein oder Eigennutz**. Zu Motivation und Selbstverständnis islamischer Mobilisierung (2001)
16 Gerhard Höpp: **Mufti-Papiere**. Briefe, Memoranden, Reden und Aufrufe Amin al-Husainis aus dem Exil 1940-1945 (2. Aufl. 2004)
17 Katja Füllberg-Stolberg: **Amerika in Afrika** - Die Rolle der Afroamerikaner in den Beziehungen zwischen den USA und Afrika 1880–1910 (2003)
18 Brigitte Reinwald: **Reisen durch den Krieg**. Erfahrungen und Lebensstrategien westafrikanischer Weltkriegsveteranen der französischen Kolonialarmee (2005)

19 Gerhard Höpp / Peter Wien / René Wildangel (Hg.): **Blind für die Geschichte?** Arabische Begegnungen mit dem Nationalsozialismus (2004)
20 Georg Berkemer / Margret Frenz (eds.): **Sharing Sovereignty**. The Little Kingdom in South Asia (2004)
21 Nora Lafi (ed.) : **Municipalités méditerranéennes**. Les réformes urbaines ottomanes au miroir d'une histoire comparée (Moyen Orient, Maghreb, Europe méridionale) (2005)
22 Sonja Hegasy, Elke Kaschl (eds.): **Changing Values Among Youth**. Examples from the Arab World and Germany (2007)
23 Patrick, Krajewski: **Kautschuk, Quarantäne, Krieg**. Dhauhandel in Ostafrika, 1880-1914 (2006)
24 René Wildangel: **Zwischen Achse und Mandatsmacht**. Palästina und der Nationalsozialismus (2007)
25 Katja Hermann: **Palästina in Israel**. Selbstorganisation und politische Partizipation der palästinensischen Minderheit in Israel (2008)
26 AtaTaheri / Burkhard Ganzer: **Deutsche Agenten bei iranischen Stämmen 1942-1944**. Ein Augenzeugenbericht (2008)
27 Bettina Gräf: **Medien-Fatwas@Yusuf al-Qaradawi**. Die Popularisierung des islamischen Rechts (2010)
28 Katrin Bromber: **Imperiale Propaganda**. Die ostafrikanische Militärpresse im Zweiten Weltkrieg (2009)
29 Israel Gershoni / Götz Nordbruch: **Sympathie und Schrecken.** Begegnungen mit Faschismus und Nationalsozialismus in Ägypten, 1922-1937 (2011)

Weitere Publikationen s. http://www.zmo.de/publikationen/index.html

Distribution:

KLAUS SCHWARZ VERLAG • BERLIN

Klaus Schwarz Verlag Berlin
Fax +49 (0)30 322 51 83
www.klaus-schwarz-verlag.com

Bei Fragen zur Produktsicherheit wenden Sie sich bitte an:
If you have any questions regarding product safety,
please contact:

Walter de Gruyter GmbH
Genthiner Straße 13
10785 Berlin
productsafety@degruyterbrill.com